数字时代的产业变革与组织创新

SHUZISHIDAI DE CHANYEBIANGE YU ZUZHICHUANGXIN

徐苏涛　谢盼盼　岳　渤◎著

新华出版社

图书在版编目（CIP）数据

数字时代的产业变革与组织创新 / 徐苏涛，谢盼盼，岳渤著 .
-- 北京 : 新华出版社，2024.4（2025.2重印）
ISBN 978-7-5166-7363-8

Ⅰ . ①数… Ⅱ . ①徐… ②谢… ③岳… Ⅲ . ①人工智能—
产业发展—研究—中国 Ⅳ . ① F492

中国国家版本馆 CIP 数据核字（2024）第 075995 号

数字时代的产业变革与组织创新

作者：徐苏涛　谢盼盼　岳　渤
出版发行：新华出版社有限责任公司
（北京市石景山区京原路 8 号　邮编：100040）
印刷：大厂回族自治县众邦印务有限公司

成品尺寸：170mm×240mm　1/16　　　**印张：**17　　**字数：**250 千字
版次：2024 年 4 月第 1 版　　　　　　　**印次：**2025 年 2 月第二次印刷
书号：ISBN 978-7-5166-7363-8　　　　　**定价：**80.00 元

微店　　　视频号小店　　　抖店　　　京东旗舰店

微信公众号　　喜马拉雅　　小红书　　淘宝旗舰店　　扫码添加专属客服

序　言

　　"发展是硬道理！"一个国家的发展，往往依赖于经济的发展；一个国家的经济发展，往往又取决于地方的经济发展；一个地方的经济发展，主要体现为发展什么产业、怎么发展；而对于发展什么产业、怎么发展，又取决于企业做什么和怎么做。中国自改革开放以来，不仅充分吸收第一次产业技术革命、第二次产业技术革命以及第三次产业技术革命成果，用了短短的几十年便完成了很多发达国家几百年历经的工业化实践和一定积累；还带着第三次产业技术革命以来的冲动，抓住第四次产业技术革命契机，加快抢占新兴产业发展战略制高点、产业主导权、发展主动权，有望在数字化引领的新经济浪潮中从产业跟随走向产业原创、从适应创新走向引领创新、从工业时代走向数字时代。

　　整体而言，用短短四十余年发展实践蹚过很多发达国家几百年的发展历程，从一个落后的、封闭的农业国，不仅成为全球第二大经济体和"世界工厂"，还将在不远的将来成为全球第一大经济体和全球创新中心，这无疑是一个伟大的壮举。[1] 尽管中国经济常常面对各种"唱衰"或"做空"的论调，尽管诺贝尔经济学奖还未青睐过中国的经济学家，尽管中国的产

---

[1] 本文写于 2022 年初，以下内容更多是对中国市场化改革成就的评述和总结。

业技术依然较为脆弱，但毫无疑问的是，中国政府自上而下的宏观调控能力、产业管理水平、组织动员能力以及理论政策水平在很大程度上已经超过了很多发达国家政治家、经济学家的认知，中国企业家和创业者的奉献精神、创新精神、经营才能、商业嗅觉和行动能力在很大程度上不断超越着自己的西方"老师"，而中国的产业工人身上所具有的品质、特质与气质同样是很多新兴市场、发展中国家在赶超发展过程中所不具备的。

因为自改革开放以来，中国正在发生和经历着人类社会发展史上持续时间最长、发展速度最快、创新规模最大的经济增长、产业发展与产业创新。这不仅提供了一个大国经济崛起和腾飞的样本，还提供了一个处于转轨经济的后发地区如何走向创新驱动的范本。与此同时，国内很多学者或者"海归派"拿着西方教科书上的经典理论来解释和指导中国经济发展与产业创新，很多时候也没有太大的意义和价值。这并非由于中国有独特的政治经济学，而是中国自改革开放以来的实践和发展，在很多传统领域和新兴领域打破了西方经验式的理论。中国不但不需要生搬硬套地冠之以中国的某某经济学，未来还将有越来越多的中国元素产生世界级影响。

为什么会出现以上这些问题呢？核心是因为中国很多地区的经济建设、产业政策与创新发展，很多时候不仅是凭借战略直觉、综合思维和灵敏特质赶上了时代潮流、做出了战略抉择，还在于很多时候凭借经世致用、经世济民、经略通达的务实与实践在国际产业价值链与产业分工中不断从低端向高端攀升，亦在于很多时候将思想家的远见、政治家的气魄、企业家的精神、科学家的智慧、工程师的匠心有机结合而不断地创造历史；但没有真正地用东方式思维、中国式"故事"予以理论构架、规律总结和系统解释，也没有在知识体系、方法工具、案例经验上打好知识底座、方法底盘和案例图谱，尤其是一旦上升到意识形态的高度就掩盖了几十年来的创新价值与全球意义。

　　这其中，国内很多经济发展理论之所以没有像中国经济发展一样取得原创性突破，在很大程度上是因为要么对产业发展的认知不足、要么对中国产业实践的参悟不够、要么对中国产业创新的参与不深、要么对中国产业组织的了解不多，尤其是对中国在数字时代条件下引领全球经济发展的信心不足。伴随全球经济从工业经济走向以数字化为引领的创新经济，只有打破传统工业逻辑思维，才能重识现代产业发展规律；只有深度参与中国以县域经济为基础的两三千个区域性产业集群的发展实践，才能参悟中国产业发展的来龙去脉与何去何从；只有重新审视中国不同代际的企业家、创业者身上实业兴邦、产业报国、科技图强的所作所为，才能更好地认识中国产业创新的基本范式与发展方向；只有摘掉对中国不同级政府的有色眼镜并深度参与"政产学研金介用"的开放式创新之中，才能找到中国经济增长、产业变革和创新发展的"密码"或"诀窍"。

　　当前及未来，站在新一轮产业技术革命的发展节点上，我们需要加速从工业经济走向数字经济，实现线上与线下相结合、物质能源与智能硬件相结合、泛工业化与超智能化相结合、物理空间与虚拟空间相结合，以产业发展规律之变促成经济发展形态之变；站在改革开放第二个四十年的历史起点上，我们需要加速从外向型工业经济走向开放型创新经济，实现两种资源与两个市场相结合、内循环与外循环相结合、改革开放与创新发展相结合，以产业发展模式之变促成经济运行体制之变；站在疫后数字全球化的时代拐点上，我们需要加速从半工业半信息社会走向数智社会，实现数字产业化与产业数字化相结合、数据驱动与算法驱动相结合、经济转型与社会升级相结合，以新兴产业治理之变促成社会数字治理之变；站在中国经济下半场来袭的时间交点上，我们需要加速以市场化改革的效率经济走向创新驱动的活力经济，将变革创业与原始创新相结合、产业跟随与产业原创相结合、科技创新与产业发展相结合，推动中国在"入世"第二个二十年和市场化改革第二个三十年实现百年复兴梦。

本书名为《数字时代的产业变革与组织创新》，旨在从中国对产业发展实践的贡献和价值着墨，探求中国经济对世界经济的贡献乃至在经济学意义上的价值，以便更好地审视过去之发展经验、把握当前之发展脉络、洞见未来之发展走势。全书共包括十章，每两章为一组。第一章"产业发展规律"和第二章"产业体系构建"强调基本逻辑，反映了"从工业时代到数字时代"的产业规律之变，以及"从三次产业到三维产业"的经济形态之变。第三章"产业振兴发展"和第四章"产业创新驱动"强调创新发展，反映了"从梯度转移到内外循环"的产业格局之变，以及"从跟随创新到原始创新"的创新层级之变。第五章"产业规划布局"和第六章"产业组织方式"强调组织创新，反映了"从产业集群到产业族群"的布局引导之变，以及"从名词能鸣到动词能动"的组织模式之变。第七章"产城融合发展"与第八章"产业地理演变"强调区域根植，分别反映了"从野蛮增长到存量优化"的产城融合之变，以及"从异军突起到殊途同归"的创新地理之变。第九章"产业创新政策"与第十章"产业管理范式"强调政府作用，反映了"从规制管控到治理疏导"的政策逻辑之变，以及"从线性增长到爆发成长"的管理改革之变。

谨以此书，献给为中国经济增长、产业发展、区域创新做出卓越贡献、引领开拓创新的领导者、组织者和建设者。同时也期待通过对中国产业创新发展的规律总结与未来展望，能够更好地解释中国经济增长的"密码"和"诀窍"，为中国经济增长与产业变革的伟大实践增添几分全球意义和理论价值！

徐苏涛

2022 年 5 月 4 日于北京

目 录
CONTENTS

01 产业发展规律：从工业时代到数字时代

伴随科技革命与产业变革纵深发展以及经济社会形态系统转换，与工业主权时代相伴而生的产业规律在以数字化为引领的新经济时代面前，越来越缺乏相应的解释力、判断力和洞见力。对于很多政府、企业、产业组织而言，往往是时代变了，产业规律变了，但传统的生产经营方式、资源配置方式、产业组织方式以及技术的有机构成、管理的制度架构等等并没有发生相应变化。对于产业发展规律的认知，不仅要从产业发展的基本面认识产业演进规律，也要从产业发展的纵剖面认识产业价值规律，还要从产业发展的横断面研究产业成长规律，亦要从产业发展的技术面研究产业创新规律，更要从产业发展的组织面研究产业组织规律。尤其是在数字经济条件下，只有把握各种变量，掌握好创新精要，更好地服务新兴产业发展，才能拥抱以数字化为引领的新经济。

1.1 重识产业发展规律一般构成

1.1.1 产业发展规律涵盖方面

整体而言，在研究产业发展时，不仅需要从产业发展的基本面上，研究一个国家、地区或行业的产业形态、产业结构是如何演进的，譬如研究如何从低维形态的农业经济、工业经济走向高维形态的信息经济、数字经济，如何从"低小散弱黑"的低端化产业结构走向"高新软优绿"的高级化产业结构。还需要从产业发展的纵剖面上，研究产业价值在产业链条、产业环节、不同产业以及空间上是如何运动的，譬如有的是新兴产业从传统产业脱离出来的产业分解，有的是同一产业领域不同技术、市场、企业、业态有机结合的产业融合，有的是不同产业之间的交叉合作形成的产业跨界，有的是通过技术原创、市场原创等催生新业态、新技术、新模式、新产业的产业涌现，有的是在全球或全国范围内不同产业技术水平之间形成梯度移转的产业转移，有的是同一产业环节专业空间集聚或不同链条空间专业集聚的产业集聚。还需要从产业发展的横断面上，研究一个国家、地区或行业的产业孕育、生成、成长、成熟、衰退／再生，研究好产业成长的主线是什么、产业成长的路径是什么、新兴产业的形成机制是什么、产业成长的驱动力是什么、价值再造机制是什么、新旧动能转换机制是什么。亦需要从产业发展的技术面上，研究如何通过技术（产品）试错、企业（市场）试错、产业（集群）试错、区域（体制机制）试错等形成新兴产业、战略产业、原创产业、未来产业，研究好从技术源头上如何甄选技术路线、从企业主体上如何验证市场需求、从产业生态上如何激发迭代创新、从区域发展上如何探索体制机制创新。更需要从产业发展的组织面上，研究"政产学研金介用"等不同创新主体之间如何相互关联相互作用，研究好产业发展所形成的统分结合的资源配置方式、双效兼顾的经营运营模式、活力涌现的组织动员机制、开放创新的协同推进机制、有破有立的共有产品供给等。从这个意义上，产业发展规律所涵盖的内容应包括形态结构意义上的产业演进规律、纵向运动意义上的产业价值规律、横向延展意义上的产业成长规律、试错迭代意义上的产业创新规律和资源配置意义上的产业组织规律。这五个方面从基本面、纵剖面、横断面、技术面、组织面等不同维度入手，环环相扣、有机结合，共同构成了产业发展规律的一般内涵与外延，成为认识产业的基石。

表：产业发展的基本规律

覆盖面	发展规律	规律认识	规律应用
基本面（形态结构）	产业演进规律	研究一个国家、地区或行业的产业形态、产业结构是如何演进的	制定产业战略
纵剖面（纵向运动）	产业价值规律	研究产业在价值链条、产业环节、不同产业以及空间上是如何运动的	把握产业趋势

续表

覆盖面	发展规律	规律认识	规律应用
横断面（横向延展）	产业成长规律	研究一个国家、地区或行业的产业孕育、生成、成长、成熟、衰退/再生	培育产业发展
技术面（试错迭代）	产业创新规律	研究产品技术试错、企业市场试错、产业集群试错、区域体制机制试错等	加强产业促进
组织面（资源配置）	产业组织规律	研究产业内部"政产学研金介用"等不同创新主体如何相互关系相互作用	创新产业组织

1.1.2 产业发展规律研究述评

在经济学意义上的产业发展规律研究诞生于工业化早期，在英文中产业、工业、行业都可以称产业（industry），故而将"Industry Economics"直译为产业经济学。在当时条件下，很多人将产业等同于工业，而没有将工业与商业、制造业与服务业、行业与市场、供给与需求、工场与场景充分结合在一起。某种意义上，这种传统意义上的产业发展规律，应该叫作"传统工业的产业发展规律"，或"基于工业化的产业发展规律"。更进一步说，基于工业化或工业经济意义上的产业发展，经由工业经济形态、工业产业结构、工业生产方式、工业组织方式形成了相应的逻辑起点、思维方式，进一步决定了产业发展规律研究的传统内容。

一是在工业经济形态条件下，人们在工业型产业形态的逻辑起点上，不仅提出了供应链、价值链等产业分工理论，还形成了企业价值链、产业价值链、区域价值链等产业价值理论，亦形成了"微笑曲线"等价值分配理论，构成了从产业链到价值链的链条思维。当前及未来只要无法打破"链条"思维，就无法通过产业跨界融合发展，从工业经济走向数字经济。

二是在工业产业结构下，人们在供给侧主导产业周期的逻辑起点上，不仅提出了技术生命周期理论，还提出了企业生命周期理论，亦提出了产业生命周期理论，乃至经济周期理论，构成了从技术生命周期到产业生命周期的周期思维。事实上，很多企业并不经历完整的周期，而成活、留存的企业一直处于创业创新的常态，在数字时代不再是由供给侧决定产业周期或产业技术周期，而是用户、市场、需求等需求端决定产业市场周期。

三是在工业生产方式下，人们在生产端主导经济增长的逻辑起点上，提出了生产函数的理论，强调在一定的技术条件下投入多少土地、资源、劳动力及企业家才能等就有多少产出，构成了从投入到产出的函数思维。某种意义上，生产函数是由供给决定需求的社会化大生产方式决定的，也是要素驱动、投资驱动的理论渊源，在数字经济时代的今天需要从消费反向决定生产的角度，加快从生产函数的线性增长、滚动发展走向爆发成长、跃迁发展。

四是在工业组织方式下，人们在工业化主导产业组织的逻辑起点上，不仅提出了"结构—行为—绩效"产业组织范式，还提出了国家/城市工业化发展理论，亦提出了产业模块化理论，是典型的从分解到组装的模块思维。在产业模块化条件下，各地可以通过承接产业梯度转移的分解，再通过产业园区以及产业集群的集聚，形成出口导向型的外向型工业经济体系，以及"大产业、大平台、大项目、大企业"的产业发展模式与"围海造田、划地成园、招商引资、规模生产、出口拉动"的园区发展模式。

表：传统产业发展理论的逻辑起点和思维方式

	逻辑起点	思维方式
工业经济形态	工业型主导产业形态	从产业链到价值链的链条思维
工业产业结构	供给侧主导产业周期	从技术生命到产业生命的周期思维
工业生产方式	生产端主导经济增长	从投入到产出的函数思维
工业组织方式	工业化主导产业组织	从分解到组装的模块思维

1.1.3 新的产业经济发展规律

整体而言，工业有工业的发展规律、服务业有服务业的发展规律，传统产业有传统产业的发展规律、新兴产业有新兴产业的发展规律，把握任何产业发展规律，都需要首先区分研究对象。那么，伴随全球经济加快从工业经济向以数字化为代表的新经济、创新经济方向发展，产业发展进入大破大立新时代。产业发展规律，不仅有新的逻辑起点、思维方式，还有新的发展方向和内在逻辑，更有新的发展内涵与创新法则，产业发展规律研究也亟须走向新经济的产业发展规律。这其中，影响变革时代产业发展规律及其内涵的有五个方面或变量：

一是从产业经济形态上看，加速从产业工业化到产业数字化；对于产业战略的认识升维，需要从生产决定消费到消费决定生产、从工业单边思维到产业双边思维、从三次产业结构到三维产业形态。伴随数字技术的迭代创新与应用普及，不仅深度促进了工业化与信息化、物理空间与虚拟空间、制造与服务的高度融合，还深度促进了数字化与智能化、云台与云端、线上与线下的融合。伴随工业化的机器驱动走向数字经济的数据驱动，人成为经济社会发展的核心，而人的需求、需求的满足成为平台交易、业态创新、供应转变、资源配置的起点，不仅进一步强化了消费决定生产，还促进了工业与商业、生产与消费、制造与服务、供应与需求、工场与场景的交互贯通，更是促进一产、二产、三产向一维产业[1]、二维产业[2]、三维产业[3]方向发展。

二是从产业价值运动上看，加速从产业价值链到产业价值网；对于产业趋势的洞悉把握，需要从链条思维到生态思维、从产业分解融合到产业跨界融合、从无中生有发现蓝海到有中生无穿越红海。从一维的传统制造产业，到二维的信息产业，再到三维的数字经济，尽管不同的产业环节、价值链环节、区域分工都存在链条，但在产业跨界融合下更多的是将上中下游、前中后台、左（供给）中（平台）右（需求）有机结合，从产业价值链走向产业价值网。在此条件下，不再局限于制造业服务业的二、三产业分离及产业细分、产业融合，而是在产业生态之中促进跨界融合，不是通过"增量培育带动存量提升"而是在"存量提升实现增量培育"。

三是从产业成长发展上看，加速从产业周期化到产业超周期；对于产业培育的发展方向，需要从正向链式创新到反向资源配置逆向创新、从技术转移到垂直创新、从中长期钟摆运动到中短期钟摆运动。借助持续不断的创业、创新和跨界，让处于不同阶段产业技术发展实现逆周期发展、穿越周期

---

[1] 主要指先进制造业、基础产业等，下同。

[2] 主要指信息经济主导的产业经济，下同。

[3] 主要指数智科技主导的产业经济，下同。

发展或超周期发展，在大大缩短研发周期、转化周期的同时，放大市场周期、回报周期。不仅注重市场需求、产业导向、商业交易、服务应用等需求侧、后端对生产制造、研发方向、成本结构、交易结构、资源配置等方面的作用，还站在整个产业发展前沿在创业式创新的带动下将产业化、转移转化、商业研究、应用研究、基础研究垂直整合，更是在产业生命周期越来越短的条件下大力培育发展"快公司"。

四是从产业生产方式上看，加速从生产函数化到创新指数化；对于产业促进的范式转变，需要从技术特定化到技术内生化、从投入产出函数到输入输出参数、从滚动发展线性增长到指数级跃迁增长。打破一定技术条件下投入多少土地、资源、劳动力及企业家才能等，就产出多少经济效益的生产函数思维，将数据要素、场景需求、智能技术、平台组织、流量内容等有机结合，在生态赋能的条件下实现"输入—输出"。更加重视技术迭代创新在生产方式跃升中的地位，加快从"投入—产出"的经营思维向"输入—输出"的赋能思维发展，最终从滚动发展线性增长到指数级跃迁增长。

五是从产业组织方式上看，加速从产业模块化到产业生态化；对于产业组织的迭代创新，需要从推拉并举型发展到生态赋能型发展、从产业规制管理到产业协同治理、从产业链招商到生态圈招商。如果产业模块化更多体现为产业体系上的大类、中类、小类关系，产业链条上的上游、中游、下游关系，价值链条上的高端、终端、低端的关系，以及产品构成上的部件、组装、成套关系；那么，产业生态化更多地体现产业形态上的一维（实体经济）、二维（信息经济）、三维（数字经济）的关系，产业环节上的前台（商贸流通与资源配置）、中台（创业创新及产业化）、后台（基础产业与制造业）关系，价值分配上的高端生态、中速平台、下沉爆发关系。在此条件下，经济发展不再是"市场是拉手，政府是推手，企业是选手"，而是"政府搭建平台，市场开放赛道，创业产生赛手"；产业治理不再是以产业规制限制发展，而是以产业共治在发展中规范；产业招商不再是承接产业梯度转移的产业链招商，而是高端链接的生态圈招商。

表：新经济条件下产业发展规律演变的着眼点与着力点

	逻辑起点	思维方式
产业经济形态	从产业工业化到产业数字化	从生产决定消费到消费决定生产、从工业单边思维到产业双边思维、从三次产业结构到三维产业形态
产业价值运动	从产业价值链到产业价值网	从产业分解融合到产业跨界融合、从无中生有发现蓝海到有中生无穿越红海、从链条思维到生态思维
产业成长发展	从产业周期化到产业超周期	从正向链式创新到反向资源配置逆向创新、从技术移转到垂直创新、从中长期钟摆到中短期钟摆运动
产业生产方式	从生产函数化到创新指数化	从技术特定化到技术内生化、从投入—产出函数到输入—输出指数、从滚动发展线性增长到几何指数增长
产业组织方式	从产业模块化到产业生态化	从推拉并举型发展到生态赋能型发展、从产业规制管理到产业协同治理、从产业链招商到生态圈招商

1.2 形态结构——产业演进规律

1.2.1 产业演进规律经典理论

众所周知，任何产业都处于不断演化、进化、迭代的过程中，既有从无到有的生成，还有从小到大的扩张，亦有从低级向高级的上升。一般认为，产业发展总的趋势是"农业—轻工业—基础产业—重化工业—高附加值制造业—现代服务业—知识经济"。以知识经济阶段为例，涵盖了信息经济、网络经济、社交经济、体验经济、平台经济、数字经济、智能经济等新经济模式和新经济形态。从国民经济和国民财富的视角，库兹涅茨提出第一、二、三次产业概念，将所有产业分为三个主要部门："农业部门（A部门）——农业及相关的渔业、林业和狩猎；工业部门（I部门）——采矿业、制造业、建筑业、水利电力、运输业和通信；服务业部门（S部门）——贸易、金融、不动产、动产、商业、仆佣、专业人员及政府。"简而言之，一产就是农业经济，二产就是工业经济，三产就是服务经济；在此基础上出现的知识经济，有时候被称为创新经济，有时候被称为新经济，如今更多的人称之为数字经济。

在经济形态演进的背后，核心是产业结构的演进。这其中最为著名的产业演进理论主要包括如下三种：一是配第—克拉克定理，即关于经济发展中就业人口在三次产业中分布结构变化规律的理论。该理论立足配第定理（产业间收入相对差异的描述性规律现象）及费希尔的三次产业分类法，以收入弹性差异、投资报酬（技术进步）差异作为形成机制，认为随着经济的发展和人均国民收入水平的提高，在国民收入和劳动力分布中第一产业的相对比重逐渐下降，第二产业的相对比重逐渐上升；随着经济进一步发展，第三产业在国民收入和劳动力分布中的相对比重也开始上升。该理论不仅可以从一个国家经济发展的时间序列分析中得到印证，而且还可以从处于不同发展水平的不同国家在同一时点上的横断面比较中得到验证。

二是库兹涅兹提出的产业结构演变规律，即关于国民收入和劳动力在各产业间分布结构的演变趋势及其原因的学说。该理论认为农业部门实现的国民收入，随着年代的延续在整个国民收入中的比重以及农业劳动力在总劳动力中的比重均不断下降；工业部门国民收入的相对比重大体上是上升的，但如果综合各国的情况看，则工业部门中劳动力的相对比重是大体不变或略有上升；服务部门的劳动力相对比重呈现上升趋势，但国民收入的相对比重，却并不必须与劳动力的相对比重的上升趋势同步，综合起来看是大体不变或略有上升。

三是霍夫曼定理，即关于工业化进程中工业结构演变的规律。该理论认为，各国工业化无论开始于何时，一般具有相同的趋势，即随着工业化的进展，消费品部门与资本品部门的净产值之比，即霍夫曼比例呈现出不断下降的趋势。霍夫曼对工业化进程中经济结构变化的研究，是在国民经济只存在工业和农业两个部门的理论框架下进行的，因此他把资本品工业在工业中比重的上升和居于主导地位，等同于它在整个国民经济中的比重上升和成为国民经济的主导产业，某种程度上忽略了技术进步和效率提高。

1.2.2 产业演进规律基本内涵

某种意义上，研究产业演进规律需要着眼于"发展阶段—激励机制—发展结构"三位一体的综合视野。所谓发展阶段，主要是对国家经济发展"四阶段论"的继承和创新。迈克尔·波特在《国家竞争优势》中，以钻石理论为研究工具，以竞争优势来考察经济表现，从竞争现象中分析经济的发展过程，从而提出国家经济发展的四个阶段：生产要素驱动（Factor-Driven）阶段、投资驱动（Investment-Driven）阶段、创新驱动（Innovation-Driven）阶段和财富驱动（Wealth-Driven）阶段。其中，前三个阶段是国家竞争优势的主要来源，一般伴随着经济上的繁荣，而第四个阶段则是个转折点，可能由此开始衰退。我们姑且将产业跨界融合、品牌价值提升等因素导致的价值驱动视同为财富驱动阶段的主要表现，从而形成要素驱动、投资驱动、创新驱动、价值驱动四个发展阶段。

表：国民经济增长的不同发展阶段修正

发展阶段	创新逻辑
要素驱动	依靠资源、资本和劳动力
投资驱动	配合要素积累进行大规模投入
创新驱动	依靠技术和生产率的提高
价值驱动	产业跨界融合、品牌价值提升

所谓激励机制，主要体现为要素驱动下的全要素生产率、全员生产率，投资驱动下的资产报酬率、投资回报率，创新驱动下的技术报酬率、劳动报酬率，价值驱动下的行业利润率。一般而言，新兴产业的生成往往取决于创新驱动、价值驱动，在较高行业利润率、技术报酬率的刺激下，遵循"高风险、高投入、高收益"的发展逻辑，促进创新资源与产业要素流向新兴产业领域；成长产业的扩张往往取决于创新驱动、投资驱动，遵循"高成长、高价值、高估值"的发展逻辑，将科技创新能力与工业化、产业化组织实施能力相结合；成熟产业的升级往往取决于投资驱动、要素驱动，围绕"高端、高效、高附加值"的发展逻辑，从产业价值链低端走向中高端，进而提高全要素生产率、全员劳动生产率以及资产报酬率、投资回报率；衰退产业的转型往往取决于创新驱动、投资驱动，遵循"高死亡、高压力、高转换"的发展逻辑，要么因为全要素生产率、全员生产率、劳动报酬率等下降而彻底消亡，要么通过创新驱动实现涅槃重生。

表：不同产业发展阶段的驱动因素、发展逻辑与激励机制

产业阶段	驱动因素	创新逻辑	激励机制
新兴产业生成	创新驱动 价值驱动	高风险、高投入、高收益	高行业利润率、技术报酬率、劳动报酬率
成长产业扩张	创新驱动 投资驱动	高成长、高价值、高估值	高行业利润率、技术报酬率、投资回报率
成熟产业升级	投资驱动 要素驱动	高端、高效、高附加值	全要素/全员生产率、资产报酬率、投资回报率
衰退产业转型	创新驱动 投资驱动	高死亡、高压力、高转换	

　　所谓发展结构，主要取决于要素的投入结构、技术的有机构成、财富的分配结构、生产的制度结构，最终是劳动力/人口的分布结构。"要素的投入结构"基于生产函数理论，也就是将技术因素作为外生条件，强调在一定的技术水平上，投入多少土地、资源、能源、劳动力以及企业家才能，就产生多少产出，也就是典型的要素驱动、投资驱动逻辑。"技术的有机构成"体现将技术作为一个国家或地区经济增长和产业发展的内生因素，在技术进步的条件下，经济增长带动对技术升级的投资，进而促进产业的升级发展。"财富的分配结构"就是政府税率、银行利率、要素市场租金、企业盈利率、家庭收入率之间的关系。"生产的制度结构"也就是新制度经济学所强调的"制度是重要的"系列理论，通过解决经济发展中的非经济因素、社会发展的非社会因素等解决系列发展问题。基于以上结构，进而体现出不同产业之间的劳动力/人口分布。

表：不同发展阶段的不同决定论

发展阶段	要素驱动	投资驱动	创新驱动	价值驱动
激励机制	全要素生产率 全员生产率	资产报酬率 投资回报率	技术报酬率 劳动报酬率	行业利润率
发展结构	要素投入结构	财富分配结构	技术有机构成	生产制度结构
决定因素	禀赋决定论	资本决定论	技术决定论	制度决定论

整体而言，解释产业演进与经济增长时，强调要素的叫作"禀赋决定论"，如比较优势理论；强调资本的叫作"资本决定论"，如资本积累机制；强调技术的叫作"技术进步决定论"，如"科学技术是第一生产力"的论断；强调制度的叫作"制度决定论"，如新制度经济学派所主张"制度是重要的"；强调战略的叫作"战略决定论"，比如中国奇迹的根源在于"一个中心、两个基本点"的国家战略。如果去掉"基于特定人力资本结构条件"的假设，似乎还存在着人口决定论、文化决定论。比如移民城市的人口结构，能够形成更加开放、包容、博大的文化，进而影响战略抉择、制度取舍等等。而在以上"发展阶段—激励机制—发展结构"视角下，我们可以看出，在不同经济技术发展阶段与经济社会发展形态下，产业形态与产业结构从根本上取决于一个国家或地区的发展阶段，在特定的发展阶段内，围绕不同要素、资金、技术、制度、人口的相互作用，形成了不同的激励机制与发展结构，构成了产业演进规律的总和。

1.2.3 当前的变量及创新精要

整体而言，以前诸多产业演进规律的研究整体上拘泥于传统工业经济与服务业，而对于产业演进规律认知升维的前提，在于跳出工业经济思维，从产业的工业化走向产业的数字化。这种升维，主要体现在三个方面：

一是从工业经济形态到数字经济形态。如果工业经济更多的是物质能源的转换、物理硬件的展现，那么，数字经济不仅仅以新一代信息技术为手段，以信息产业为主干，以信息产品和信息服务为主要内容，更是将物理空间与虚拟空间、物理硬件与云端软件、线上与线下、数字产业化与产业数字化有机结合。如今伴随以人工智能、大数据、云计算、区块链、新一代通信、新一代芯片、移动互联网、物联网、量子计算为代表的数智科技快速普及应用，数字产业化与产业数字化进程加速产业跨界融合，并在数字基建（后台）、智能终端（前台）、数字治理（中台）的同频作用之下逐渐构筑起超级智联生态（元宇宙）。同时，数智科技连同材料科技、生命科技、能源科技、太空科技等前沿科技／硬科技与先进制造融合的构件，加快泛工业应用与发展，不断扩大生产、生活、生存的边界和疆域。

二是从工业单边思维到产业双边思维。如今，各国对国民经济依然按照一产、二产、三产的传统分类方法进行统计核算，以至于很多人都把工业等同于产业，这便从思想认识的源头上混淆了两个不同的概念，导致了过重的产业发展结构、片面的发展思路或路径。在此条件下，工业是工业、商业是商业，生产是生产、消费是消费，行业是行业、市场是市场，供给是供给、需求是需求等等，并没有在供需两侧、买卖两方、上下两端等"对立"中找到"统一"的地方。但真正的产业思维和段位，一定涵盖了工业与商业、生产与消费、供给与需求、行业与市场的总和。一般而言，工业代表了生产、行业与供给，商业代表了消费、市场与需求，工业单边思维局限于从工业端 / 生产端 / 行业端 / 供给端观察、解释、分析并预测产业演进，而忽略了商业端 / 消费端 / 市场端 / 需求端的显著影响。只有从工业单边思维到产业双边思维，才能拓展商业发展的疆域、打破企业发展的边界、弱化产业发展的界限，才能培育发展出更多的新动能。从拓展商业发展疆域来看，无论从B2B、B2C 到 F2C 等等，代表的一个趋势便是从生产到消费的渠道越短而交易成本就越低，那么消费者剩余就越大；从打破企业发展边界来看，无论是制造业服务化、服务业制造化，还是生产即服务、产品即服务、软件即服务，大量的企业能够越过中间商直接为消费者提供服务，企业要么平台化，要么被平台化（垂直化）；从弱化产业发展界限来看，各行各业借助服务、终端、场景、消费、商业融为一体，不断打破产业的发展界限，产生出新业态新模式。

三是从生产决定消费到消费决定生产。如果说工业经济与新经济最大的差别，那就是生产与消费的关系发生了结构性变化，工业经济条件下更多的是生产决定消费，新经济条件下则是消费决定生产。如果说新一轮科技革命与产业变革与上一轮科技革命与产业变革最大的不同，那就是生产方式与生活方式发生了结构性变化，以往的科技革命与产业变革是生产方式决定生活方式，而新一轮的科技革命与产业变革则是生活方式决定生产方式。正是由于从工业经济条件下、工业思维的生产决定消费，到了新经济条件下、产业思维的消费决定生产，导致企业资源配置方式、行业经营发展形态、市场供需发展结构等等发生了重大变化。譬如，从企业资源配置方式来看，需要从以往的以产定销到如今的以销定产，也就是从市场的外部反向配置生产资源；从行业的经营发展形态来看，需要从重视车间或工场的制造到重视终端场景的应用，也就是要更加重视将数据、算法、服务与客户体验相结合；从市场的供需发展结构来看，不仅要从生产的源头上推进供给侧结构改革，还要从外需拉动向内需拉动转变，打破以往新兴经济体的发展边界由外部需求决定的发展结构。通俗地说，只有赚到钱的工业生产加上商贸流通才叫产业，赚不到钱的生产制造叫作工业库存。从这个意义上，产业一定是有钱可赚的生产与商业。

在此背景下，发端于知识经济、集大成于数字经济的新经济愈演愈烈。这其中，从知识经济、信息经济、网络经济、社交经济、体验经济，到平台经济、数字经济、智能经济、分享经济、生态经济等新经济形态、新经济模式、新产业业态，它们之间不仅存在共同的发展基础，还存在一定的纵向演化、横向交织的联系，甚至是一个问题的不同方面或侧面。譬如，知识既是一种生产资料，也是一种生产力，网络、信息、数字、智能等等都是知识的延伸；网络既是一种基础设施，也是一种生产力，还是一种生产方式，很多信息化、社交化、数字化、智能化、平台化、生态化以及分享化都离不开网络；社交既可以与生产方式相结合改变组织方式、管理方式等，也可以与生活方式相结合改变消费方式、需求范式，更可以与治理方式相结合改变施政方式、财富分配方式等；数字既是一种生产要素，也是一种生产力，还是一种生产方式，是知识、信息的数据资产化以及数字时代的升级版；智能是知识开辟新的疆域，能够更大范围运用和提升网络、信息、数字以及平台、体验、生态等；而体验、平台、分享、生态更多地体现了全新的生产组织方式，立足技术创新进行模式创新的经济形态、经济模式与产业业态。

1.3 纵向运动——产业价值规律

1.3.1 产业价值规律经典理论

简而言之，产业价值规律主要反映产业的横向发展特点，体现为围绕产业价值链的分解、融合、跨界、空间转移和空间集聚趋势。产业价值规律研究的经典理论，主要包括产业价值链、微笑曲线以及"四维价值链"理论等。

一是迈克尔·波特的产业价值链理论。他认为"每一个企业都是在设计、生产、销售、发送和辅助其产品的过程中进行种种活动的集合体。所有这些活动可以用一个价值链来表明"，这可理解为"企业价值链"。"产业价值链"则是一个产业内部各个环节之间基于一定的技术经济关联，并依据特定的逻辑关系和时空布局关系客观形成的链条式关联关系。按迈克尔·波特的逻辑，每个企业都处在产业链中的某一环节，一个企业要赢得和保持竞争优势不仅取决于其内部价值链，还取决于其在一个更大的价值体系中，同其上下游的供应商、销售商以及顾客之间的价值关系，即企业之间真正的竞争不仅存在于某一环节，而是整个价值链的综合竞争，称之为"产业价值链"。

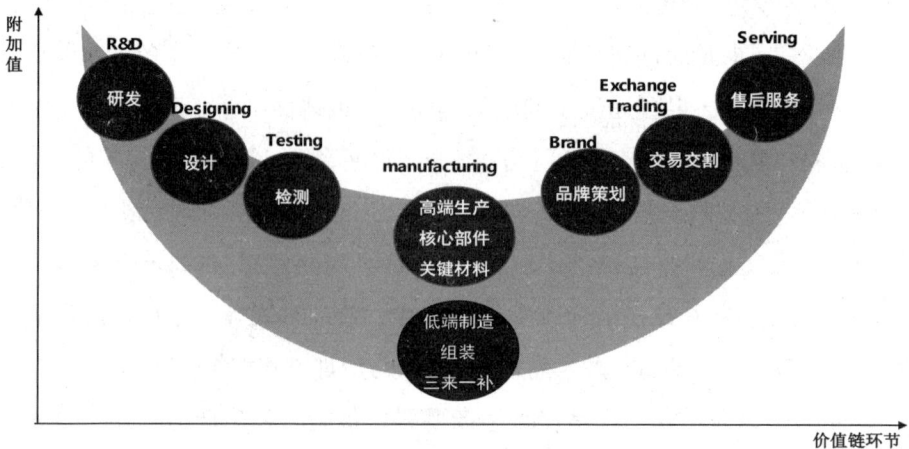

图：微笑曲线

二是"微笑曲线"理论。所谓"微笑曲线"，也就是呈微笑嘴型的一条曲线，两端朝上，反映了在产业链中，附加值更多体现在两端，即研发、设计、检测环节和销售、交易、服务环节，处于中间环节的制造附加值最低。从某种意义上，"微笑曲线"实质上就是"附加价值曲线"，即通过品牌、行销渠道、运筹能力提升工艺、制造、规模的附加价值，企业只有不断往附加价值高的区块移动才能持续发展。微笑曲线的左边是研发，属于全球性的竞争；右边是营销，主要是当地性的竞争。微笑曲线理论也指出一个地区产业发展的中长期策略方向。产业未来应朝微笑曲线的两端发展，也就是在左边加强研发创造智慧财产权，在右边加强客户导向的营销与服务。

三是四维价值链理论。该理论[1]认为，任何企业的价值链由一系列相互联系而又相互分离的创造价值的作业构成，包括产品的设计、生产、营销和分销等。虽然同一产业内的企业有相似的价值链，但竞争对手之间的价值链常有所不同，这种差别是企业竞争优势的关键来源。以竞争景框来界定价值链的分析目标，将围绕企业形成一个四维的价值链分析图谱。第一维，细分景框以单一企业为分析目标，即企业内部价值链；第二维，纵向景框以相关联的企业群体为分析目标，即企业外部价值链；第三维，产业景框以相关联的产业群体为分析目标，即产业价值链；第四维，地理景框以存在产业关联的区域群体为分析目标，即区域价值链，也称为空间价值链。

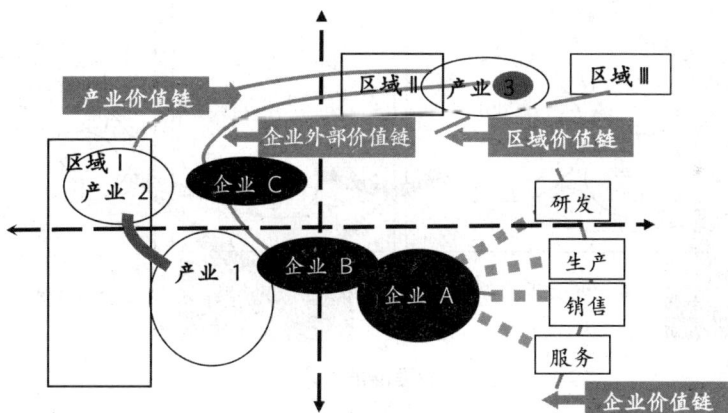

图：四维价值链[2]

1.3.2 产业价值规律基本内涵

整体而言，伴随专业化分工与社会化大生产，产业的专业化分解越来越细，呈现出产业不断分解的发展趋势与规律，如工业门类从大类中类到小类、二、三产业的分离、专业化服务成为独立行业等；伴随产业的专业

---

[1] 该理论内容引自科技部火炬高技术产业开发中心等编著的《中国增长极：高新区产业组织创新》。
[2] 同上。

化分解，在一定的产业范围内出现了更多具有技术融合、功能融合、市场融合等特点的新产品新服务，呈现出产业融合的发展趋势及发展规律；当产业融合现象从一个产业内部走向多个产业的"出圈"，便出现了产业界限、技术界限、市场界限、企业界限越来越模糊的产业跨界。以上的产业"分解—融合—跨界"，构成了产业运动的基本路径。与此同时，全球范围内经济分工与产业分工格局下，伴随产业梯度转移，在不同地区呈现出产业在单一环节上的空间集聚[1]、同一空间内汇聚产业各相关环节[2]等集聚发展趋势，一并构成了产业转移规律、产业集聚规律。

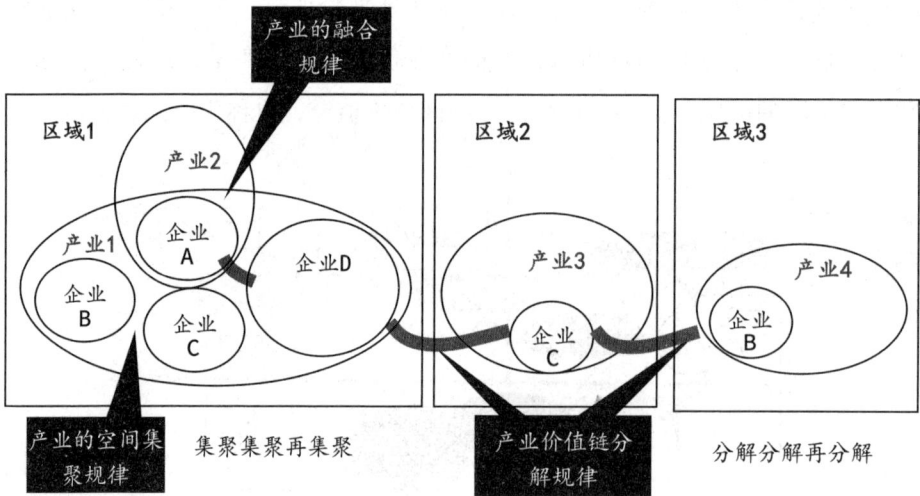

图：产业发展的基本规律[3]

产业分解规律。产业价值分解过程的实质是产业专业化分工不断深化过程。工业革命以来，全球产业发展历经了三次价值链分解：首先，以蒸汽机为代表的新技术应用解决了产业专业化分工发展的技术瓶颈，在产业部门之间和部门内部形成了链状的附加价值传递关系，实现了第一次的价值链分解；随着专业化分工的纵深发展，企业竞争加剧，早期全价值链运作的企业

---

[1] 同一产业环节在一个地方的集聚。
[2] 在一个地方集聚了各相关环节。
[3] 该图引用自《中国增长极：高新区产业组织创新》。

开始专注于某一价值环节，使得在一个产业内部的价值分布逐渐呈现出"微笑曲线"的特点，形成了第二次的价值链分解；而第三次的价值链分解实质是单一产业环节内、单一细分产业内的模块化过程，通过模块化解决兼容性问题，增强了产业内各环节之间的匹配程度，提高了产业价值实现的效率。随着产业价值的不断分解，最终形成了模块化[1]的产业组织结构，奠定了产业横向演进的基础，为产业融合、空间转移和集聚提供了条件。

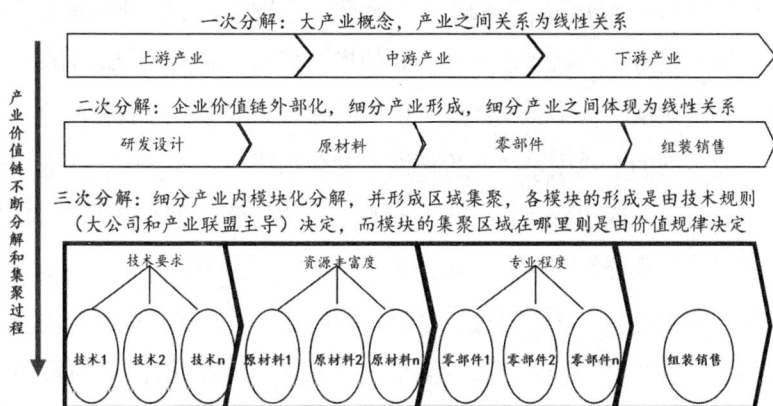

图：产业三次分解图[2]

产业融合规律。产业融合是以产业分解为基础，基于新的市场需求出现的不同产业在同一产品、产业上的重新组合，是经过技术融合、功能融合、市场融合三个阶段而最终完成的。这其中，企业在产业模块化发展的背景下，面对新的市场需求，以自身的研发体系为主体，开始对各细分产业领域技术模块（单元技术）有效整合，并通过完成技术融合实现相关技术的集成创新；技术融合完成之后，在新技术向生产力的转化过程中顺理成章的完成相关功能的融合，形成新产品；新产品投放市场后，与原相关产品的细分市场

---

[1] 产业模块化是将产业链中的每个工序分别按一定的模块进行调整和分割。广义的产业模块化包含三个层次的内涵：产品体系或者产品设计的模块化；生产的模块化；组织形式或者企业内部系统的模块化。产业模块化实质上就是一种基于某个产品体系的流程再造，它既强调产品的统一性和各部分的标准化，同时又强调产品整体最优化和各部分的创新性。
[2] 该图引用自《中国增长极：高新区产业组织创新》。

充分竞争，待消费者接纳新产品之后，市场融合得以完成。

产业跨界规律。伴随制造业服务化、服务业制造化，产品即服务、制造即服务、软件即服务，当前各次产业的价值链在不断分解延伸的同时进一步走向交汇互通，形成横跨于三次产业之上的价值网，而在未来将几乎没有什么工业、服务业之分，只有垂直贯通的产业/行业领域。某种意义上，没有传统的产业只有传统的业态，当产业价值链不仅从分解、分解、再分解走到了垂直整合，还发展到前后、上下、左右的融合、融合、再融合，于是便出现了"产业跨界融合"发展趋势，也就是说产业之间的界限越来越模糊。如果说在产业模块化条件下，产业运动的本质是产业价值链的分解和融合；那么在产业生态化条件下，产业运动的本质则是产业价值网的融合和跨界。这其中，产业价值运动从串联的分解、并联的融合到了各次产业之间的跨界，并不意味着以往的产业价值链停止了继续分解、融合，而是由于跨界产生的爆发成长、裂变发展的新业态新模式愈来愈多，从而通过"穿透"价值链，进入了"产业价值网"。

产业转移规律。产业模块形成之后，主要在市场价格机制的作用下，各产业模块就如生物迁徙一样寻找最适宜的生存空间，导致产业转移成为经济全球化的重要经济现象之一。这其中，产业的空间转移包括纵向转移和横向转移。产业纵向转移指产业发达地区将附加值低的原材料加工、生产制造等环节转移至相关要素成本更低的区域，而将附加值高的研发、设计、销售等环节转移至创新活跃或市场密集的区域，这种转移是由于产业要素禀赋的区域分布不均造成的。产业横向转移指产业高端领域的全球布局，由核心区域对多区域进行整体调控与整合，这种转移由大型企业主导，是基于大企业本身的扩张需求。

产业集聚规律。伴随产业模块化发展，在市场机制和世界各国政府的推动下，总部基地、制造基地、贸易中心、研发中心等产业集聚区域纷纷形成，全球形成了许多著名的产业集聚区域。这其中，产业的空间集聚与产业分解呈现明显的正相关关系，产业越是深度分解，产业模块越是高度集聚。而产业在空间集聚的过程中为产业发展的生态效应，在良好的高技术产业集群内，相关企业之间的关系已不是简单的基于商品买卖而形成的商业伙伴关系，而是基于技术和人才之间的有机互动而形成的共生关系，集群内会形成强烈的联盟氛围，成为利益共同体。

总而言之，所谓产业分解，本质上是产业价值链上的不同环节随着专业化分工而逐步出现价值分解，基于产业关系进行模块化分解，催生了大量专业化企业的出现；所谓产业融合，则是基于价值链分解，以市场需要为导向，不同价值环节或价值链再重组，根据用户需求产生技术、功能、市场的融合，商业模式改变，服务的内容和模式也随之发生改变，催生了各种各样的解决方案供应商；所谓产业跨界，则承载了两个以上产业的功能，产业价值链的融合程度最深，不仅企业组织发生重组，产业链上下游关系也发生重组，导致产业边界模糊化、商业模式重构，催生了平台经济。

1.3.3 当前的变量及创新精要

整体而言，以前诸多产业价值规律的研究整体上拘泥于产业价值链、产业梯度转移等，而对于产业价值规律认知升维的前提，在于从产业价值链到产业价值网。这种变化，主要体现在如下方面。

一是产业发展形态与产业发展格局发生了变化。当前，一维的传统产业被推倒重建，二维的互联网产业发展格局已经被瓜分完毕，以大数据、人工智能等为代表的三维、四维产业加速重构。从互联网经济到数字经济，几乎就是从二维的"互联网+"到三维的"数字化×"、再到四维的"智能化÷"。这个二维产业的"加法"，就是从物理空间到虚拟空间，打破企业经营发展的时空局限；这个三维产业的"乘法"，就是从各类信息流到数据流，实现数据的资产化，打破企业日常运转的价值局限；这个四维产业的"除法"，就是从智慧感知到智能感应，打破企业战略决策的认知局限。

二是产业关联关系与产业运动机制发生了变化。在以往工业经济条件下，我们都在讲这个产业价值链，以及产业价值运动规律，即在产业价值链上做分解和融合。但是到了新经济条件下，产业价值运动从串联的分解、并联的融合到了各次产业之间的跨界，使得"穿透"价值链，进入了"产业价值网"。在这个"产业价值网"中，"长度"是单一产业原有的产业价值链；"宽度"是由于商业模式革新打破了若干行业、产业领域的界限；"高度"

是由于技术突破对商业模式构建实现的程度。从产业价值链到产业价值网，核心就是一个企业、行业、产业的发展从产业价值分解、产业价值融合到了产业价值跨界，正是由于产业跨界融合的出现，才出现了"改变世界"的商业模式、短时间内估值较高的"独角兽"企业以及原创新兴业态等。

三是产业生成方式与产业组织方式发生了变化。从产业价值链到产业价值网，其背后的深层次逻辑，就是产业生态化的基本呈现。在产业价值网上，不仅将以往产业链、创新链、资本链、数据链、供应链从串联创新到并联创新，还将以往的人流、物流、信息流、资金流转化为数据流、价值流，最终实现要素设施共享、企业互联融通、开放协同创新、资源优化配置以及产业快速生成，并诞生全新的生产方式。这便需要对产业价值规律进行四个层面的认知升维：一是从注重产业价值链中下游的关系，到注重产业价值网左中右、前中后的关系；二是从注重产业价值链上的串联式的生产消费供应链，到注重产业价值网上的并联式的开放创新生态圈；三是从注重产业价值链上你死我活的竞争，到注重产业价值网上共生共荣的竞合；四是从注重产业价值链上产业分解、产业融合的线性增长，到注重产业价值网上产业融合、产业跨界的爆发成长。

面对新科技革命日新月异与产业变革大破大立，如何更好地把握产业价值规律，核心是把握新兴产业的硬科技属性、跨界别属性、数字化属性、场景化属性。只要把握了这四大属性及其发展规律，就抓住了新兴产业发展的关键，而这四种属性环环相扣、密不可分。其中，硬科技属性是新兴产业的技术门槛，没有硬科技属性，就没有新兴产业发展的根基与屏障，核心是打开生存疆域；跨界别属性是新兴产业的组织范式，只有跨界才能创造新技术新产品、新市场新服务、新业态新产业，才能产生更大的经济社会效益，核心是打开发展空间；数字化属性是新兴产业的经济形态，核心是将各类数据、内容、服务、硬件、网络、算法等高度结合与集成应用，核心是进入三维世界；场景化属性是新兴产业的发展模式，不是为了科研、为了创新、为了不计成本而投入，而是为了产业、市场、应用、需求而做反向资源配置的逆向创新，核心是打开想象空间。

1.4 横向延展——产业成长规律

1.4.1 产业成长规律研究综述

产业成长规律反映出产业随时间推移所体现的纵向发展规律，因而很多产业成长规律的研究重心放在产业生命周期上。产业的生命周期，是指一个产业从初生到衰亡，具有阶段性和共同规律性的厂商行为的改变过程。产业生命周期理论是借生物学概念来描述单个产业的产生、成长和进化的理论，指的是每个产业都要经历的一个由成长到衰退的演变过程，一般分为初创阶段、成长阶段、成熟阶段和衰退阶段四个阶段。整体而言，产业生命周期理论是在产品生命周期理论、企业生命周期理论基础上发展而来的，是生命周期理论在产业经济学中的运用和发展，但根本上又取决于技术生命周期理论。

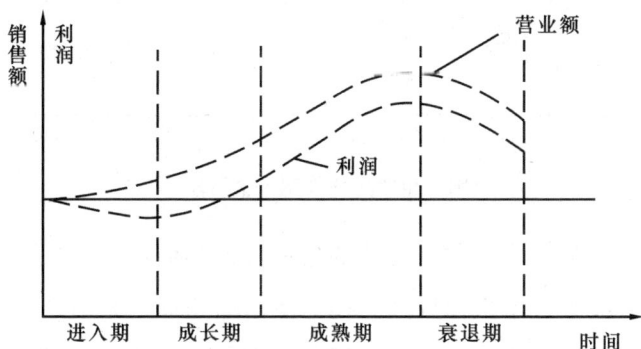

图：产品生命周期

"产品生命周期"（product life cycle）是产品的市场寿命，即一种新产品从开始进入市场到被市场淘汰的整个过程。如弗农认为：产品生命是指其在市场上的营销生命，和人的生命要经历形成、成长、成熟、衰退这样的周期一样，产品的生命也要经历一个开发、引进、成长、成熟、衰退的阶段。而这个周期在不同的技术水平的国家里，发生的时间和过程是不一样的，其间存在一个较大的差距和时差，正是这一时差，表现为不同国家在技术上的差距，它反映了同一产品在不同国家市场上的竞争地位的差异，从而决定了国际贸易和国际投资的变化。

"企业的生命周期"是指企业诞生、成长、壮大、衰退甚至死亡的过程，是关于企业成长、消亡阶段性和循环的理论。虽然不同企业的寿命有长有短，但各个企业在生命周期的不同阶段所表现出来的特征却具有某些共性。该理论认为，了解这些共性，便于企业了解自己在生命周期中所处的阶段，从而修正自己的状态，尽可能地延长自己的寿命。

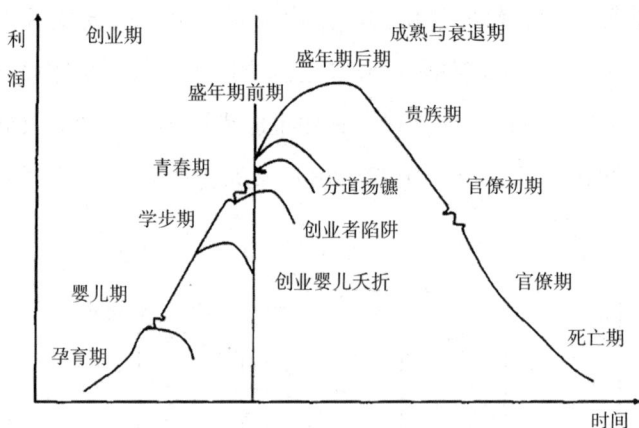

图：企业生命周期十个阶段

但不论产品的、企业的、产业的生命周期如何演变，从根本上来看，这些周期又取决于技术生命周期。技术生命周期理论是国内外众多学者根据产品生命周期的理论及对技术发展规律理解所形成的共识，一般将其定义为一项技术变成产品并推向市场所经历的过程。一个完整的技术生命周期主要由基础研究、共性技术研究、商业应用研究、商品开发、工艺开发、规模生产等环节组成，涵盖了知识创新、技术创新与规模生产的整个过程。一般而言，包括四个阶段，即基础研究阶段、应用研究阶段、R&D阶段和规模生产阶段；每个阶段都有相应的成果产出，相应的产出分别是新知识、实验室原型和商业原型、小批量产品和批量产品、大批量产品。

演进阶段：

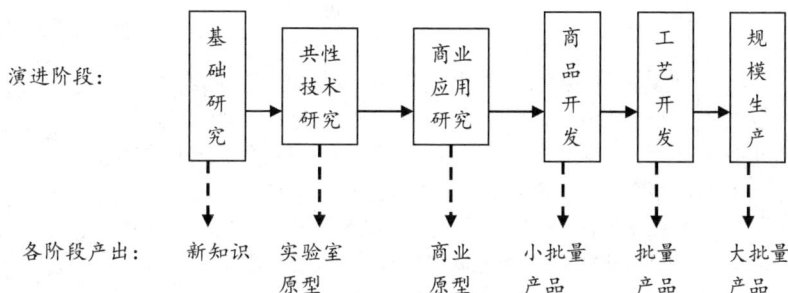

图：技术生命周期演进阶段及每阶段产出示意图

1.4.2 产业成长规律基本内涵

基于全球化背景下立足新经济的影响分析，我们将产业成长过程划分为孕育期、形成期、成长期、成熟期和衰退期五个阶段。同时，技术、市场需求、资源、企业和政府五个要素，在产业成长中扮演着不同的角色，共同构成产业成长的主要驱动力。为了较系统地认识产业在各个成长阶段的特征，以下以产业创新活跃度、产业集中度、产业规模、产业链、产业利润率和产业前景六个指标，对产业的成长特征进行系统分析，总结出产业成长各阶段的主要特征如下。

表：产业成长阶段及其特征 [1]

	孕育期	形成期	成长期	成熟期	衰退期
创新活跃度	产业创新活跃度很低，技术风险较大	部分机构加入产业技术及产品的研发行列，产业关键技术有所突破；但创新专利数还比较少，创新活跃度还不高，仍然存在一定的技术风险	产业创新活跃，创新专利数量多，关键技术基本突破，生产工艺日臻完善，具有新功能、新特性的产品不断涌现，产品应用领域不断拓宽，技术风险大大降低	产业核心技术均已突破，生产技术相对成熟、稳定，新技术、新产品开发变少。创新活动主要体现在市场需求的拉动下，大量的渐进性创新	由于消费者需求的变化或新的替代技术的出现，产业的技术和产品的创新产出递减

---

[1] 引用自《宁波工业由大变强升级发展路径及政策研究报告》，根据多方面资料整理。

续表

	孕育期	形成期	成长期	成熟期	衰退期
产业集中度	产业集中度几乎都不存在	企业数量少、因而产业集中度很高，单个企业生产规模不大、缺少专业化大型企业，市场竞争程度较弱，进入和退出壁垒低	企业数量增长较快，成长前期产业集中度不高，产业内部竞争压力不大；随着单个企业生产量逐渐加大，占有优势的大企业逐渐主导市场，产业集中度加大	产业集中度高，出现一定程度的垄断；产业内部竞争日趋激烈，由于垄断出现合谋价格，竞争手段转向非价格手段	产业内部竞争较弱但替代市场竞争激烈，承受不了市场压力的厂商逐渐退出产业，企业数量逐渐减少，但产业集中度仍很高
产业规模	产业规模非常小	市场规模狭小，需求增长缓慢，价格弹性小，产品成本和价格较高	市场规模不断增大，市场需求增长迅速，价格弹性增大	市场需求仍增长，但增长速度明显减缓，价格弹性减小	市场规模不增，市场需求逐渐减少
产业链	几乎没有商业化产品，产业链若有若无、似虚还实	产业链初步形成，但层次少、链条短，与相关产业关联性较强，受相关产业影响比较大，产品品种单一，质量较差且不稳定	产业链逐步拓宽、延长，与相关产业关联性仍较强，受相关产业影响比较大；产品呈现多样化、差别化、质量逐渐提高、相对稳定，细分产业发展迅速	产业链完善、产业关联稳定；产品品种丰富、再度无差异化，产品质量较高、相对稳定	替代性产品大量出现，一些产品退出应用市场，几乎没有新产品开发；产业链开始萎缩，产业关联度降低
产业利润率	产业利润几乎不存在	受技术不成熟、市场狭小的影响，产业利润微薄，甚至全产业亏损	产业利润迅速增长且利润率较高	产业利润达到较高水平	产品应用和销售下降，利润降低
产业前景	由于技术风险很大，企业的进入风险也很高	由于技术风险和市场风险较大，产业成长可测性较低	进入风险较小，主要为管理风险和市场风险，产业成长前景非常好	产业进入和退出壁垒高、进入风险低；技术和市场风险较低，产业平稳发展	企业存在生存风险，产业整体竞争力下降，产业发展前景暗淡

值得关注的是，对于某一国或某一地区的某特定产业，就某一特定历史阶段而言，产业的成长发展可能是单周期的，即可能会走向衰退死亡；但从全球角度看，一个产业的成长过程会呈现多周期叠加的振动发展趋势。

其中，产业进入衰退期的原因基本上有技术进步、资源竞争和需求替代三类，但处在衰退期产业中的企业却会呈现出不同的表现。尤其在技术推动和市场拉动下，细分产业加速涌现，会使得产业显现出"衰而不亡"的特征。

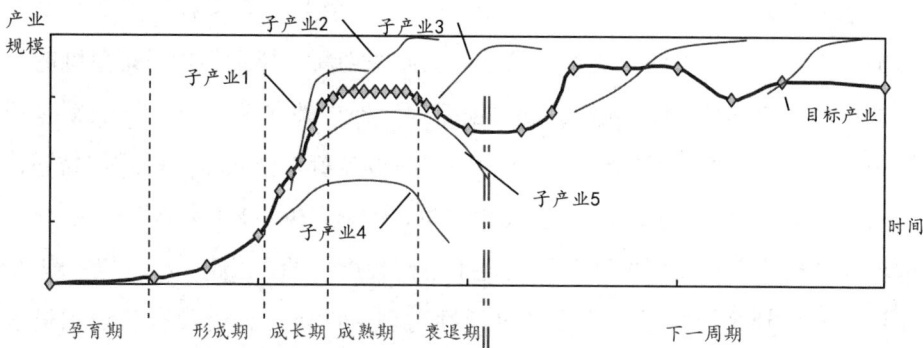

图：产业成长规律示意图[1]

1.4.3 当前的变量及创新精要

整体而言，以前关于产业成长规律的诸多研究整体上拘泥于各种周期理论，实际上周期理论是审视产业发展的重要视角，但不应成为推进产业发展的锚定。尤其是对于企业家而言，就是需要通过持续不断的创业创新打破传统的生命周期论，实现逆周期、超周期、穿越周期发展。而对于产业成长规律认知升维的前提，在于从产业周期化到产业超周期。这种变化，主要体现在如下方面。

一是从工业技术革命到产业业态创新。过去的科技革命与产业变革，往往是由于科技的进步实现了产业在质上的、代际上的变革，这尤其表现在一项关键技术往往就是一个具有市场竞争力的产品本身。但伴随着产业跨界融合与新经济的发展，新一轮的科技革命更为侧重于为产业升级与业态创新所服务，新技术仅仅构成了产品和服务的重要技术门槛，或者产品构建的功能实现手段，而将技术（如数据、算法、智能终端）、服务（如内容、软件等）与场景充分结合所形成的商业模式则成了产业业态革命的核心。

---

[1] 该图引用自《中国增长极：高新区产业组织创新》。

可以说，没有商业模型的产品只是制成品或者实验室的产物，没有技术门槛的商业模式也只是单纯的商业操作；而一个真正意义上的、具有一定技术门槛的产品，往前走是商业模式以及商业模式背后的商业逻辑、商业思想，往后走是新业态、新形态、新产业。从这个意义上来看，工业技术革命本身不是目的，关键是要不断推进产业业态创新；技术创新只是单维的，模式创新则是多维的，涵盖了技术创新等，即"硬科技"与"软创新"相辅相成、不可偏废。如今很多人认为中国的很多新兴企业是"模式创新"，未来需要更多的"技术创新"，直接把"模式创新"和"技术创新"对立起来。这不仅没有认识到中国发展阶段决定了不同程度上的"跟跑、并跑与领跑"，还没有认识到这恰恰是中国人的灵活性与创造性所在，更没有认识到很多模式创新同样需要大数据、人工智能等等新技术的支撑。

二是从线性增长走向非线性爆发成长。在工业经济条件下，很多企业最基本的发展机遇、发展逻辑、增长方式，都有着明显的工业经济气息和路径依赖。这种增长方式主要是在产业价值链的分解以及部分融合中抓住商机，通过从销售、贸易介入生产、制造再到研发、创新，进而形成"产供销人财物"一体化的滚动式发展，更多的是通过要素驱动、投资驱动等形成更加注重收入的线性增长。在新经济条件下，伴随技术生命周期越来越短、产业加速跨界融合，企业不仅需要通过超前的洞见能力将一个个连续的商机、一个个可能的市场化零为整，还需要以新思想驾驭新模式、以新模式架构新技术、以新技术衍生新业态。只要具有原创思想、好团队，加上一定的专利技术与创业资本，在短时间内就可以发展成为"改变世界"的大公司，最终从滚动发展到裂变发展、从线性增长到爆发成长、从遵循周期到超越周期、从注重收入到注重价值，形成"变革创业—高成长瞪羚—独角兽—龙"的新经济创业企业梯队。

三是从单一思维定式到多维生态奇点爆发。由于受到有限理性的束缚，人们通常只能从单一维度、静态平面的视角看问题，然而单维度、单层次的思考方式容易对事物形成固定及片面的看法，这往往阻碍了洞见的产生。在新经济条件下，需要从立体多维的视角对事物做多方位、多角度、多层次的考察与评价，这种多维跨界的思考方式不仅有助于了解事物的全貌，也符合未来经济发展以渗透融合、交叉融合、跨界融合为主要特征的生态化趋势。正是伴随开放、多元、活力、共赢的创新生态与互补、跨界、合作、激发的产业生态的共生与协同，尤其是在风险创业者、战略科学家、天使投资人、社会企业家等多元主体的带动下，往往能够寻找到价值爆发的奇点，在产业创新生态中实现奇点爆发。

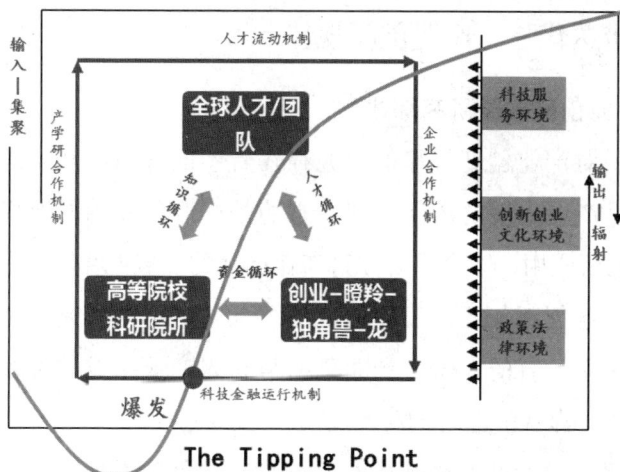

图：在生态赋能下的奇点爆发现象

当前，很多地方的产业发展都受大环境、大周期的影响。大环境、大周期好，其经济发展形势就好；大环境、大环境不好，其经济形势随之不好。但往往也有一些地方能超周期、超环境，实现逆势发展。总结其发展经验，一般都是处理好了增量培育与存量提升、要素量变与创新质变、短效动力与长效活力、长板优势与短板瓶颈、增长空间与转型时间、产业生态与创新生态、结构改革与扩大开放、政府作用与市场机制等方面的关系。实际上，灾难、危机抑或时运、契机，实际上都是一种结构性的重建及颠覆性的再造，本质上是两种不同性质和形式的机遇。企业家的使命及核心价值，就是通过创造性的毁灭，打破常规的创业周期、产品周期、技术周期、企业周期、产业周期、经济周期，实现毁灭性的创造。任何时代的产业发展，一定是在科技革命和产业变革的带动下进行的系列结构化改革，以新兴产业发展、业态创新找到适应产业结构调整的动能。作为微观基础的企业，要么正在死亡、要么收缩战线、要么休眠过冬、要么全面转向、要么转型升级、要么业态创新、要么颠覆创新。这便需要企业家利用开阔的视野洞察外部环境，利用超前的判断力对到底做什么、怎么做等重大事项做出释然的、超脱的、精准的拿捏，利用丰富的创意和想象力找到和推广适宜自身的价值主张、成本结构、主要卖点及解决方案等。

1.5 试错迭代——产业创新规律

1.5.1 产业创新规律研究综述

多年来，对产业创新规律的研究存在着不同的内涵及外延。从其内涵来看，有的是产业发展的创新规律，有的是产业创新的发展规律，有的是产业规律的创新应用，本书重在探讨产业创新的发展规律。从其外延来看，有的在研究产业创新与经济发展周期的关系，有的在研究产业创新与自主创新能力的关系，有的在研究产业创新与新兴产业生成的关系等，本书重在研究产业创新背后所遵循的发展规律。

我们这里所说的产业创新核心是围绕产业创新发展、新兴产业生成，而形成的发展机制、发展规律等。作为有利于研究创新背后所遵循的发展规律，我们重点梳理三个方面作为研究背景和研究基础。一是关于产业创新与自主创新能力关系的研究。一般而言的"产业创新"，不仅涵盖微观的产品技术创新、商业模式创新，还覆盖中观的产业业态创新、产业组织创新，亦涉及宏观层面的体制机制创新、思想文化创新。这其中，产品技术创新、商业模式创新是微观企业发展的两大动力，一个是关于产品、服务的供给供应，一个是关于商业经营的方式方法；产业业态创新、产业组织创新是中观产业发展的两大动力，一个是经营方式、经营形态、经济模式、经济形态的转变提升，一个是各类创新主体、市场主体如何更好地发展相互关系；体制机制创新、思想文化创新则是宏观经济发展的两大动力，一个是制度安排，一个是认知升维。二是关于产业创新与新兴产业生成关系的梳理。一般而言，在技术突破、产业跨界、需求拉动、理念变革等条件下，形成了不同的新兴产业生成机制。一如重大技术突破催生的新兴产业，如物联网与下一代互联网、第五代移动通信、极大规模集成电路制造、通用人工智能、高端通用芯片及基础软件、生物芯片、新材料与纳米技术等；二如产业跨界融合与价值链分解产生的新业态，如移动支付、商旅管理、云教育、研发外包、智能制造等；三如内需市场扩容和消费结构升级相关的高增长行业，如健康管理、文化娱乐、智能消费等；四如生活理念和方式变革，如低碳能源、高效节能、环保技术、碳排放权交易等支撑向低碳经济转型的替代性技术和新兴产业。三是关于产业创新与经济发展周期关系的梳理。普遍认为，市场经济中重大技术变化以革命形式出现，资本主义世界约每 30 年经历一次钟摆运动。在导入期，金融资本在自由市场下推动革命性新技术，两极分化加剧；后进入生产性投资主导的展开期，潜力充分释放，社会福利得到扩散；中间是凯恩斯化的转折期；再就是钟摆转折。新技术早期往往会导致经济出现动荡和不确定性，但风险企业家在创业投资的支持下，加速推动技术创新的繁荣和创业资产的几何级增长。

1.5.2 产业创新规律基本内涵

某种意义上，产业创新规律是产业生命周期在新兴产业领域的具体体现。在种子期、初创期、成长期、成熟期等产业生命周期的不同阶段，种子期重点侧重技术试错、初创期重点侧重企业试错、成长期重点侧重产业试错、成熟期重点孕育产业集群，而体制机制创新作为系统的制度安排及政策保障贯穿于新兴产业发展的各阶段。

一是技术试错。早期人们仅将技术作为经济增长的外生因素，并未认识到技术对经济增长的内生作用。随着三次科技革命的出现，以技术创新、技术变革推动了新兴产业革命，极大地影响经济增长和经济格局。在技术创新、技术变革过程中，技术试错是催生技术进步，尤其是产生原创性技术的必经阶段。目前，技术试错主要来源于科研院所和企业单位。在科研院所内，工作人员采用不同技术方法，反复试验不断试错，确定解决问题的最优技术，促进技术变革；在企业车间内，创新意识强的工人尝试对原有技术进行改进，在不断试错中实现技术创新。

二是企业试错。在一个时期内，将创新技术转化为产品、产生新商业模式、进入新市场的企业不止一家，它们选择不同的技术路线或商业模式实施技术转化。但最后往往只有其中的一家或者几家得到市场的认可从而迅速成长，成为新兴产业的引领者，这一过程就是企业试错的过程。实际上，企业试错的本质就是处在同一领域内的多家企业之间展开产品、技术、商业模式和战略的竞争，即由许多企业针对同一未解问题做着不同解决方法的尝试。在企业试错过程中，最能满足需求、成本最低的新产品和新技术最终脱颖而出，并取得最大化的规模效应，标志着企业试错的完成。企业试错充分反映出中小创业企业对提高整体创新能力的重要贡献所在。

三是产业试错。在同一新兴产业中，一批选择同一技术路线且处于产业链不同环节的企业结成以同一技术路线为基础的产业技术联盟，其所选的技术则演变为产业联盟的技术标准，使得以技术标准为核心的竞争出现在多个产业联盟之间，即产业试错的过程 [1]。产业试错以市场选择为主导，但也常常会有政府力量介入其中，扶植推进某一产业联盟壮大。产业试错的结果可能是基于某一技术标准的联盟占据了统治市场的绝对地位，也可能是几个产业联盟并存。产业试错使得国民经济整体结构发生变化，当细分领域中的新兴产业出现并逐渐成长壮大，必然引起整个产业结构的变化。

四是区域试错。新兴产业的产生，往往要经过一系列机制、体制的创新，从而形成一个完整的产业创新生态环境。机制体制创新主要体现在：浓厚的创新创业氛围的营造、庞大创业者群体的产生、初创企业的涌现、创业者持股激励模式的出现、开放式创新型大学的构建、风险投资模式的产生、

---

[1] 产业试错的另外一种形态是产业集群试错。产业集群是指在特定区域中，具有竞争与合作关系，且在地理上集中，有交互关联性的企业、专业化供应商、服务供应商、金融机构、相关产业的厂商及其他相关机构等组成的群体。其核心是在一定空间范围内产业的高集中度，是产品的加工深度和产业链的延伸，在一定意义上是产业结构的调整和优化升级。这其中，产业集群是在工业经济出现后产生的，随着信息技术的重大突破和广泛应用，产业集群作用越来越突出。产业集群推动了技术进步，蕴含着重大技术突破；产业集群吸引了高端要素集聚，提升了要素配置效率；产业集群优化了企业的优胜劣汰机制，推动了高技术产业内生增长。

链接世界能力的凸显、从创业到创新型经济良性循环的实现。而在产业内部各要素整合过程中，机制体制创新为企业试错和产业试错提供了制度保障，加快产业和企业的创新步伐，促进新兴产业的产生和发展。

1.5.3 当前的变量及创新精要

对于产业创新规律认知升维的前提，在于从生产函数化到生态指数化。这种变化，主要体现在如下方面。

一是从投入—产出到输入—输出。以往的"生产函数"思维，是在特定技术条件下，投入多少产出多少。如今在新一轮科技革命与产业变革条件下，新经济意义上的生产函数不仅仅关注在一定技术条件下的投入与产出关系，而是在一定技术构成、制度结构与组织方式基础上，如何"多快好省"地产生更高的效率与更大的效益。新经济意义上的生产要素不再是人才、土地、资本、技术，而是场景、智能、数据、平台、生态、流量；新经济意义上的组织方式不再是工业化、信息化、市场化、资本化等等，而是场景拉动、智能引领、数据驱动、平台带动、生态赋能、流量聚合。相对于人才、土地、资本、技术等生产要素及其机械化的组合或结合，场景、智能、数据、平台、生态、流量更具动态感、活力感以及无限的想象力及爆发力。只有促进场景、智能、数据、平台、生态、流量的有机结合，才能产生全新的生产方式与产业结构，才能形成全新的增长方式、发展方式。

二是从正向链式创新到逆向创新。应该说，很多经济学、技术经济学意义上的创新有两类：一类是从生产到消费意义上的正向创新，这往往是工业思维的逻辑；一类是从消费到生产意义上的反向创新，这往往是新经济条件下产业思维的逻辑。前者往往从科研创新源头、资源源头开始，要么是通过科技成果转移转化，要么是通过自然资源开发利用，培育出一批原材料、半成品、中间件、部件配件等等，这往往是科技创业者所从事的。后者往往从终端产品、场景服务、行业应用、市场交易、商业运营等开始，反向配置资源或者模式创新，往往是从做"小买卖""小生意"到做"大买卖""大生意"再到做大平台、玩大资本、玩新技术，这往往是草根转型企业家、真正的企业家、新经济意义上的创业者所从事的。目前来看，依靠高校院所的"基础设施—基础研究—应用研究—转移转化—高新产业"正向创新链条是长周期的、不经济的，在最顺利的情况下一项成果从研发到产业化也需要八到十年，甚至更长；而依靠企业家的"市场需求—高新产业—转移转化—应用研究—基础研究—基础设施"逆向创新链条是短周期的、技术经济更优的，核心是将创业、研发和产业化高度一体。从这个意义上，以市场需求为导向、以企业家为主导、以产业发展为落脚点的逆向创新，才是真正的产业创新，而不是赚不到钱的研发。

三是从小市场滚动增长到大市场爆发增长。过去我们一直在说，以往的工业企业是滚动增长的、工业管理范式是静态管理的，这主要表现在工业企业的发展是从销售代理到生产制造贸易、再到研发创新，最后形成"产供销人财物一体化"，做完了一个区域市场再做另一个区域市场，做完全国布局再做全球布局；与之相对应的，政府对产业企业的管理，也是按照"小微—规上—骨干—龙头—跨国公司"的逻辑。其根本原因在于当时的技术条件、产品形态、运作模式仅适用于区域小市场，而非能适应全国大市场、全球大市场，以至于只能先做事再做局。从工业滚动增长到产业爆发增长的核心，是先做局再做事，通过平台化发展在大市场范围高举高打，而且遵循"烧钱"的发展运作模式。这个"先做局后做事"就是成为新兴业态或新兴领域游戏规则的制定者，抢占未来发展先机，超前"谋势"；这个"通过平台化发展在大市场范围高举高打"，一定要走"去中心化（传统大企业）、再中心化（平台企业）"的路径，在细分领域直接面向全国或全球的长尾市场，将一个细分市场无限地放大，即到处收账的"谋利"；这个"遵循'烧钱'的发展运作模式"，就是有一个好团队、有一项专有技术、有一个好的商业模式或想法后，通过与创业投资充分结合在短时间内快速发展，成为"快公司"。

伴随科技进步、社会发展，世界范围内对创新的认识、对产业创新规律的理解也在不断演进。特别是数字经济的到来，对创新驱动的影响进一步被研究、被认识。整体而言，产业创新是在特定文化观念、制度结构以及组织模式条件下，将生产要素资源、科学技术水平、人力资本结构及生态环境成本等方面组合重构所形成的、打破平衡态的一种全新生态指数。

1.6 资源配置——产业组织规律

1.6.1 产业组织规律研究综述

在亚当·斯密理论的基础之上，1881 年马歇尔首次提出了"产业组织"概念，并指出产业组织是产业的资源。随后西方国家对产业组织的研究处于不断深化、系统化和再深化的过程之中，并随着全球经济发展出现过两次高潮。第一次高潮出现在二战后美国经济崛起之时，源自哈佛学派的"结构—行为—绩效"范式（简称 SCP 范式），以美国哈佛学派、芝加哥学派为代表的产业组织理论为主。哈佛学派提出产业组织政策的核心在于控制市场结构，坚决反对垄断，禁止可能导向垄断的市场结构和厂商行为。由于 SCP 范式十分强调结构的作用，也被称为结构主义。而芝加哥学派坚信唯有自由企业制度和自由的市场竞争秩序，才是提高产业活动效率、保证消费者福利最大化的基本条件，并对政府在众多领域的市场干预政策的必要性持怀疑态度。此后，随着日本经济的崛起和博弈论、计量经济学、信息经济学等研究方法上的突破，对产业组织的研究进入以日本的产业组织探索和实践为主要内容的第二次高潮，20 世纪 80 年代，由于实证型产业组织理论复兴，可竞争市场理论、以交易成本和产权为核心的新制度经济学、产品差异化分析理论等则进一步丰富产业组织研究的内容。

整体而言，传统产业经济学或产业组织理论是建立在工业化条件下、工业经济形态基础上的，反映的是"模块化"基因的产业发展规律，以及"链条化"形态的发展思维。在工业化及工业经济条件下，产品技术创新、制造工艺升级、组织方式优化、资本运作运营等方面的带动，使得工业大类、中类、小类不断细分；在一定区域范围的市场主体为了降低成本、接近市场等，借助块状经济、工业园区、产业集群等方式实现不同程度、不同形态的集聚，这也便决定了产业运动规律上的行业分解规律与产业组织规律上的空间集聚规律。通过长期观察工业经济条件下的行业分解和空间集聚，美国管理学大师迈克尔·波特在"竞争三部曲"中提出了企业价值链、产业价值链、区域价值链等系列分析结构与视角；日本经济学家青木昌彦、安藤晴彦等人也在《模块时代：新产业结构的本质》中提出了"产业模块化"思路。

国内主流产业组织理论认为，产业组织是承担产业要素配置功能的载体，是保障产业健康发展的各种内在功能的实现载体[1]。其本质是在各产业主体之间协作配置资源的机制，是影响产业发展的核心。不同发展阶段的不同产业、不同企业对资源的配置要求是不同的，一个地区要保持产业快速发展，必须顺应这种规律，进行产业组织创新。知识、资金、技术、市场、人才等要素在产业发展中的合理高效配置是影响产业发展的决定性因素，以企业为核心，在政府、大学、研究机构和中介等主体之间形成的动态系统构成了要素配置功能的实现载体，决定了产业发展要素的配置效率。产业组织规律集中反映了不同产业、不同企业在不同的发展阶段以及在不同的价值链位置上，对于资金、技术、市场、人才、服务等产业要素的不同配置需求，以及为满足特定需求而出现的以企业为主体、由政府、大学、科研院所、中介组织等共同推动的产业组织创新的过程。

1.6.2 产业组织规律基本内涵

进入新经济时代，国际竞争已经不再是产品级或企业级的竞争，而是产业组织方式之间的竞争。对于任何国家或地区产业发展而言，都应着眼于构建具有国际影响力、竞争力的产业集群，遵循内生增长的发展路径及新兴产业发展规律，展开全方位的、多主体的、多形式的、开拓性的产业组织创新。

政府是推手。政府，尤其是地方政府需要坚持"有所为和有所不为"原则，不仅建立适宜产业组织创新的平台载体，还着眼现代产业集群及整个创新链条支撑体系的建设，优化空间布局，推进专业园建设，探索支持供给与支持需求并重的支持模式，引导建立和完善产学研合作网络，成为产业组织创新的重要推手。一是跨行政系统配置资源，提升自主创新及产业发展资源配置能力。建立跨部门、跨层级的政策创新工作机制，提升管理决策层级，落实

---

[1] 我们认为，从某种意义上，西方的"产业组织"多指一种组织形态或市场结构，是一个名词、静态的、狭义的，是市场经济产物；而在中国，"产业组织"多指一种实现方式或行动逻辑，是一个动词，是有机的、广义的，是转轨经济产物。前者遵循自由教旨，注重产业政策设计，重在加强规制；后者着眼经济建设，注重产业组织创新，重在破除规制。

先行先试政策；通过联合支持大项目，实现科技资源高效配置；通过集成政府审批服务，完善产业化发展环境，为科研创新、成果转化、要素聚集、企业发展等方面创新政策的研究、制定、试点、评估和不断完善搭建实施载体。二是布局建设产业发展载体，促进产业集群发展。顺应产业发展规律，通过政府引导、协调、服务、加快专业园建设以及优化产业空间布局等组织作用，针对不同细分产业对空间特性需求不同的特点，引导建立以企业为主体、高校院所及中介组织为支撑的创新体系，加紧同一产业上中下游企业的空间集聚或同一空间内产业链条上单一环节企业的专业集聚，构建具有生物群落特征的产业共生群落（种群）或产业生态体系。三是转变产业促进支持模式，将培育市场和解决市场失灵有机结合。坚持以需求为导向，围绕国家重大战略和经济社会发展需要，以政府采购、重大项目建设和示范应用促进自主创新成果产业化，初步探索出从支持研发向支持研发和提供市场并重转变，从支持供给向支持供给与增加需求并重转变的自主创新支持模式。通过建立产品创新的激励机制，营造区域创新环境；通过强化创新产品的示范效应，支撑企业市场拓展；通过发挥政府培育市场的作用，完善产业发展环境。四是营造产业创新生态，形成促进"政产学研金介用"一体化的黏合剂和催化剂。通过促进科技基础设施开放共享，加速区域协同创新及创新网络的形成；通过资源共享及平台搭建，提高科技资源使用效率；通过开放合作及优势互补，促进各创新主体共赢；通过立足企业需要、强化政府引导、依托高校支撑，支持联合攻关，提升产学研合作层级；通过体制机制创新盘活存量资产。

企业是赛手。任何一个国家或地区产业发展，核心力量都是具有产业组织能力及创新影响力的龙头企业、平台企业、源头企业等。这些企业通过特有的组织方式及作用机制直接支撑了一个国家或地区新兴产业发展，构成产业组织创新的核心载体。一是龙头企业带动产业链上下游企业联动发展。龙头企业依托自身对技术、资本或市场的控制力和影响力，或以终端产品创新为牵引，借助终端产品的市场优势，支撑产业链上下游中小企业市场的内部化；或以技术集成创新为契机，借助集成创新的技术优势，推进产业链上下游大中小企业的协同创新；或以资本联合为纽带，通过战略投资、参股控股等，促进产业链上中下游企业的联合发展。二是平台企业带动产业链上下游企业融合发展。平台企业基于特定信息、市场渠道、客户群体、共性服务、技术等创新资源的集聚优势，通过满足第三方企业在产品或服务嵌入、技术创新及应用、市场拓展等方面的需求，实现关联企业价值创造、协同创新及利益共享。具体而言，通过发挥延展放大作用，培育新兴业态和商业模式；通过提供嵌入服务，促进关联企业的价值再造；通过支撑协同创新，强化关联企业的创新网络。三是源头企业构成战略性新兴产业的有生力量。无论是作为赢家通吃的"成功者"，还是作为光荣的"失败者"，都凭借原创技术、原创模式、原创经验率先展开企业试错及产业试错，并在这一过程中培育或培养出一批拥有将先进技术转化为成熟商业模式的创业者及产业技术领军人物，为孕育一批占据产业价值链高端、所属领域前沿以及具有创新能力强、掌握核心技术、市场前景广阔、带动系数高等特点的质优企业，提供了成功的经验或失败的教训。

院所是支撑。高校院所作为一个国家或地区产业创新生态中的重要组成部分，借助产业技术研究院、大学科技园和技术转移中心等形态，在促进技术创新和科技成果产业化、加速区域创新发展中起到了重要作用，成为产业组织创新的重要支撑。一是新型研发机构成为产业共性技术的源头。面向产业界的实际需求，针对创新链条的薄弱环节，不仅在提供共性技术、培育和输出产业技术人才以及提供其他技术服务的过程中支撑产业技术水平及创新能力提升，还在联合研发、技术转移及科技创业孵化的过程中促进产业融合、产业升级、新兴产业发展。二是大学科技园成为自主创新及产学研合作的重要载体。通过积极探索适应市场化发展的经营机制、推进创新服务的体系化标准化网络化、充分依托高校的创新资源、吸引公共服务机构入驻、借助校友资源强化人脉链接等方式，集聚人才、技术、资本等各类创新创业资源，探索出"孵化 + 创投"等孵化模式，实现各类创新创业资源的流动与结合，在各产业技术领域孵化出一批优秀企业。三是技术转移中心成为科技成果转化的直接推动者。依托高校院所科技成果密集的优势，积极开展技术许可转让、技术集成与熟化、项目评估、投融资服务，支持高校院所的研究开发单位与企业建立产学研合作联盟、共建技术转移平台、联合实验室等，在直接的技术转移及推进产学研合作的过程中实现技术、资本、人才、信息等产业发展要素的合理配置。

中介是枢纽。在推进产业组织创新的过程中，不仅要积极发挥产业技术联盟、行业协会等社会组织的枢纽作用，还要发挥产业组织者的作用，更要发挥中介服务机构的桥梁作用、平台作用。一是产业技术联盟将产学研合作推向战略层面。借助战略联盟的组织方式，通过合作建立研发中心、共同研究和制定标准、分摊研发费用、共担研发风险、共筑知识产权壁垒、联合开展人才培养和交流等促进协同研发，并实现成员之间在技术研发上的合作与分工。二是各类协会积极扮演产业发展的桥梁及纽带。作为地区创新创业环境的营造者、自主创新与产业发展的组织者和政府服务企业发展的合作者，各类行业组织在产业研究、协助政府制定产业发展规划、规范行业秩序、反映企业诉求等方面发挥了桥梁和纽带作用，增进企业间的交流与合作，搭建政府与企业沟通的平台，为政府决策提供参考，构成地区产业创新发展与产业组织过程中不可替代的重要力量。三是投资机构发挥着巨大作用。投资机构通过创业投资、战略投资、私募股权投资等方式将金融资本投入到产业发展或实体经济之中，围绕企业生命周期的各环节提供不同方面、层级的支持，支撑企业创业成长、加速产业融合及整合。具体而言，通过创业投资等，将金融资本转化为产业资本；通过战略投资等，将股权流通转化为产业融合；通过私募股权投资等，将兼并重组转化为产业整合。

此外，在新兴产业组织过程中，创业者、投资者、管理者更加专门化，逐步出现了一批系列创业者、职业经理人、天使投资人、高端创业者、风险投资家等具备产业组织能力的高端人才，他们通过创业、投资、孵化等方式加速了新兴产业的发展，成为支撑地区产业组织创新及产业发展的重要力量。

1.6.3 当前的变量及创新精要

整体而言，以前诸多产业组织规律的研究整体上拘泥于工业主导的产业经济基础理论，而对于产业组织规律认知升维的前提，在于从产业模块化到产业生态化。整体而言，对于工业化发育不足、市场资源配置效率不高、市场主体活力不够的城市或区域来说，"链长制"在产业发展、市场培育、产业组织上是有较大带动作用的。这些地区总体上处于工业化初期，或工业化实践的早期、中期，因为市场经济不活跃、民营经济不发达、营商环境不完善，需要借助政府强大的全社会组织动员能力、产业组织实施能力、资源财力配置能力的带动加快培育市场、解决市场失灵、培育新兴产业，实现"建链、补链、强链"。但是对于一些工业化发育水平较高、市场化资源配置能力较强、创新主体创业创新活力充足的地区而言，"链长制"并非是适配的。

在"产业跨界融合"的发展背景下，产业模块化走向产业生态化，"链条"的思维经由网络思维进入生态思维。并非企业价值链、区域价值链、产业价值链不存在了，而是说真正创造价值的不再仅仅是被锁定的哪条"链"或"链"上的哪个环节，还有在一个全产业链、超价值网以及泛生态圈上追求经营的效率效益和发展的运营运筹。所谓"企业价值链→企业价值网"，核心是通过单点突破、奇点爆发、平台赋能、技术门槛、开放协同等方式优化生产方式、组织方式、供应模式、成本结构、经营形态和盈利组合。所谓"产业价值链→产业价值网"，不仅可以拉长原有的产业价值链的"长度"，还可以通过商业模式革新打破若干行业、产业领域的界限进而拓展"宽度"，更可以通过技术手段突破商业模式构建实现的程度提高"高度"。所谓"区域价值链→区域价值网"，并非单纯地依靠大规模、便利化、低成本、敏捷型、高速型的交通网络打破物理空间的局限，使得集中于一个区域的规模效应及其成本优势消失，而核心是在新一代信息技术的带动下从物理空间走向虚拟空间、数字空间，全面打破了基于物理空间集聚的底层逻辑，推动形成真正的价值网，不是区域价值链，而是局部性、区域性的创新生态及营商环境意义上的"沃土良田"。

整体而言，在产业生态化条件下，一个国家或地区产业组织的目标模式是建立生态赋能型的产业组织结构，形成产业创新生态圈。具体而言，是实现产业成群融创、园区成场聚创、企业成器首创、创新成核领创、智力成才众创、数字成驱智创、场景成用引创、金融成网促创、服务成台协创、开放成气联创，是构筑新经济创新生态圈、加快建设新经济创新生态赋能型发展结构的基本逻辑、重点抓手与行动指南。一是产业成群融创，就是在产业集群走向产业族群基础上，通过不同产业之间的深度跨界融合，形成具有带动系数大、辐射能力强、发展前景好、综合效益高的现代产业新生态与现代化经济体系，重点是构建现代产业体系、培育新型产业族群、促进产业跨界融合。二是园区成场聚创，就是将各类开发园区作为发展新经济、培育新兴产业、提升创新能力、集聚高端要素、营造创新生态的主平台、主战场、核心载体与战略平台，重点是加快园区整合提升、促进科产城人融合、提高园区开发层级。三是企业成器首创，就是在壮大创业企业源头、突出企业创新能力、加速企业联动发展的基础上发挥企业创新主体作用，形成创业高端化、企业高新化、瞪羚公众化、大企业平台化发展趋势，发展成为带动经济社会创新发展的主力军，重点是提高创业成活水平、建立新型企业梯队、加快企业互联融通。四是创新成核领创，就是突出创新发展硬核，率先形成"政产学研金介用"多位一体、"产品技术创新、产业业态创新、商业模式创新、产业组织创新、体制机制创新"有机结合、"内生增长、内涵发展"的创新驱动发展格局，引领一个地区或城市高质量发展，重点是布局创新条件平台、强化产业技术创新、优化创新组织模式。五是智力成才众创，就是集聚领军型、复合型、实用型、专业型高水平创新创业人才，促进人才创业创新与"落地、生根、发芽、开花、结果"，建立以人的价值为驱动的动力结构，重点是优化选引留用机制、优化人才服务供给、建立质优人文环境。六是数字成驱智创，就是将数据作为生产要素，加快建立完善数字化生产方式、生活方式、治理方式，加快数字驱动发展，带动数字经济发展，重点是加快数智技术跨界、布局数字基础设施、构建数字经济生态。七是场景成用引创，就是将市场扩容、消费升级、服务再造与智能终端有机结合，促进数据算法、服务内容、消费体验、智能硬件等有机结合，从正向配置资源的链式创新到反向配置资源的逆向创新，从支持行业供给到支持市场需求，带动新技术新产品新服务新业态推广应用，重点是开放业务流程场景、开展场景创意创新、打破传统产业规制。八是金融成网促创，就是按照科技企业的成长规律和融资需求，建立覆盖技术链条与关键节点、财政科技与社会资本相结合、金融资本与产业资本相结合、直接融资与间接融资相结合的科技金融政策体系与科技金融服务体系，重点是优先发展股权投资、积极发展债务融资、借力资本市场发展。九是服务成台协创，就是突出科技服务作为服务体系、产业行业、产业促进"三重属性"，加快科技服务业从形态开发、功能开发到生态开发"三阶发展"，培育兼具资源配置、创新赋能、产业促进的功能平台，建成创新生态核心组件，重点是壮大发展创新服务、提高创业服务水平、优化产业促进能力。十是开放成气联创，就是进一步突破地区、地域、地理限制，在更大范围、更深层次参与区域创新合作与竞争，在更高能级、更高平台上融入全球创新网络，以新一轮区域一体化抢占新一轮创新全球化先机，重点是加速地区一体化发展、加强国际科技合作、强化高端链接辐射。

当前，在经济建设领域最大的变化，是伴随新科技革命与产业变革，产业规律发生了变化。正是由于产业的经济形态、价值运动、成长发展、生成方式、组织方式出现了从产业工业化到产业数字化、从产业价值链到产业价值网、从产业周期化到产业超周期、从生产函数化到创新指数化、从产业模块化到产业生态化等变化，为产业演进规律、产业价值规律、产业成长规律、产业创新规律和产业组织规律提供了新的变量和要求，并共同成为数字经济时代新的发展规律与内涵。无论是制定产业战略，还是把握产业趋势，无论是培育产业发展，还是加强产业促进，抑或创新产业组织，都需要进一步遵循数字经济时代的产业规律，更好地促进新兴产业发展和创新驱动发展。

02 产业体系构建：从三次产业到三维产业

当前，现代产业体系构建成为一个国家或地区经济发展战略、产业发展战略的重心。无论从新中国成立以来的"四个现代化"建设，到改革开放以来的现代化"三步走"，还是现代产业体系、现代产业新体系、现代化经济体系，抑或到 2035 年基本实现现代化宏伟目标，现代产业发展不仅是国民经济与社会发展的重中之重，还是综合国力跃升的物质基础。整体而言，现代产业体系离不开三次产业分类，有着一定的产业选择方法、产业发育机制和产业生成方式，尤其是在数字经济条件下，现代产业发展的属性、机制、要求发生了重要变化，迫切需要用全新的视角来看待和审视现代产业体系发展的战略问题、关键问题和构筑问题。

2.1 国际三次产业分类发展述评

2.1.1 三次产业分类的基本观点

当前，国际社会衡量一个国家或地区经济增长与发展主要用 GDP、GNP 等指标，主要建立在一产、二产、三产等三次产业分类法基础之上。从经济学研究发展来看，三次产业分类法的确立，实际上是由英国经济学家、新西兰突塔哥大学教授费雪（A. G. D. Fisher）完成的。在 20 世纪 30 年代初，费雪研究认为，第一产业和第二产业并没有穷尽全部经济活动，于是把第一产业和第二产业之外的所有其他经济活动，统称为第三产业。这种第三产业的本质在于提供服务。费雪在《安全与进步的冲突》（1935 年）一书中，从世界经济史的角度对三次产业分类方法进行了理论分析。他认为，综观世界经济史可以发现，人类生产活动的发展有三个阶段。在初级阶段，生产活动主要以农业和畜牧业为主；第二阶段是以工业生产大规模地迅速发展为标志的，纺织、钢铁和其他制造业的商品生产为就业和投资提供了广泛的机会；第三阶段开始于20世纪初，大量的劳动和资本不是继续流入初级生产和第二级生产中，而是流入旅游、娱乐服务、文化艺术、保健、教育和科学、政府等活动中。在其界定中，处于初级阶段的产业是第一产业，处于第二阶段的产业是第二产业，处于第三阶段的产业是第三产业。此后，英国经济学家和统计学家克拉克在继承费雪研究成果的基础上，在《经济进步的条件》（1940年）一书中运用三次产业分类方法研究了经济发展同产业结构化之间关系的规律，从而拓展了产业结构理论的应用研究，使得三次产业分类方法得到了普及，这种产业的分类方法又称为克拉克产业分类法。

克拉克首先把整个国民经济划分为三个主要部门，即现在普遍称作的三次产业：一是农业——第一产业，也就是所有行业都直接地依赖于自然资源的使用，如种植业、畜牧业、狩猎业、渔业和林业等。在技术不变的情况下，这个部门除少数例外，通常遵循报酬递减规律。二是制造业——第二产业，也就是一个不直接使用自然资源，大批量连续生产可运输产品的过程（这个定义排除了不可运输产品的生产和小规模的不连续过程）。制造业的基本性质是它的材料和产品必要经过远距离的运输，它要求有相当大的资本投资和高度的组织。在大多数情况下，这个部门的生产具有报酬递增的特点（规模效应）。三是服务业——第三产业，由大量的不同活动所组成的服务部门，如运输与通信、商业与金融、专业服务（如教育、卫生、法律等）、公共行政与国防以及个人服务业等。服务业按照某种目的还可以区分为直接提供给最终购买者的服务，类似于今天所说的生活性服务业；被用来帮助其他生产过程的服务，类似于今天所说的生产性服务业。克拉克进一步研究认为，随着时间的推移和社会在经济上变得更为先进，从事农业的人数相对于从事制造业的人数趋于下降，进而从事制造业的人数相对于服务业的人数趋于下降；而劳动力在产业之间变化移动是由经济发展中各产业间的收入出现了相对差异所造成的。

此后，美国当代著名经济学家库兹涅茨在继承了克拉克研究成果基础上，从国民收入和劳动力在产业之间的分布两个方面，对伴随经济发展的产业结构变化进行了分析研究，并成为"国民生产总值之父"。他探讨了国民收入与劳动力在三次产业分布与变化趋势之间的关系，从而深化了对产业结构演变动因的研究。库兹涅茨把第一、二、三产业分别称为农业部门（A部门）、工业部门（I部门）和服务业部门（S部门）。并认为在现代经济增长过程中，人口和产值的高速增长总是伴随着多种产业在总产出中的比重和所使用的生产性资源方面的明显变动等。

2.1.2 三次产业分类的一般应用

整体而言，产业分类是建立产业结构概念和进行产业结构研究的基础。由于它的实用性，三次产业分类法具有很强的生命力，世界银行等国际组织和许多国家的政府部门和产业研究部门仍广泛采用这种分类方法。从理论上看，三次产业结构理论的建立与发展经历了一个不断完善并创新的过程。三次产业的分类方法作为西方学者进行产业结构研究的最重要的分类方法之一，其提出和应用使产业结构的理论水平和研究方法得到了进一步的拓展。这其中，三次产业分类的主要原则，是把全部经济活动按照经济活动的客观序列与内在联系，划分为第一产业、第二产业和第三产业。这是欧美、日本和苏联等工业发达国家普遍采用的一种产业分类法。中国于1985年首次对1984年的第三产业做了统计，国务院转发了国家统计局关于建立第三产业统计的报告，该报告在总结国外经验的基础上，提出了根据中国的具体情况建立这种分类法的必要性，以及中国三次产业的划分方法。

中国三次产业划分的具体标准和范围如下：第一产业：农业（包括林业、牧业、渔业等）；第二产业：工业（包括采掘业、制造业、自来水、电力、蒸汽、热水、煤气）和建筑业；第三产业：除了上述第一、第二产业以外的其他产业。由于第三产业包括的行业多、范围广，根据中国的实际情况，第三产业可分为两大部分：一是流通部门，二是服务部门，具体又可分为四个层次。第一层次：流通部门，包括交通运输业、邮电通信业、商业、饮食业，物资供销和仓储业；第二层次：为生产和生活服务的部门，包括金融业、保险业、地质普查业、房地产业、公用事业、居民服务业、旅游业、咨询信息服务业和各类技术服务业等；第三层次：为提高科学文化水平和居民素质服务的部门，包括教育、文化、广播电视事业，科学研究事业，卫生、体育和社会福利事业等；第四层次：为社会公共需要服务的部门，包括国家机关、政党机关、社会团体以及军队和警察等。

2.1.3 三次产业分类的主要局限

虽然三次产业分类法是一种实用的国民经济统计依据、有效的产业经济理论分析工具，并成为最主要的产业分类法之一，但随着科技的迅速发展和人类经济活动的日益复杂，这种分类法的缺陷越来越明显地暴露出来。整体而言，三次产业分类是第一次产业技术革命、第二次产业技术革命条件下，全球经济从农业经济走向工业经济、工业经济走向服务经济的产物。其合理性、实用性、应用性取决于第一次产业技术革命、第二次产业技术革命所形成的生产决定消费、生产方式决定生活方式的典型发展模式。而伴随第三次产业技术革命，在信息化带动工业化条件下，呈现出消费反向决定生产、生活方式逐步决定生产方式的趋势，产业融合发展成为重要的发展趋势。如今进入第四次产业技术革命，消费进一步决定生产、生活方式进一步决定生产方式，尤其是实现生产生活方式的贯通，从单一产业内的融合发展走向多个产业之间的产业跨界。在此条件下，人类产业活动的规模和方式有了巨大变化，三次产业分类理论的局限性日益突出，主要表现在如下方面。

一是在产业跨界条件下，不同产业的产业界限与经济形态越来越模糊，传统统计的参考价值、政策意义在不断降低。伴随需求结构升级以及产业范围扩大，产业涵盖起愈加丰富的经济社会发展领域，专业化分工、垂直化组合、跨界式发展等态势日益凸显。产业活动愈来愈成为非单纯的生产、生活资料和服务的供给部门，其连接社会生活各部分以及各部分与其外部环境包括自然环境的作用不断加强。二是在产业融合条件下，制造业与服务业、工业与商业、生产与消费、供应与需求紧密相连且高度融合，传统产业分类难以与经济分析和产业政策相适配。现有的产业分类理论，不能明确界定信息产业、环境产业等新兴产业的内涵、范围和地位等，则制定有针对性的政策扶持新兴产业发展就缺乏理论依据和指导。三是在产业升级条件下，贯通传统制造业与服务业的新经济模式新经济业态不断涌现，三次产业分类对一批新兴产业的归属、地位、本质揭示等缺乏解释力。无论是基于数智科技的平台经济、数字经济、智能经济、分享经济，还是基于知识经济的生命科技、材料科技、空天科技、能源科技等等，都需要新的审视。

2.2 国内现代产业体系基本演变

2.2.1 为追求现代性加速现代化

整体而言，现代性是一种思潮，尤其是工业革命引发了人们对现代性的思考；它属于哲学范畴，可以视为人们对现代化社会的一种意识和精神。现代化则是一种过程，促进人类经济社会从农业社会转变为工业社会、从工业社会转变为后工业社会，从农业经济转变为工业经济、从工业经济走向后工业经济；整体上属于社会范畴、经济范畴，包含于人类社会及人们生活的方方面面。自新中国成立后，始终将现代化建设作为重要发展目标。在改革开放前，最典型的建设发展目标便是实现"四个现代化"，也就是工业现代化、农业现代化、国防现代化、科学技术现代化。"四个现代化"是中国共产党及中华人民共和国20世纪五六十年代提出的国家战略目标，并于七八十年代进行量化，从90年代延续至今不断深化。如1954年召开的第一届全国人民代表大会，第一次明确地提出要实现工业、农业、交通运输业和国防的四个现代化的任务；1964年底到1965年初召开的第三届全国人民代表大会第一次会议提出"四个现代化"的战略目标，力争把我国建设成为一个具有现代农业、现代工业、现代国防和现代科学技术的社会主义强国；1979年底将"四个现代化"进一步量化为到20世纪末，争取国民生产总值达到人均1000美元，实现小康水平。如今进入新时代，中国力争到2035年基本实现现代化。

这种现代化，反映在近年来的经济建设领域中，先后出现了强调现代产业体系、现代产业新体系、现代化经济体系等指导思想与发展目标。整体而言，这种现代的产业体系、经济体系或新体系等等，更多的是指产业发展动力、产业结构、产业组织模式等方面存在明显现代元素，具有如下基本特征:一是人才、知识、技术、数据等创新要素取代土地、资源、能源等产业要素成为产业发展基础,也就是一个国家或地区经济增长的主要驱动引擎由土地、劳动力、资本等传统生产要素转向人力资本、数据和科技创新,经济增长的效率和效益不断提高的过程;二是形成以现代服务业(及消费型经济)为主导的产业结构,也就是一个国家或地区的经济结构从传统农业经济为主向现代工业和服务业经济为主的转变过程;三是创新驱动取代要素驱动、投资驱动成为重要发展动力,也就是一个国家或地区的产业从技术含量、附加值和国际竞争力低的产业或产业链环节向技术含量、附加值和国际竞争力高的产业或产业链环节攀升的过程;四是产业集群、战略联盟、跨国公司等组织模式成为某一经济体内外部竞合发展的重要推手,与之相适应的,是一个国家或地区的经济管理方式和经济治理模式由传统手段向智能化、数字化、信息化手段,从传统经济治理模式向现代经济治理和管控方式转变的过程。

2.2.2 加快构建现代化经济体系

针对我国经济结构中存在的突出问题,中共十七大报告首次明确提出"发展现代产业体系,大力推进信息化与工业化融合,促进工业由大变强,振兴装备制造业,淘汰落后生产能力"的战略部署。我国《国民经济和社会发展第十二个五年规划纲要》明确提出"适应市场需求变化,根据科技进步新趋势,发挥我国产业在全球经济中的比较优势,发展结构优化、技术先进、清洁安全、附加值高、吸纳就业能力强的现代产业体系"。此后,不仅"现代产业体系"逐步成为国内主流表述,还先后出现"现代产业新体系"以及"现代化经济体系"等表述。从构建现代产业体系,到构建现代产业新体系,再到建设现代化经济体系,是国家根据新时代的历史方位、社会主要矛盾与发展格局变化,着眼于"两个一百年"奋斗目标,顺应我国走向高质量发展阶段和全面建设社会主义现代化国家新征程的新变化和新要求做出的重大战略部署,是在新发展理念下实现赶超跨越发展的迫切要求。一般而言,狭义的经济体系基本上相当于经济结构、产业结构,主要包括产业经济结构、区域经济结构和企业经济结构等;广义的经济体系既包括经济结构、产业结构，又包括对这种经济结构产生影响、作用的资源配置方式、宏观经济管理体制以及治理结构等。在现代化发展要求及条件下，我国经济体系建设与发展，不仅需要从生产力层面优化产业体系、产业结构、产业组织结构，以新质生产力构建现代化产业体系，还需要从生产关系层面创新资源配置方式、国民经济管理方式、生产资料所有制形式、收入分配体系等，以新型生产关系促进形成现代化经济体系。

进入高质量发展新时代，我国现代化经济体系的建设发育，围绕"创新、协调、绿色、开放、共享"五大发展理念，将呈现出如下发展态势。一是突出创新驱动的原动力。进一步突出科学技术在推动经济发展方式转变、产业转型升级、新旧动能转换方面的巨大作用，把提高自主创新能力，加快提升产业技术水平作为推动经济发展的核心原动力，加大产业自主创新投入力度，不断推广应用先进适用技术，不断提高科技创新对经济增长的贡献率和贡献度，抢占世界科技创新和先进科技成果产业化的制高点。二是突出协调发展的着力点。着眼经济结构高度优化，加快改造提升传统产业，积极培育和促进高技术产业、战略性新兴产业、未来产业、数字经济等新兴产业，加快产业结构实现高附加值化、高加工度化、高技术化，在工业化与信息化、数字化、智能化的高度融合中不断推动新型工业化进程，促进经济发展的质量变革、效率变革、动力变革，推动产业结构由劳动密集型产业占优势向资本密集型、技术密集型、知识密集型产业占优势跃升，逐步缩小城乡之间和地区之间的发展差距。三是突出绿色低碳的指挥棒。强调环境友好、资源节约、生态平衡，注重有效利用资源，有效保护生态环境，积极推广应用高效低毒的新型农业化学技术、节省材料的增材制造技术、节能降耗的能源资源利用技术、可再生能源相关技术等绿色低碳技术，降低资源环境消耗强度，有效控制能源资源消耗，提高经济发展的可持续性。四是突出开放合作的主通道。推动从中国制造走向中国智造、中国再造和中国创造，突破我国在国际产业分工中的"低端锁定"，不断提升产业基础高级化和产业链现代化水平，打造一大批达到世界产业链和价值链高端的产业集群，不断提高产业国际竞争力，不断提升我国在国际产业分工中的地位。

五是突出共建共享主旋律。将实现人的全面发展与人的现代化作为经济发展的重要内容，提高人民收入水平，保障人民基本需要，积极为满足人民对高层次美好生活的需要创造有利条件，为人民提供更多福利，使经济发展成果更好地惠及全体人民。

2.2.3 地方现代产业体系的构成

如今很多地区，包括县级市、产业园区等，都将现代产业体系、现代产业新体系、现代化经济体系等作为经济建设和产业发展目标。实际上，只有GDP、技工贸总收入或工业增加值超过一定规模的条件下，才能形成"体系"，否则遑论体系只能成为封闭经济的典型代表。而对于不同大小的区域，更多地需要从产业体系走向产业生态的发展阶段。在此过程中，要处理好哪些是政府培育的，哪些是市场发育的；哪些是上级政府前瞻培育的，哪些是下一级政府着力推动的；哪些服务于本地的小循环，哪些需要服务于地区循环、外循环等。同时，进一步厘定一级产业、二级细分、三级领域，以便不同区域在大中小颗粒度、尺度上做组合。一级产业要体现体量大且代表未来发展方向，成为地区国民经济社会的主体；二级细分产业有更明显的地区特色；三级领域要体现新颖、未来等元素。

如今，地方产业规划结构不断发生变化，不仅体现在一个地区的国民经济规划之中，还体现在产业主管部门指定的产业规划，以及工业规划、服务业规划等。具体而言，在"入世"前，地方现代产业体系以工业体系为主，"一、二、三产"结构更多地成为统计概念。在"入世"后第一个十年，强调战略性新兴产业、高技术产业、现代服务业、传统优势产业。其中，战略新兴产业从高新技术产业中相对独立，更加强调引领性、辐射性、带动性和战略性；高新技术产业范围及边界变小；现代服务业发展位势更加突出；传统优势产业或都市产业加快转型升级。进入"入世"后第二个十年，一些产业创新高地率先发展未来产业、原创产业，或者大力发展数字经济、四新经济，使得现代产业体系的内涵更加丰富、结构更加庞杂。以至于在"十四五"阶段，很多地方在大力发展未来新兴产业、战略性新兴产业、传统优势产业以及现代服务业基础上，将数字经济形态、"四新经济"模式等相对独立，突出新经济模式与新经济形态。

2.3 产业领域战略选择基本方法

2.3.1 产业选择决定于经济战略

在经济战略和产业战略面前，始终有一个战略取舍或战略组合的问题，也就是到底是立足现状把优势放大，还是循序渐进逐步发展，抑或对标领先实现赶超发展。这其中，如果仅立足现状把优势放大，有利于市场的优化配置资源，但往往难以掌握产业发展的制高点、主导权、主动权；如果仅对标领先实现赶超发展，有利于抢占发展先机、主动权、制高点以及主导权，但往往因为资源错配或资源不适配，引发产业结构、经济运行的结构性矛盾；如果是循序渐进地逐步发展，有利于沿着要素驱动、投资驱动、创新驱动、财富驱动的路线实现充分发育，但往往难以实现赶超发展。某种意义上，"立足现状把优势放大"的就是基于比较优势理论的比较优势战略；"对标领先实现赶超发展"的就是基于战略赶超理论的赶超发展战略；"循序渐进逐步发展"的作为中间地带，是基于竞争优势理论的竞争优势战略。几乎可以说，正是经济战略上的比较优势、竞争优势和战略赶超，才从根本上决定着产业选择理论及产业选择决策。

所谓"比较优势战略"，就是通过市场机制和经济的对外开放，由价格机制向国内生产者显示该国要素和商品的供求及相对稀缺性，并通过这些相对价格引导能够充分发挥比较优势的经济部门的发展，从而促进经济长期稳定增长。这种比较优势战略来源于基于资源禀赋的比较优势理论。比较成本理论认为，不同国家生产不同产品存在劳动生产率或成本的差异，各国应分工生产本国具有相对优势的产品，并按照比较利益原则加入国际分工，从而形成对外贸易的比较利益结构。在实行比较优势战略的国家，市场在资源配置中起主导作用，政府的主要作用是为经济发展创造公平竞争的环境。譬如，发展中国家具有丰富的自然资源和劳动力资源，发达国家具有充裕的资本和技术资源；那么在此逻辑下，发达国家进口劳动密集型和自然资源密集型产品，出口资本、技术密集型产品；发展中国家进口资本、技术密集型产品，出口劳动密集型产品。

所谓"竞争优势战略"，就是把不同国家或地区不同产业的比较优势和不同国家或地区同一产业的市场竞争优势有机地综合在一起，先后实现要素驱动[1]、投资驱动[2]、创新驱动[3]和财富驱动[4]。这种竞争优势战略来源于波特的竞争优势理论。20世纪90年代，迈克尔·波特在《国家竞争优势》一书中，把国际贸易的比较优势理论和投资与竞争战略融合形成国家竞争优势理论。他认为，一国竞争优势的发展可分为要素推动阶段、投资推动阶段、创新推动阶段、财富推动阶段四个阶段，国家经济发展的目标是使其国民取得较高的收入水平，而收入水平的高低则决定于该国企业（或行业）的生产率水平。既然只有发展高层次的竞争优势才能够使企业获得高层次的生产率水平，那么国民收入水平的高低也同样取决于该国企业能否获得高层次的竞争优势，进而将企业竞争优势理论发展为国家竞争优势理论。

所谓"赶超发展战略"，是指采取扭曲产品和要素价格的办法和以计划制度替代市场机制的制度安排，提高国家动员资源的能力，突破资金稀缺的比较劣势对资本密集型产业发展的制约，使资本密集型产业能够在极低的起点上得到发展并在短期内实现飞跃，进而使产业结构达到发达国家水平的发展战略。赶超战略的历史渊源可以追溯到21世纪20年代的苏联，在农业仍然在经济结构中占主导地位的格局下，回答如何积累工业化所需资金、如何解决工业增长下市场需求不足、如何调节国民经济运行等问题，最终促进了苏联经济管理体制的形成以及优先发展重工业的发展战略。这种发展战略不顾资源约束，以重工业乃至整个工业体系去赶超发达国家，

---

[1] 国家竞争优势主要来源于一国在生产要素上拥有的优势，具有竞争优势的产业一般是资源密集型的产业。

[2] 竞争优势主要来源于国家和企业的发展愿望和投资能力，具有竞争优势的产业一般是资本和熟练劳动密集型的产业。

[3] 竞争优势主要来自国家和企业的技术创新愿望和能力，具有竞争优势的产业一般是高新技术产业和经过高新技术产业改造过的传统产业。

[4] 竞争优势主要来源于一个国家和企业在过去积累的财富，在这个阶段，企业创新、竞争能力开始下降，产业竞争力衰退。

一度是重工业优先增长和进口替代战略的形象概括。

2.3.2 传统产业选择加速逻辑化

产业选择存在一定的方法论和分析工具，这些方法论或工具更多的是提供一定的视角，或者是战略预判之下的逻辑化表达。而在实际的选择过程中，往往是综合因素决定着最后的产业战略、产业选择和产业组合。以下所引用的，更多的是带有一种逻辑思考的产业选择方法。

整体而言，产业选择不仅覆盖一个国家或地区的产业体系构建，也就是选择哪些产业作为自己的产业发展方向，选择的结果是某几种产业、某一产业或者是某一类产业，如战略性新兴产业、高技术产业等；还包括细分产业的选择，也就是进一步研究一个或者多个产业的若干细分领域；亦包括对不同产业环节进行选择，如研发设计、材料、生产制造、封装测试、品牌交易等。在产业选择过程中，由于产业发展是众多因素共同作用的结果，需要对各个因素进行比较全面的考虑，将定量与定性相结合，把握好产业厘定的战略取向与关键因素。这种战略取向，往往是产业选择的主要着眼点，不仅决定着一个国家或地区产业发展的基本原则、发展取向，还决定着产业发展的价值主张、发展愿景。这种关键因素，意味着一个国家或地区的产业选择不可能在无限的范围内进行，不仅需要优先序，还需要侧重点，重在抓主要矛盾和抓重点。

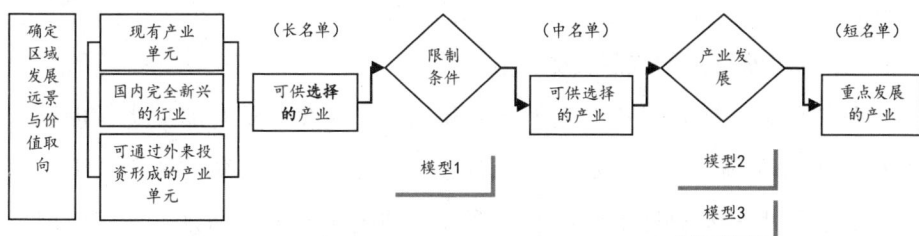

图："长中短名单"产业选择法流程示例 [1]

---

[1] 该图引用自《中国增长极：高新区产业组织创新》。

　　目前,在产业规划与产业选择中,应用较为成熟的是"长名单—中名单—短名单"的筛选方案。在"长名单"环节上,往往是通过梳理现有产业基础、当前及未来新兴领域、能够通过产业梯度转移生成等方法,尽可能获得多种可供本地选择发展的"产业池";在"中名单"环节上,更多是从资源禀赋匹配度、经济社会效益大小、产业鼓励或限制政策等方面形成正面清单/白名单、负面清单/黑名单,进而实现产业大类或中类乃至小类的选择;在"短名单"环节上,或以一种相对逻辑的分析方法予以选择,但更多是依赖产业发展阶段、产业项目支撑、上位产业规划等进行最终名单的确定。有的机构对于产业细分领域评估往往基于产业价值链分析,融合竞争分析、机会分析和合作分析,形成不同的一级指标、二级指标,并在不同地区或产业内应需调整指标及其权重。在其过程中,或者是用"产业吸引力—本地产业竞争能力"二维分析法建立指标体系并确定指标权重,分别进行打分进而获得各产业单元在两个指标体系的综合得分,分数高者为优先选择领域。有的机构遵循以"雷达图"为代表的多维分析法,指标不计算总分,而是直接将备选产业逐一进行比较,选择其中每个指标相对都比较靠前的产业作为重点领域。在此基础上,根据评估结果对重点单元进行产业组合,哪些是先导产业、主导产业、支柱产业、调整产业;哪些是未来产业、战略性产业、原创产业、新兴产业、优势产业等;哪些是政府前瞻培育的产业、哪些是龙头带动的产业、哪些是市场试错的产业。

2.3.3 战略直感驾驭逻辑化方法

　　整体而言,比较优势、竞争优势和战略赶超没有绝对的优劣,也没有绝对的适用范围,在新的发展阶段具有新的内涵,也有新的适用范围。对于经济技术水平发育低下或产业经济薄弱的国家或地区而言,在初始阶段采用比较优势战略是必要的,尤其对于基础产业需要遵循比较优势战略;对于具备一定产业发育基础且具有一定资本原始积累的国家或地区而言,采用竞争优势战略是必要的,尤其是对于提升国家、国际竞争力是必要的;对于寻求局部引领、加快发展且具有一定经济技术发育水平的国家或地区而言,采取赶超战略是必要的,尤其是针对高新技术产业领域,需要采用超前发展的战略与策略。特别是在新经济地理条件下，哪里有煤矿、钢铁、港口、铁路，生产力布局及产业、产能就流向哪里，进而人才、资本、技术就流向哪里的传统逻辑一去不复返；转而是基于人择优势的生态赋能，也就是哪里的产业创新生态环境质优，人才就流向哪里，资本、技术、经验就流向哪里，生产力和产业、产能就流向哪里。

与此同时，在地方经济建设和产业发展过程中，很多产业、细分领域、新兴赛道等，在很多情况下并非是通过逻辑化、结构化的方法技术形成或确定的。要么是政府领导者、产业主管部门用非逻辑的战略直觉、辅之以逻辑思考综合形成的；要么是产业组织者、企业家以及市场试错产生后，再纳入产业规划与产业体系视野之中的。无论从比较优势战略、竞争优势战略和战略赶超战略有机结合的意义上，还是从非逻辑化的战略直觉与逻辑化的工具方法有机结合的意义上，一个国家或地区的产业选择及其组合，核心是从战略层面和战术层面打好"组合拳"。就战略层面而言，一个国家或地区的产业战略不能局限在基于资源禀赋的比较优势、基于发展阶段的竞争优势，还要着眼系统性发展，在局部领域、新兴领域、未来方向上实现赶超发展；就战术层面而言，不仅要鼓励市场试错衍生的基础产业，还要"提转并关"时代或历史留存的落后淘汰产业，不仅要紧跟时代步伐强化新兴产业基本盘，还要着眼未来强化新兴产业培育。

2.4 现代产业发展的特点及影响

2.4.1 现代产业发展的基本属性

当前现代产业发展，需要走出产业价值链分解、融合及新业态出现的基本逻辑，更加突出科技属性、跨界属性、数字属性、生态属性四大属性。四大属性作为新兴产业及其细分业态的基本属性环环相扣、密不可分，把握了这四大属性及其发展规律，就抓住了产业选择以及新兴产业发展的关键：一是科技属性。硬科技属性是新一轮产业的技术门槛，没有硬科技属性，就没有新兴产业发展的根基与屏障，就难以突破人类社会的生存疆域、生产边界。"硬科技"创新要求企业以前沿技术突破和知识产权创造为核心，形成对新技术的开发、集成及市场应用。二是跨界属性。跨界别属性是新一轮产业的基本特征，只有跨界才能创造新技术新产品、新市场新服务、新业态新产业，才能产生更大的经济社会效益。跨界的产业生态和创业创新生态成为产业发展的最优环境，在产业跨界之中产生产业业态创新、商业模式创新和产业组织创新。三是数字属性。数字化属性是新一轮产业的经济形态，只有"数据驱动＋平台赋能＋智能终端＋场景应用＋敏捷供应"才能产生全新的生产生活方式。数据资产是未来所有产业发展的核心要素，发展"数据驱动"型产业需要加大制度创新和数据开放力度，最终让数字空间带来全新的发展空间、想象空间和创新空间。四是生态属性。新经济时代新产业会出现爆发式增长，而企业爆发式成长标志着重大的产业机会，抓引爆时机就是抓产业爆发式增长的机遇。生态属性就是在产业创新生态中从不确定性到确定性，在千变万化之中实现"起点爆发"。

2.4.2 现代产业发展的基本机制

整体而言，以人才为核心的知识经济是发展基础、以创业为灵魂的创新驱动是根本动力、以平台为枢纽的产业组织是核心载体、以跨界为特征的产业形态是基本特征、以服务为主导的产业结构是根本标志，共同构成了现代产业的发展机制。

一是以人才为核心的知识经济是发展基础。在传统经济模式与经济形态条件下，按照生产函数的思维，投入多少土地、资源、能源、资本、劳动力等产业要素，就能在一定的技术条件下形成一定的产业经济。从这种要素驱动、投资驱动走向创新驱动，核心是基于人才为核心的价值驱动。伴随从传统产业走向现代产业，以人为核心，技术、信息、数据、经验、企业家才能等创新资源，不仅构成了知识经济发展的核心，还成为现代产业发展的基石。这其中，科技人才是技术的源泉，新人口红利是数据的源头，商业氛围决定企业家才能，技术技能积累决定经验知识的沉淀。

二是以创业为灵魂的创新驱动是根本动力。在以大规模制造、批量化供应、标准化生产、流水线作业等为特征的工业时代，不仅是生产方式决定生活方式，关键在于人是机器的延伸、人的消费受制于生产供应能力。

而在以创新驱动为核心的后工业时代，不仅围绕人的需求需要反向来配置生产资源，还以人为中心组织生产，关键在于将人的创业创新价值转化为商业价值、市场价值和社会价值，创业式创新成为现代产业发展的根本动力。

三是以平台为枢纽的产业组织是核心载体。产业变革的核心是把握生产与消费的新趋势及其相互的关系，以往的工业生产提供的是工业品、消费品等产品（服务），产生了很多制造商、供应商；商业消费往往讲求客户、需求、营销网络等等，产生了很多代理商、采购商等等。伴随互联网经济的崛起，在消费端、客户端上越来越强调流量、终端、社交、数字、内容、场景、体验、触点网络等等。当前及未来，大量介于生产与消费、工业与商业、行业与行业之间的平台型企业涌现，打破了以往卖方与买方、上游与下游、供应与消费的关系，成为新型产业组织者、商业生态建设者、开放创新生态建设者。

四是以跨界为特征的产业形态是基本特征。从单一产业内部的垂直整合，到两个产业之间融合发展，再到多个产业之间的跨界，产业企业不仅通过数字科技与虚拟空间超越时空的局限，还通过硬核技术与先进制造突破技术的门槛，不仅通过制造业服务化、服务业制造化重塑产品的形态，还通过平台经济、分享经济、数字经济等走出企业的边界，最终通过产业创新生态与产业跨界打破产业的界限。

五是以服务为主导的产业结构是根本标志。对于发达经济体而言，现代产业体系主要指在创新驱动、价值驱动的前提下，现代服务业要占其GDP 的 70% 左右，且形成若干或一批具有国际影响力的产业集群；对于新兴经济体而言，现代产业体系主要指产业发展实现从要素驱动、投资驱动向创新驱动、价值驱动转变，工业增加值占 GDP 的 50% 左右，第三产业所占比重稳定上升，培育出若干或一批具有国际竞争潜力的产业集群。

2.4.3 现代产业发展的基本要求

在现代产业的四大属性，以及现代产业发展的五大机制之下，现代产业发展将加速产业形态数字化、消费拉动场景化、产业组织平台化、生产方式智能化、创新方式硬核化、产业治理生态化，也构成了产业选择、产业生产、产业组织的基本要求。

一是产业形态数字化。如果说作为二产的工业经济是在机械化、电气化、自动化条件下，将物质能源、物理硬件、使用价值有机结合，作为三产的服务经济是在专业化、信息化、知识化条件下，将消费需求、服务体验、服务内容有机结合，那么当前的现代产业经济不仅将工业经济与服务经济融合，还借助数字化将物理空间与虚拟世界、物理硬件与智能硬件、服务内容与数字内容、消费体验与智能算法、人人互联与超级智联有机结合。

二是消费拉动场景化。在现代产业发展中，人的需求需要成为核心，消费新经济成为产业发展的重要标志。而围绕人的需求需要，不仅将加速从大规模生产到大规模定制，实现反向资源配置的逆向创新；还借助消费模式场景化，将产品服务、数字内容、数据算法、敏捷供应有机结合在一起，创造新的消费体验、消费景图与市场空间，催生新技术新模式新产业新业态。

三是产业组织平台化。从经济学理论先后出现的企业与市场、市场与集群、集群与平台、平台与生态之间的相互关系来看，这四组关系分别代表了生产组织方式与资源配置方式的关系、资源配置方式与产业组织方式的关系、一般产业组织方式与新型产业组织方式的关系、中心化产业组织方式与非中心化产业组织方式（开放创新组织方式）之间的关系。其背后的发展逻辑是在产业生态化发展过程中，产业发展规律从分解融合转变为跨界融合，产业组织方式从规模经济、范围经济转变为生态经济。

四是生产方式智能化。伴随云计算、大数据、物联网、移动互联网、人工智能等新一代信息技术蓬勃发展，并不断向制造业领域渗透，新一代信息技术与先进制造技术的加速融合，使得生产方式从1.0的机械化、2.0的电气化、3.0的自动化，进入以智能化为代表的4.0发展阶段。借助数字化制造（大数据＋制造）、数字化网络化制造（互联网＋制造）、数字化网络化智能化制造（人工智能＋制造）等贯穿于设计、生产、管理、服务等制造活动的各个环节，加速形成具有自感知、自学习、自决策、自执行、自适应等功能的新型生产方式。

五是创新方式硬核化。如今很多人将基于商业模式的创新称之为"薄创新"，将基于大量科学积累、技术沉淀以及生产迭代的创新称之为"厚创新"。当前，伴随新一轮科技革命爆发，全球科技创新进入新的大科学时代。从高新技术、高技术，再到硬科技、深科技、黑科技，现代产业发展中的创新不仅具有更好的科技含量，在产业技术创新、产业业态创新、商业模式创新等方面也更加纵向深化。

六是产业治理生态化。从"守夜人"型政府到服务型政府、建设型政府，再到赋能型政府，广义营商环境的本质是政府与市场、政府与企业、政府与社会之间关系的集中反映，广义产业治理是创新生态建设，核心是治理结构的重构。具体而言，政府需成为创新生态顶层设计者、建设者和维护者，从第二方公共服务到第三方服务集成，再到第四方产业组织。

2.5 现代产业体系构建总体取向

2.5.1 现代产业构建的战略问题

当前，新科技革命和产业变革与中国产业转型升级历史性交汇，中国产业发展阶段整体上从跟随发展、适应创新到了跟随发展与引领发展并重、适应创新与原始创新并重的发展阶段，产业技术创新逐步从"跟跑"向"并跑"与"领跑"方向发展。但整体而言，很多地区的产业发展，要么遵循自上而下的生产力布局，如计划经济时代的老工业经济；要么遵循传统经济地理的系统增长，如相关资源型城市、交通枢纽城市、港口开放城市等；要么遵循机会主义的拿来主义，如苏州等外资经济发达地区；要么遵循市场自发的产业试错，如温州等民营经济发达地区；要么在新经济地理条件下实现人择优势，如贵阳等一些欠发达地区借助一定发展契机，通过单点突围带动整体提升。

在此过程中，对于区域产业竞争战略的选择上，越来越多的城市从适应发展型、跟随追赶型向换道超车型、引领领跑型方向发展。所谓"适应发展型"，就是结合城市工业化发展进程与地区资源禀赋制定适应当前阶段的产业战略，从工业化初期、中期、后期阶段的实际出发不断提升技术构成、优化产业结构、优化组织方式等。所谓"跟随追赶型"，就是在具备一定产业发展基础上，对标国内外同类城市或领先城市，充分学习其发展经验、模仿其产业发展模式或路径，在产业跟随的过程中实现战略追赶或战略赶超。所谓"换道超车型"，就是结合科技革命、产业变革新趋势以及区域发展新愿景，通过打破传统产业发展路径依赖、创新产业技术路线、形成新的产业组织方式等加速产业高端化，走出一条换道超车的产业发展之路。所谓"引领领跑型"，就是在产业发展到一定阶段，尤其是完成中后期任务并进入后工业时代，并在全球创新地图及产业版图上占有一席之地，以技术变革、业态创新等打造全球引领的新兴产业，打造创新经济策源地，成为全球的"创新尖峰"。不同的产业竞争战略适应不同的发展阶段与发展条件，并出现相互组合的产业竞争策略。

2.5.2 现代产业构建的关键问题

在现代产业选择、产业组合以及产业体系构建、产业生态发育过程中，重点处理好如下发展矛盾及问题。

一是哪些是长期的哪些是短期的。很多地区缺乏产业中长期战略，更多的是立足现有发展基础及当前发展机会的组合。以深圳与宁波对比为例，两地同为港口城市、计划单列市、副省级城市，也都是科教智力资源薄弱，但一个成功转向了新经济，另一个还徘徊在重化工、传统优势产业上。其根本差距在于宁波缺乏产业中长期战略，而深圳于 1995 年就确定了向高新技术企业全面进军的中长期战略，力争结束"三来一补"的发展方式。正是有了这种中长期战略及其决心，才有了今天的深圳。

二是哪些产业市场主导、政府促进。传统产业的发展规律和新兴产业的发展规律不同，对政府作用也需要有新的认识。在新兴产业或者创新驱动发展方面，地方政府需要在解决市场失灵的同时培育市场，承担部分创新成本。政府不是要发展成为"大政府"，而是要做更加符合新兴产业发展规律、自主创新规律的职能调整及角色转变，强化市场配置资源决定作用、政府培育新兴市场的作用。传统优势领域的转型升级主要由市场倒逼、市场自然选择的机制，而新兴产业领域的培育需要加大政府前瞻布局与支持力度。

三是哪些环节市场主导、政府促进。主要是强化市场运行机制的基础作用、政府解决市场失灵的功能。以往很多地区或城市在公共服务领域强化市场化配置、政策性扶持上强化市场化运作，而在市场面前强化政府作用。未来在竞争性领域发挥市场配置资源的决定性作用，而政府主要在公共服务领域、纯公共产品供给上发挥政府作用，在准公共产品供给上政府引导市场化运作。

四是哪些适合市级培育、哪些适合县级推动。在以往"县域经济"发育发展过程中，我国很多地区形成了严重的条块分割，还存在企业惯于单打独斗的问题，以及政府组织碎片化问题。在县强市弱的财税体制下，市级政府组织动员能力较弱，统分结合的财税体制难以建立，两级政府和财政的合力难以发挥出来。当前，我国区域经济发展从县际竞争走向城际竞合，需要探索建立完善跨行政系统配置资源的方式，建立完善"政产学研金介用"融为一体的开放式协同创新格局。未来市级政府更多的是强化创业创新生态、软投入支持、产业组织创新、财税金融环境建设等方面，县级政府强化各类产业要素的配置与保障。此外，市级政府更加突出战略产业发展，县级政府着重发展符合本体特色的新兴产业。

五是不同产业如何分类引导扶持。主要是结合不同的产业发展规律及需求，提供不同的制度产品及公共服务。其中，工业如何走出工业、制造业如何服务化，服务业如何与制造业结合、服务业制造化，新兴产业如何在创业创新的内生增长、市场试错机制下发展，传统优势产业如何实现转型升级，不是所有的工业与服务业、传统产业与新兴产业都适合采用工业的管理方式。

六是如何实现产业融合再造发展。很多地区往往服务业与工业分离、虚拟经济与实体经济割裂、物理空间与虚拟空间分离现象较为突出。其根本原因在于传统产业管理在"二、三产"发展结构下，是按照二产的生产与供应、三产的消费与服务分别实施单边的行业管理，未能从供需贯通、制造与服务融合的角度实施双边的产业管理。未来需要打破传统行业管理方式，从产业跨界融合的角度加强产业规制。

2.5.3 创新现代产业的构建方式

在区域产业分工协作上，逐步从"中心—外围"的工业城市产业布局思维向"前台城市、中台城市、后台城市"方向发展；在此条件下，进而塑造城市产业发展的区域个性。一般而言，在制造业全球化条件下，指导区域与城市发展的重要理论是"中心—外围"理论，也就是生产结构同质性和多样化的"中心"以及生产结构异质性和专业化的"外围"。这个理论不仅对于城市战略、城市空间战略产生了重要影响，还在较大程度上影响了城市产业布局及区域产业分工。但在"去工业城市中心化"与"立创新尖峰"并存发展的过程中，核心的一个或多个城市分别发挥前台、中台、后台的能力。前台城市就是流量的流进流出与资源的配置与分配，核心是产业主导权，往往是港口城市、贸易城市、权益城市等；中台城市就是不断出现新思想、新模式、新技术、新业态、新产业，核心是创新及产业化能力，往往是创业城市、创新城市等；后台城市就是制造根基与资源禀赋，核心是实体经济基础条件与产能，往往是资源城市、工业城市。在当前情况下，不同城市群、城市、功能平台具有不同的使命、资源禀赋、发展结构、发展方式与组织分工，更重要的是突破"中心—外围"发展逻辑，在重点突出前台、中台、后台之中一项功能的同时，加强其他两项方面的能力。

在产业生成方式上，更多的是自然资源与科教智力密集地区的源头依赖型、商业及民营经济发达地区的市场原生型、国家生产力布局地区的战略布局型、外向型经济发达地区的外生嵌入型、多维融合形成的综合发展型等产业生成方式。所谓"源头依赖型"，主要是结合资源禀赋、产业要素、科教智力资源等富集优势发展的资源密集型产业、劳动密集型产业、资本密集型产业、智力密集型产业等，基本上遵循的是基于资源禀赋的比较优势发展逻辑。所谓"市场原生型"，主要是结合当地的商业氛围、创业环境、市场机制、制度环境，通过创业创新、市场化机制以及产业试错发展起来的经济体或产业共同体。所谓"战略布局型"，主要是指结合国家重大生产力布局、重点项目布局等形成并带动相关产业发展，进而形成的经济体或产业共同体。所谓"外生嵌入型"，主要是指通过国际合作、招商引资等承接国际产业梯度转移，通过嵌入全球产业价值链进而形成的经济体或产业共同体。所谓"综合发展型"，就是综合以上两种及以上生成方式形成的多元化经济体或复合型产业体系，目前这种类型及趋势更加突出。

回顾冷战结束后的中国经济发展，从 1992 年加快建立社会主义市场经济体制到"入世"前，核心是从计划经济到市场经济的效率经济；从 2001 年底"入世"到 2011 年工业总产值超过美国居全球第一，核心是从封闭型经济到外向型经济的工业经济；从 2012 年在数智技术带动下加快"互联网+"、2014 年加快"双创"再到 2021 年中国 GDP 占美国 GDP 的比重从十年前的四成到七成以上，核心是从工业经济到创业创新的活力经济。从这个意义上，第一个十年是改革适应开放的起步期；第二个十年是开放带动发展、从小到大的成长期；第三个十年是改革开放加快创新发展、从贫到富的扩张期；那么未来十年，则是改革、开放、创新、发展的大繁荣时期。未来十年，中国的科技创新、产业变革、创业创新将在数智科技、前沿科技、先进制造、绿色低碳与平台化组织的带动下，涌现出一批变革式创业、未来产业以及全新商业模式。最终以更大范围、更高水平、更高层次的产品工艺创新、产业技术创新、产业组织创新、商业模式创新、产业业态创新、体制机制创新、思想文化创新有机结合，促进数字时代的现代产业体系构建和创新生态发育。

03 产业振兴发展：从梯度转移到内外循环

　　自改革开放以来，我国东南沿海主要城市以及部分国家中心城市、地区中心城市等，率先在"国际大循环经济发展"以及"两个市场，两种资源"中积极承接产业梯度转移、加快推进出口导向型的传统工业化，支撑我国形成"两头在外，大进大出"的发展结构。有的城市伴随中国制造成为全球第一，部分城市在工业化实践达到一定程度后，在科技革命与产业变革带动下，进一步朝创新驱动发展和全球创新中心方向发展。当前，我国进入双循环发展新格局，与三四十年前相比内外部环境、条件、要求均发生了较大的变化，不仅为发达地区或城市的产业发展带来新的机遇和挑战，尤其为后发地区或城市产业发展带来较大的空间和考验。在新的历史条件下，需要充分把握地区产业振兴及高质量发展的动力结构与行动逻辑，优化地区产业体系构筑的顶层设计与发展布局，不仅要以产业政策迭代创新推动地区产业结构演进，还要以产业组织方式创新加快地区产业振兴与突围，以产业高质量发展全面带动经济社会高质量发展，服务、支撑并借势"两个大局"。

3.1 从国际分工到国内产业升级

3.1.1 改革开放开启中国的内外循环

　　某种意义上，"改革"就是让真正创造财富的、为贡献社会而努力的人或群体，以更集中的精力和交易成本获得优先、超额回报；而"开放"就是与高手过招，把别人好的东西拿来、学来，不仅为己所用，还让自己更优秀。用现在的角度再来看"改革开放"，"对外开放"决定了外循环，"对内改革"决定了"内循环"。整体而言，在整个全球经济分工和一个国家或地区经济发展过程中，尤其是对于很多新兴经济体、新兴市场而言，经济发展一方面是在开放环境下经由外部力量带动、外部需求拉动的，这个"外部力量"主要反映在基于全球经济分工的国际产业梯度转移，这个"外部需求"主要是国际贸易或出口贸易；另一方面是在改革条件下经由内生动力驱动、内在机制保障的，这个"内生动力"主要体现在市场化、工业化、信息化、城市化等影响国民经济社会发展的若干领域，这个"内在机制"主要是系列体制机制和制度安排。

整体而言，在新的历史条件下，不仅需要进一步扩大开放和深化改革，还要将改革开放与创新发展有机结合，最终处理好开放与改革、开放与创新、开放与发展三大关系。一是越开放越改革、越改革越开放，改革与开放是一体两面的战略组合，用开放形成倒逼机制，用开放促进新一轮改革，进而释放巨大的活力与红利，当前扩大开放的本质意味着全方位的结构改革；二是越开放越创新、越创新越开放，只有开放才能形成包容融合、博纳进取的创业创新文化，才能决定企业家在心态、观念、产权、管理的开放，才能形成产业链上中下游大中小企业协同创新格局，才能形成跨区域分工合作，才能形成全球资源配置机制；三是越开放越发展、越发展越开放，开放不是一个国家或地区经济社会发展的一种补充，而是长期任务及战略依托，只有开放才能体现出一个国家或地区在国际、国家、地区发展中的区域个性和价值所在。

3.1.2 国际产业分工与地区产业生成

从国际分工而言，我国东南沿海地区率先兴起于制造业全球化，诸多具有一定全球竞争力的城市繁荣于服务业全球化，更少量具有全球影响力的创新型城市正在创新全球化时代异军突起。在制造业全球化条件下，经济全球化按照"最经济原则"与"成本最低"进行布局，一批产业高地或创新高地基于一定区位优势、发育基础和政策优势等，吸引跨国公司集聚布局，形成税收供应效应、产业聚集效应、产业关联效应、消费带动效应、就业乘数效应、资本放大效应等明显的外溢效应，并通过"总部—制造基地"功能链条辐射带动生产制造基地所在区域的协同发展，进而实现不同区域间的分工协作、资源优化配置。在此发展阶段，国内诸多城市在全球经济分工中通过承接产业梯度转移与价值链贸易等，更多地成为"大脑—躯干—四肢"中的"四肢"，所引进培育的企业更多的是跨国公司的生产制造基地或处于价值链低端的制造型企业，并通过合资等方式，形成了一定的制造业基础。在服务业全球化条件下，大量生产性服务业从制造业分离，成为跨国公司掌控全球产业主导权的着力点，一批产业高地或创新高地凭借以技术主导权、资本主导权、市场主导权为代表的产业主导权，集聚了一批技术含量高、带动系数大、资源消耗低、人力资源优、综合效益好的外资企业、跨国公司，并通过"总部—生产性服务业—制造基地"参与全球或地区经济分工与产业分工。在此发展阶段，国内诸多城市在全球经济分工中从国际产业价值链低端环节向中高端环节攀升，从"大脑—躯干—四肢"中的"四肢"逐步走向"躯干"，不仅在地区总部、功能总部基础上增加了服务总部，还使得很多功能总部向研发创新、财务管理、结算交易、平台共享等高附加值环节延伸，进一步带动了本地、本土以生产性服务业为核心的现代服务业的发展。在创新全球化条件下，尽管跨国公司的经济形态、企业结构以及组织分工等等，并没有同全球创新经济发展与中国经济发展阶段与时俱进，但一批新经济企业、互联网企业、数字化企业等行业头部企业成为新一轮经济全球化的重要推动者。从经济形态上来看，以往跨国公司的本质是传统产业价值链上的龙头经济，但如今体现创新动力的源头经济、掌握产业主导权的针尖经济、实现财富分配的平台经济、引领产业变革的头部经济不断涌现。从企业结构来看，不再是具有一定产能和资本的跨国公司、企业集团才具有总部效应或产业组织能力，以及相应的产业转移和资源配置需要；一切具有资源配置能力、产业组织能力、创新赋能能力、财富分配能力的创新主体，都成为国际产业梯度转移的重要推动者和组织者。从经济分工上看，不再是从制造业与生产性服务业分离再到总部功能的工业经济分工模式，如今更多的是"交易平台＋产业数字化＋垂直分工"的新型分工格局。

更进一步而言，国际产业梯度转移的基本路径取决于经济全球化的发展层级。在制造业全球化早期，最早从发达国家向发展中国家、新兴市场、新兴经济体转移的产业大都是劳动密集型产业；在制造业全球化加速期，转移的大都是具有资源密集型、资金密集型以及具有"高能耗、高物耗、高污染"特点的重工业；在制造业全球化后期，逐步出现具有一定科技含量的高技术制造业发生转移。在服务业全球化阶段，大量生产性服务业、服务贸易成为国际产业梯度转移的重点。在创新全球化阶段，全球创新资源与产业要素加速在全球范围自由流动和优化配置，具有知识密集型、技术密集型、人才密集型特点的产业成为国际产业梯度转移的重点。自1992年我国加快建设社会主义市场经济体制，到2011年中国工业产值成为全球第一，我国累计实际利用外资金额达到了1.16万亿美元。而伴随制造业全球化、服务业全球化、创新全球化，国际经贸合作主要从货物贸易到服务贸易、再到数字贸易。相关研究表明，在全球主要国家或地区经贸合作中，货物贸易强度降低，服务贸易比重增加，劳动成本套利减少，知识密集度提高，区域内贸增加；其中，劳动成本套利型货物贸易占比仅为18%，服务贸易比货物贸易增速高出60%，货物贸易强度下滑5.6%。

3.1.3 地区产业发育与国内产业升级

一般地区产业发育的基本路径，是在以农业经济为主体、以商业经济为补充以及部分手工业发育的初始条件下，伴随城市化的消费升级与工业化的生产升级，进入以都市轻工业为主体的发展形态；之后在一定的传统经济地理（如"铁公机"、交通枢纽、港口等基础设施和区位条件）与资源禀赋条件（如钢铁、煤炭、劳动力等）下，通过产业结构升级进入以重工业为主导的经济形态；之后在产业技术革命与科技创新的带动下，逐步形成以高技术制造业为主体的经济形态；之后在二、三产业分离的条件下，形成传统制造业、高技术制造业、现代服务业（生产性服务业/科技服务业/数智服务业）并举但各有侧重的发展结构；再之后通过产业跨界融合，尤其是在数字化的带动下形成以新经济为先导、高科技为主体、制造业为基本盘的发展结构，并呈现出制造业服务化、服务业制造化，制造即服务、产品即服务、软件即服务等发展态势。

初始条件

```
┌──────────┐  生活升级  ┌──────────┐  生产升级  ┌──────────┐
│ 农业、商  │ ────────→ │ 都市/城市 │ ────────→ │ 重工业   │
│ 业手工业  │           │ 轻工业   │           │ 服务业   │
└──────────┘           └──────────┘           └──────────┘
                                                     │ 生产
                                                     │ 升级
┌──────────┐ 产业融合  ┌──────────┐二、三产分离┌──────────┐
│ 高技术   │ ←──────── │ 生产性   │ ←──────── │ 高技术   │
│ 服务业   │           │ 服务业   │           │ 制造业   │
└──────────┘           └──────────┘           └──────────┘
  产业
  跨界
┌──────────┐         ┌──────────────────────────────────┐
│ 数字化   │ ──────→ │ 以新经济为先导、高科技为主体、制 │
│ 新经济   │         │ 造业为基本盘                      │
└──────────┘         └──────────────────────────────────┘
```

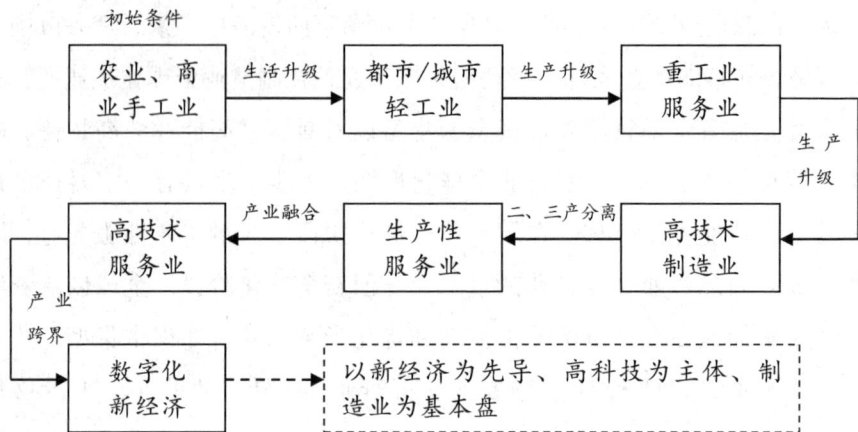

图：一般地区产业发育的基本路径

整体而言，没有完整的发育就没有充分的发展，没有充分的发展就没有高效的循环，没有高效的循环就没有高速的增长。尽管改革开放后最早的一批沿海开放城市利用开放红利和政策红利率先获得发展，但更多的是东南沿海地区的开放城市在市场经济、民营经济、外向经济"三管齐下"的发展模式下，借助出口加工、"三来一补"、贴牌代工、引资合资等，加快从轻工业起步到临海/临港重化工布局、再到高技术制造业根植；再借助服务外包、技术转移、科技金融、跨国并购等，从生产性服务业到高技术服务业、再到数字经济以及数字贸易，为中国制造走向中国智造、中国再造、中国创造开辟了新的空间，不仅发展成为全球外资最重要的投资目的地，还发展成为世界制造业的中心，亦促使中国发展成为全球第一大出口国。但从全国来看，大部分地区由于思想观念、发展战略、体制机制、区位条件、资源禀赋等等原因，并没有完整历经这种发育发展，从而成了不同程度上的后发地区。

3.2 双循环格局下的产业基本盘

3.2.1 过去经济循环运行的内生逻辑

从一个落后的农业国向现代的工业国转型的进程来看，自改革开放以来，我国逐步从出口导向型的工贸结合体、外向型工业经济体逐步走向开放型创新经济体。20世纪80年代末"国际大循环经济发展战略"首次被提出。该理论提出通过引进外资和出口劳动密集型产品，把农村剩余劳动力纳入国际分工体系中，一方面解决广大农村剩余劳动力的就业问题；另一方面在国际市场上赚取外汇，获得国内重工业发展所紧缺的资金和技术，通过国内和国际两个市场的转换，畅通重工业和农业之间的循环发展关系。多年来，我国凭借承接西方发达国家的产业转移，大力发展劳动密集型产业，深入参与国际分工与合作，积极融入国际经济大循环。实际上，这一主张历经20世纪八九十年代率先在东南沿海地区实践并取得重要成效，在中国"入世"后，在全国主要经济发达地区或地区中心城市迅速铺开。不仅自21世纪第二个十年前后，我国的工业产值已经超越美国成为世界首位，还在"十三五"期间得以强化，形成"两头在外，大进大出"的经济循环运行模式，支撑我国迅速成为全球第二大经济体。如2020年我国工业增加值由23.5万亿元增加到31.3万亿元，占国内生产总值的30.81%，对世界制造业贡献的比重接近30%。

作为一个后发的新型工业化国家，在由西方发达国家主导的全球经济分工、产业技术与经济秩序下，尽管我国工业产值位居全球第一，但由于经济发展方式粗放、价值链条任人宰割、产业技术受制于人、产业主体低小散弱、资源能源消耗依赖、生态环境污染严重等，长期难以走出低成本、低技术、低价格、低利润、低端市场以及高能耗、高物耗、高污染、高排放的"五低四高"的发展模式。如今在双循环格局下，核心是激活内需。但内需的激活从根本上并非取决于消费意愿、消费模式、消费成本、商贸流通等等，实际上取决于消费能力及其背后的全社会生产效率效益。某种意义上，只要是依赖传统工业经济，利润空间就是有限的，为了更多的财富积累和GDP，就需要扩大再生产，内需不足以支撑就需要开拓国际市场，只要是国际市场且产业技术创新能力不足，就只能出口劳动密集型、资源密集型的低附加值产品。从这个意义上，内需与外需的割裂，并非在于社会再生产全过程中生产、分配、流通、消费四大重点环节难以循环往复或不够畅通，而在于经济形态、产业结构、贸易方式、贸易结构、财富分配锁定于受制于人的外向型工业经济——没有高端、高效、高附加值的经济形态与产业结构，就没有全面提升的全要素生产率，就没有更大的、人均更高的GDP，就没有足够的消费空间。"十三五"末，我国外贸依存度（外贸进出口总额与GDP之比），由2006年峰值的64%以上下降到30%多，国内供给和国内需求对于经济循环起到主要支撑作用；2020年我国货物和服务净出口拉动GDP增长0.7个百分点。未来只有以新的经济形态决定新的产业结构、新的产业结构决定新的贸易方式、新的贸易方式决定新的贸易结构、新的贸易结构决定新的价值分配，加快形成开放型创新经济，才能形成支撑双循环发展的产业底盘和竞争底座。

3.2.2 双循环格局下的产业发展形势

就外循环而言，很多地方的产业发展，尤其是对于后发地区而言，具有如下形势：一是国际大规模产业转移已基本完成，从20世纪六七十年代的产业梯度转移，到冷战前后八九十年的产业转移，再到中国"入世"后到国际金融危机前的产业梯度转移，历经几波高潮后，如今很多发达国家在推进"再工业化"，使得我国吸引外资的难度越来越大；二是"市场换技术"已基本行不通，我国在短时间内通过"市场换技术"初步实现了一定的产业技术升级并在局部领域实现领先发展，自中美贸易摩擦与"科技脱钩"后遭遇技术上的"卡脖子"屡见不鲜；三是国际市场的需求不确定性加大，外需对经济增长的贡献率边际递减，进出口、内外贸均衡发展的压力越来越大，贸易保护主义成为外需不确定性的重要变量；四是国际能源等大宗商品价格的提升，对生产制造产业及其国际竞争力具有较大的冲击。

就内循环而言，对于很多地方产业发展，尤其是对于后发地区而言，具有如下形势：一是随着我国劳动力成本的提升和人口红利的边际递减，过去依靠资源能源消耗和出口低端工业制成品的经济发展模式已不可持续；二是高质量发展使得粗放式发展方式难以为继，以往在宽松土地、银根、信贷以及财税条件下传统工业化获得了长足发展，但自土地收紧、银根收紧、信贷收紧以及财政收紧以来，传统工业化难以为继，尤其对于工业化发育不充分的后发地区而言，具有较大的发展压力和有限的发展空间；三是在"双碳"目标之下加强"两高""双控"，需借助低碳经济、节能技术、清洁能源、环境管理、气候金融、绿色基建、数字治理等加快绿色化、现代化、数字化协同发展；四是迫切需要建立自主可控的产业链和高度化的价值链，通过自主创新实现关键领域的技术突破，提高科技自立自强水平；五是探索扩大内需的新型增长机制，跳出城市化带动消费的机制，推动消费升级，承接以前的出口产能，形成国内生产—国内消费的自我循环。

3.2.3 在双循环格局下夯实产业底盘

如前所述，没有新型的经济形态与产业结构，就没有新型的贸易方式与贸易结构，就难以在"两个市场，两种资源"上优化资源配置、创造财富和分配财富。对于具有一定发展发育基础的地区或城市，核心是将"围海造田、划地成园、招商引资、规模制造、税收返还、出口拉动"的外向型工业经济，系统性切换为以数智科技带动数字经济、以数字经济带动数字贸易、以数字贸易带动服务贸易、以服务贸易带动货物贸易的开放型创新经济。对于后发地区，既要在外向型工业经济发育发展上"补课"，在内外需的带动下建立完整的工业大、中、小门类体系，嵌入国际产业价值链，通过拿来主义做大体量、提高速度、满足当前；还要在开放型创新经济上"抢位"，在内外循环的带动下形成构筑高技术、高价格、高价值链、高附加值、高端市场以及低成本、低能耗、低物耗、低污染、低排放发展态势，提高质量、提高段位、抢占未来。

在夯实产业底盘过程中，一方面借助国际循环，在工业原材料、耐用消费品和大宗商品等进口需求量较大的传统商品基础上优化商贸结构、进出口结构，扩大清洁能源、工业品、高技术商品、高档消费品等进口量，进一步满足国内市场全方位、多层次的需求，并引入高质量的国际竞争与合作不断提升国内循环的经济活力，倒逼产业发展和产业结构的优化升级。另一方面立足国内循环，充分发挥新兴产业 "后发先至"的优势，促进内外市场对接和供应链生态的相互融合，将自身的市场规模和生产体系优势转化为参与国际合作和竞争的新优势，更好联通国内市场和国际市场，拉动国际经济大循环。

3.3 把握地区产业振兴动力结构

3.3.1 打破地区产业发展的传统认识

某种意义上，很多地方产业之所以发展得不好，不仅在于过多强调GDP 的三次产业结构，而忽视了各次产业之间的相互关系；还在于混淆了"工业""制造业"与"工业化"之间的关系，并难以走出新型工业化发展之路；亦在于只基于比较优势的适应性发展战略，而非打好适应性跟跑、集成型并跑、引领性抢跑的组合拳，进而在产业战略、产业政策、产业组织上出现了很多迷雾、迷失和迷途。双循环新发展格局下，无论是对于历经充分工业化发育的地区或城市，还是对于未经充分工业化发育的地区或城市，都需要回答如何走出一条适应中国从新兴大国向新兴强国发展的产业振兴与产业高质量发展之路。

钱纳里等人在《工业化和经济增长的比较研究》中，按照人均 GDP 以及三次产业结构，将一个国家或地区经济增长划分为前工业化、工业化实践阶段、后工业化三个阶段，其中的工业化实践阶段又分为初期阶段、中期阶段、后期阶段；并运用投入—产出分析方法、一般均衡分析方法和经济计量模型，通过多种形式的比较研究，考察了二战后以工业化为主线的发展中国家，特别是其中的准工业国家和地区的发展历程。在分析结构转变同经济增长的一般关系、结构转变的基本特征和工业化的各个方面、影响工业化和经济增长的各种因素的基础上，钱纳里概括出外向型、中间型和内向型等三种不同的工业化形式，并对其优劣进行了评价。整体而言，没有经历充分的工业化发育，就难以实现产业结构升级和长期的经济增长。但工业化并非制造业在 GDP 占比的提升，而是社会化的生产方式、体系化的工业门类、工程化的技术构成、企业化的经营方式、资本化的经济体系的总和；并历经工业化组织模式、高技术产业发展模式以及新经济发展道路的迭代，形成新的内涵和外延。事实上，并非工业增加值占 GDP 越低或者越高越好，如果工业化的生产效率与经济社会效益越大，给生产性服务业以及家庭消费带来的空间越大，则意味着工业增加值占比可以较低且工业化程度较高；

如果工业化的生产效率与经济社会效益越低，那么即使工业增加值在 GDP 的占比较高，也没有实现充分的工业化。此外，与外向型工业经济发展相适配的比较优势发展理论，在高科技、新经济发展阶段已经勉为其难。

表：钱纳里等关于城市工业化发展阶段的划分

指标	前工业化阶段	工业化实践阶段			后工业化阶段
		初期阶段	中期阶段	后期阶段	
人均GDP（美元）	620-1240	1240—2480	2480—4960	4960—9300	9300—
地区增加值构成	一产占支配地位；二产<20%	农业>20%；工业较低，但>20%	农业<20%，工业>服务业且份额最大	农业<10%；工业值保持最高水平	工业稳定或下降，服务业>工业

3.3.2 重识地区产业发展的发展结构

在以往的产业结构演进过程中，主要有三股力量：1.0 强调产业基础能力的工业化、2.0 强调产业创新能力的高科技、3.0 强调产业跨界能力的新经济。在新的历史条件下，分别还要强调绿色化、现代化和数字化发展。

1.0 的工业化，主要依托"铁公机"、港口、原产地以及"工业四基"等基础设施、资源禀赋和技术条件，突出划地成园、招商引资、规模生产、出口拉动以及税费减免等元素，重在通过大规模制造、标准化产品提高生产能力、生产效率和供应能力。整体而言，工业化决定产业基础能力。但如前说述，"工业化"并非制造业在国民经济中的占比提升，而是需要理解为社会化的生产方式、体系化的工业门类、工程化的技术构成、企业化的经营方式、资本化的经济体系的总和。尤其在工业革命条件下，工业化逐步从 1.0 的电气化、2.0 的机械化、3.0 的自动化发展到 4.0 的智能化。就大规模生产制造而言，尽管有高科技条件下的精密制造和精准供给、新经济条件下的大规模定制，但无论是生活性消费品，还是生产性消费品，全社会消费品至少有 50% 的比重依然需要通过工业化来实现。

2.0 的高科技，主要是依托科研条件平台、科教智力资源以及产业技术创新能力等基础设施、资源条件和技术构成，突出科技创业、天使投资、科技孵化、大学科技园、新兴产业集群等元素，重在通过提高科技含量、技术功能实现等提高产品附加值、拓展人类生产生活的边界和疆域。整体而言，高科技决定产业创新能力。如果工业化是产业发展的基本盘、新经济是产业发展的制高点，那么高科技则是产业发展的升级版。如果工业化更局限在产品工艺创新、生产组织创新，新经济更强调商业模式创新、产业组织创新以及产业业态创新，那么高科技则更突出产业技术创新、科学知识创新。如果工业化是要素驱动、投资驱动，那么高科技与新经济则是创新驱动、创投驱动。如果工业化还局限在生产端的工业大类、工业中类、工业小类，那么高科技不仅用先进技术改造传统工业，形成高技术制造业；还用先进技术与新服务模式改造传统服务业，形成高技术服务业。

3.0 的新经济，主要是依托数字基建、平台型企业以及数智科技等基础设施、产业组织者和技术构成，突出新研发、新场景、新赛道、新物种、新基建、新治理等元素，重在通过市场需求、终端消费、应用场景反向配置资源和组织生产，降低交易成本、提高敏捷供应、扩大消费者剩余，并从大规模批量生产走向大规模定制服务。整体而言，新经济决定产业再造能力。如果说工业经济是生产决定消费，那么新经济是消费反向决定生产；如果说工业经济是生产、制造、供给、工厂的单边思维，那么新经济则是生产与消费、制造与服务、供给与需求、工厂与场景的双边思维；如果说工业经济是重资产，那么新经济则是轻资产。在整个经济运行过程中，如果以信息化、数字化、网络化、智能化为代表的数智科技、信息产业能够在经济体量的 20% 左右实现产业化，那么将渗透、改造和影响其他 80% 经济体量的效率效益。

3.3.3 以泛工业化打好三者的组合拳

整体而言，工业化往往产能大、产量大、就业大，但门槛低、科技含量低、附加值低、税收低；高科技往往科技含量高、附加值高、税收高，但技术门槛高、就业承载少、市场容量相对小；新经济在一定程度上将工业化产业底盘和高科技产业能力贯通，将兼顾两者的优势、规避两者的缺陷。在新科技革命（高科技产业发展模式）与产业变革（新经济发展道路）条件下，"工业化"被赋予了新的内涵——社会化生产方式转变为社交化生产方式、体系化工业门类转变为生态化产业族群、工程化技术构成转化为硬科技技术构成、企业化经营方式转变为平台化经营方式。这一新内涵，几乎可以称之为"立足工业，跳出工业"或者"立足工业，走出工业"，也便是"泛工业化"的到来。

当前，很多以工业化为主的行业出现了产能过剩、以高科技为主的行业出现了供给缺口、以新经济为主的行业出现了"一收一紧"。对于具有劳动密集、资源密集、资本密集的工业化行业而言，产业产能产出达到了一定程度，尽管在不同地区存在扩产、改建、升级和搬迁、新建的空间；但从国际分工与生产力分布来看，一般性的工业投资在不断萎缩，且存在国际产业合作等。对于具有知识密集、技术密集、人才密集的高科技产业而言，仍然具有较大的投资、扩产的空间，对于产业投资、就业增加、技术创新、产业结构调整等方面都具有较大的带动性、辐射性。对于在技术创新、模式创新、业态创新、组织创新等方面具有系统性创新能力的数字化新经济而言，往往以轻资产为主。在新的历史条件下，需要以泛工业化为引领，打好工业化、高科技、新经济的战略组合拳。在1.0的工业化上补位发展，通过拿来主义进行跟跑；在2.0的高科技上卡位发展，通过自立自强和自主创新实现并跑；在3.0的新经济上抢位发展，通过率先数字化实现领跑。

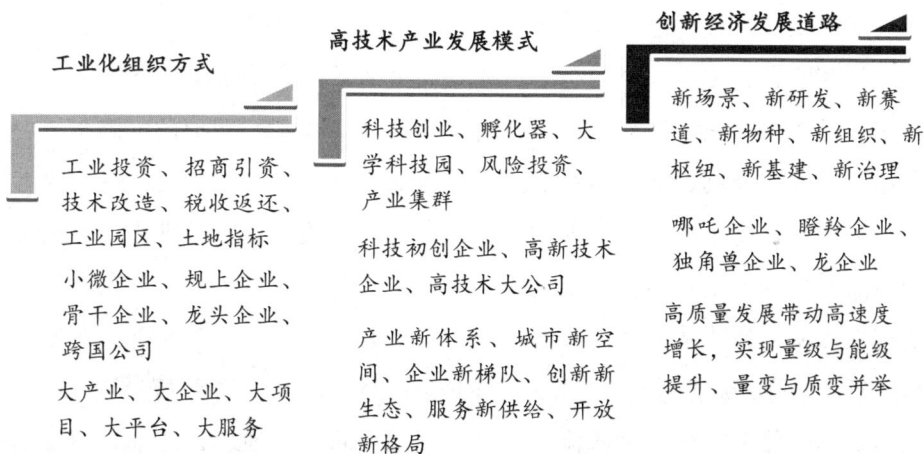

图：工业化组织方式、高科技产业发展模式与新经济发展道路

3.4 推动地区产业发展结构演进

3.4.1 打破传统产业谋划布局的顽疾

无论是"现代产业体系构建",还是"产业布局引导规划",很多地区或产业往往都存在如下"怪现状",并需要打破如下顽疾。一是大都局限于传统工业/服务业统计基础,而不是遵循产业发展规律与产业发展实际。目前大部分规划都是政府在做,做完了规划要分解任务、统计考评。但问题是目前产业发展不再是单纯的分解融合,而是融合后的跨界,而现行的、自上而下的统计体系是传统工业和传统服务业意义上的。很多规下企业、限下企业在现行统计体系与政府视野里是看不到的。二是很多产业规划都是工业思维与工业规划,而不是产业思维和产业规划。简而言之,工业、服务业,或者行业、市场,或者供给、需求,都是单边思维。只有把工业与服务业、行业与市场、供给与需求合在一起,才是产业的双边思维。三是大都局限于产业模块化下的链长制、产业集群,而不是产业生态化下的族长制、产业族群。很多欠发达地区是需要通过承接产业梯度转移、大力推进链长制、积极培育产业集群的。但对于经济发达城市而言,更多地需要突出用产业创新生态经营产业族群,而不仅仅是专业的空间集聚、空间的专业集聚。四是大都是以县域经济主导的市级组装组合,而非全域创新格局下的顶层设计。绝大多数城市的产业选择,不是模型推导出来的,更多的是基于各县(市)区的拼凑。如今伴随从县际竞争走向城际竞合,更多地需要全市"一盘棋"。不仅需要将市场的自然试错、政府的前瞻布局、产业组织者的推动、平台型企业的产业组织等有机结合在一起,更需要着眼长远期的长期主义、中长期的发展导向、短期的机会主义优化产业生态构建。五是大都是在强调基于资源禀赋及区位的比较优势,而非在新经济地理上强调人择优势。"传统制造+出口贸易"外向型工业经济依然遵循传统经济地理,哪里有港口、煤炭、钢铁、铁路等资源,产能就布局在哪里,然后资本、技术、劳动力就流向哪里。但如今新经济地理条件下,则是哪里创新生态好,人才流向哪里,产能、资本、技术就流向哪里。一个地方的发展，需要的是人择优势下的生态再造与地理标识。六是大都是问题导向、政府导向、机会导向，而不是未来导向、战略导向和发展导向。一个一个地解决问题是徒劳的，更需要的是系统性地解决结构性的发展问题。一个城市的发展战略取向，依次应该是未来导向、战略导向、发展导向、机会导向、问题导向。

如前所述，一个地区的现代产业选择与产业体系[1]构筑，需要抓住三个要点：一是以往的现代产业体系是由战略新兴产业、高技术产业、现代服务业和传统特色优势产业构成的，如今的现代服务业也是未来产业、原创产业、战略性产业、新兴产业，也要强调前瞻性、有特色的、带动性和市场试错。二是处理好哪些是政府培育的产业，哪些是市场发育的；哪些是市级政府前瞻培育的，哪些是县市区着力推动的；哪些是本地的小循环，哪些是地区循环、外循环等。三是如何厘定一级产业、二级细分、三级领域，以便县市区在大中小不同颗粒度、尺度上做组合。一级产业要体现大体量且代表未来发展方向，成为地区国民经济发展的主体；二级细分产业有更明显的地区特色；三级领域要体现新颖、未来等。

3.4.2 把握产业结构演进的底层逻辑

整体而言，产业结构演进取决于处于微观、中观、宏观不同层面的产业链分解、价值链跨界、创新链升级、数据链孪生、服务链融合、供应链重组、资金链整合、政策链迭代，分别通过经营业态创新、产业价值创新、产业技术创新、商业模式创新、产品服务创新、产业组织创新、产业金融创新、产业治理创新，共同构成了产业结构演进的底层逻辑。一是通过产业链分解产生新产业或新业态，如服务业从制造业中出现，即二、三产业的分离，行业大类中衍生出若干中类或小类行业，反映在企业或行业层面是经营业态创新；二是通过价值链跨界产生新产业或新业态，如两个及两个以上的

---

[1] 无论"现代产业体系"，还是"现代产业新体系"，或是"现代化经济体系"，都用了"体系"这一概念。虽然体系往往是封闭的或自循环的，更多地需要用"产业生态"的概念，但"产业生态"难以测度、目标感不强。尤其是对于 GDP 过万亿元或即将过万亿元的城市，某种意义上是需要有现代产业体系的。

产业或行业中打通或穿透传统价值链，在产业跨界之中形成新产业或新业态，反映在企业或行业层面是产业价值创新；三是通过创新链升级产生新产业或新业态，如在技术生命周期下，伴随科技创新与技术升级要么在传统产业领域出现了新业态，要么在新的领域出现了新产业，反映在企业或行业层面是产业技术创新；四是通过数据链孪生产生新产业或新业态，如一批数字型企业或数字平台企业，将数据作为资产实现数据驱动发展，并发展成为具有一定产业组织能力的平台企业、数字企业，反映在企业或行业层面是商业模式创新；五是通过服务链融合产生新产业或新业态，如伴随消费升级或服务升级，出现了诸如沉浸式服务、服务外包、合同能源管理、合同环境管理为代表的新业态新产业，反映在企业或行业层面是产品服务创新；六是通过供应链重组产生新产业或新业态，如借助供应链金融、交易支付平台、商贸服务平台、垂直互联网等方式，在若干垂直领域出现了具有敏捷供应、产业组织、平台赋能的新产业或新业态，反映在企业或行业层面是产业组织创新；七是通过资金链整合产生新产业或新业态，重点是在天使投资、股权投资、战略投资以及私募基金等带动下，将先进技术、商业模式等转化为新产业或新业态，反映在企业或行业层面是产业金融创新；八是通过政策链迭代产生新产业或新业态，如在绿色低碳、产业规制、特许经营等条件下形成的新产业或新业态，反映在企业或行业层面是产业治理创新。

与此同时，在地区现代产业组织与产业促进面前，需要抓住如下关键问题：一是从组织的角度，核心是将市场自发试错、政府前瞻培育、平台产业组织形成组合拳。在新的历史条件下，不仅需要充分发挥政府作用，还需要充分尊重市场机制，亦需要加强产业平台组织，关键是把握好企业价值规律、创新发展规律、市场经济规律、产业组织规律和公共治理规律。二是从创新的角度，核心是将科技创新引领的未来产业、产业技术创新带动的战略性产业、产品技术创新支撑的特色产业与跨界融合的新兴产业有机结合。未来产业突出数智科技、生命科技、材料科技等前沿技术，战略性产业突出新装备、新能源、新环保、新智造、新交通等事关国计民生的重大产业，特色产业突出都市产业、消费产业等，新兴产业重点借助数智技术将现代服务业与先进制造业融合发展。三是从形态的角度，核心是将先进制造业绿色化、高科技产业现代化、新经济产业数字化有机结合。让先进制造业更加符合双碳、两高、双控发展约束及要求，让高科技以现代的治理结构、技术构成、组织方式加速产业结构高级化，让数字化新经济让生产生活方式更加轻盈。四是从治理的角度，核心是将不同资源型、制造型、科教型、转移型、都市型产业与产业链、价值链、创新链、供应链、服务链等靶向匹配。资源依赖型产业依托逆向产业链与纵向产业链结合，回答往下走怎么走、如何做大做强；先进制造型产业借助新的生产方式跃升价值链，回答产业高端化、数字化、智能化；科教融合型产业强调反向资源配置的逆向创新，回答科技成果转移转化、产业承载；产业转移型产业以供应链带动产业根植发展，回答带动本地产业嵌入高端价值链；都市轻工型产业以场景业态创新带动生态链，回答新旧动能转换及业态创新等。

3.4.3 推进现代产业结构的迭代创新

整体而言，上海是我国经济中心和工业化水平最高的城市；深圳是我国经济特区、国际创新高地和全球智能硬件之都；杭州是我国数字新经济策源地；苏州是我国外向型工业经济体、世界工厂的典型和缩影。从近几个五年发展周期来看，上海长期坚持六大支柱产业的基本盘，在此基础上大力发展辐射城市定位以及工业相匹配的生产性服务业，并注重对硬科技、前沿科技型产业的培育发展；深圳长期坚持七大战略性新兴产业发展，不仅将工业与服务业融合发展，还按照经济形态和产业模式厘定和划分产业，不仅让政府产业发展更加聚焦，还能衍生新兴产业；尽管杭州产业发展方向看似在不同阶段变来变去，但都是紧扣最新趋势、面向高新软优、突出跨界融合、注重经济形态，尤其是注重轻资产和重运营，使得杭州借助信息经济、平台经济、数字经济以及智能经济异军突起；苏州逐步在六大主攻产业及四大先导产业基础上，重点打造十大千亿级产业集群，逐步从传统产业向新兴产业转型升级。

表：上海、深圳、杭州、苏州城市不同时期产业战略

城市	"十一五"	"十二五"	"十三五"	"十四五"
上海	电子信息产品制造业、汽车制造业、石油化工及精细化工制造业、精品钢材制造业、成套设备制造业和生物医药制造业六大制造业支柱产业；金融服务业、航运服务业、信息服务业、生产性服务业、现代物流业、现代商贸业等六大重点服务业	深化六大支柱，重点发展新一代信息技术、高端装备制造、生物、新能源、新材料等主攻产业；重点发展金融服务、航运物流、现代商贸、文化创意、信息服务、旅游会展和房地产等服务业	基于六大支柱产业，重点发展新一代信息技术、生物、高端装备等产业；大力推进国际经济、金融、贸易、航运和科技创新等五个中心建设	聚焦集成电路、生物医药、人工智能三大先导产业，在服务业领域重点发展金融服务、贸易服务、航运服务、科技创新服务等产业
深圳	重点发展高新技术产业、现代金融、现代物流、文化产业四大支柱产业，培育生物、互联网、新能源三大战略性新兴产业	坚持发展"生物、新能源、互联网、文化创意、新材料、新一代信息技术、节能环保"七大战略性新兴产业	坚持七大战略性新兴产业，调整为新一代信息技术、数字经济、高端装备制造、绿色低碳、海洋经济、新材料、生物医药产业	在七大战略性新兴产业的基础上，提出重点发展新一代信息技术、生物医药、高端装备和新材料产业
杭州	大力发展低碳经济、服务经济、文创经济、民营经济、楼宇经济、开放经济和郊区经济"七经济"	发展"文化创意、旅游休闲、金融服务、电子商务、信息软件、先进装备制造、物联网、生物医药、节能环保、新能源"10大主攻产业	重点发展"1+6"产业集群，即以"数字经济"为核心，建设"文化创意、休闲旅游、金融服务、健康、时尚、高端装备制造"6大千亿级产业	构建"5+3"产业体系，即文化、旅游休闲、金融服务、生命健康、高端装备制造5大支柱产业和人工智能、云计算大数据、信息软件3大先导产业
苏州	发展"电子、钢铁、电气、化工、纺织、通用设备制造"6大主攻产业	在坚持发展"电子、钢铁、电气、化工、纺织、通用设备制造"6大主攻产业的基础上，提出发展生物医药、节能环保、新能源新材料等新兴产业	在原有6大主攻产业基础上，提出重点发展"新一代信息技术、生物医药、纳米技术、人工智能"4大先导产业	在6大主攻产业及4大先导产业基础上，打造"生物医药、新型显示、光通信、软件和集成电路、高端装备制造、汽车及零部件、新能源、新材料、高端纺织、节能环保"10大千亿级产业集群

　　从以上四个城市四个五年规划的产业战略、产业导向来看，产业发展在政策导向的迭代创新中，需要坚持如下几组关系：一是呼应时代与连贯接续相结合。一方面通过呼应时代发展趋势，紧跟最新发展潮流，抢占未来发展先机；另一方面强调产业发展定力，保持主导产业的连贯性和接续性，在巩固基本盘的基础上不断涌现新兴产业。如深圳从20世纪90年代全面向高技术产业进军，并在21世纪以来率先发展七大战略性新兴产业，并持续赋予七大战略性新兴产业新的时代特征。二是前瞻布局与权变适应相结合。一方面面向未来、面向前沿加快对新兴产业、战略性产业布局，抢占产业发展战略制高点、产业主导权、发展主动权，前瞻选定主攻方向，培育发展未来产业；另一方面不断优化调整重点产业方向及细分领域，审时度势及时优化调整。如上海市不断细化拓展原有优势产业基础，从信息技术细化到集成电路，从高端装备细化到人工智能；杭州用数字赋能各产业，衍生出数字文化、数字旅游、数字金融、数字健康、数字化装备制造等一系列"数字 +"产业。三是战略锁定与特色根植相结合。一方面在没有足够发展基础的条件下，通过战略布局、创造条件、紧抓机遇等实现赶超发展和无中生有，加快培育发展战略新兴产业；另一方面与本地市场发育紧密结合，强化产业发展的根植性，形成具有本地特色的原创新兴产业或特色优势产业。如苏州在坚持发展六大主攻产业基础上，进而发展电子信息、生物医药以及纳米材料，进而构筑十大千亿集群；如杭州市选择培养轻资产、重运营的数字经济作为突破口，不断拓展服务种类和范围，数字经济增加值占全市 GDP 的比重超过 35%。四是纵向延伸与跨界融合相结合。一方面通过先导产业、主导（攻）产业、主体产业、培育产业将产业宽度与产业体系（广度）拉开，为产业跨界融合以及构筑现代化经济体系创造良好条件；另一方面借助细分领域加强不同层次产业的细化延伸，使得产业关联不断增加，强化产业深度、产业高度，扩大产业价值链空间。如深圳从互联网到新一代信息技术，从新能源到绿色低碳，从生物到生物医药，不断挖掘产业潜能；苏州从"电子电器"入手，由点扩面、由粗到细，进一步将电子电器产业细化为新型显示、光通信、软件和集成电路。五是重点突破与试错突围相结合。一方面强化主攻产业重点突破，尤其是通过大产业、大企业、大平台、大项目等组织方式不断强化基本盘，四个城市主导产业增加值占比较高，如深圳战略性新兴产业占 GDP 比重约为 40%；另一方面鼓励支持若干领域尚不具备形成产业的新业态新模式培育发展，发挥市场试错的活力作用。

3.5 加快地区产业创新突围发展

3.5.1 系统性创新构筑产业组织方式

产业发展核心是推进增量的新兴产业培育、存量的产业转型升级、内生的产业跨界融合、外生的产业招商引资。对于处于孕育期的产业，强调新兴产业培育，以生生不息完成从无到无。核心是通过新业态创业、硬科技创业、前沿技术创业以及产业服务体系、创业服务体系等，加快培育创业创新生力军，以创业试错、企业试错、产品试错、技术试错、市场试错等，加快新兴产业发展。对于处于突破期的产业，强调产业招商引资，以无中生有完成从无到有。核心是从"点"上的"一个个"项目招商，到"链"上的"一连串"产业链招商，走向"圈"上的"生态圈"新经济招商，从传统的承接产业转移，到链接高端资源进行本地化根植，进而成为全球产业分工与创新网络上的新尖峰。对于处于成长期的产业，强调产业转型升级，以有无相生完成从有到有。主要传统产业从低端向高级化方向发展，通过增量培育带动存量提升，系统性转变生产方式、技术构成、组织方式、布局方式等，加快从国际产业价值链低端环节向高端环节发展，形成高、新、软、优、绿的发展结构。对于处于归化期的产业，强调产业跨界融合，以有中化无完成从有到无。无论是对于二、三产业融合发展，还是各次产业各行业跨界，核心是用以数字化、平台化、智能化、产业互联网为代表的新经济把产业重新做一遍，不仅在传统产业寻找爆发点，还在产业跨界融合中出现全新的业态或产业领域。

3.5.2 突出五大形态企业的基石作用

在新的历史条件下，无论对于发达地区还是后发地区，都需要在大力推进产业振兴的过程中，积极培育发展源头经济、针尖经济、平台经济、头部经济，还需要借助普适性政策大力支持各类创业企业发展，进而带动产业高质量发展。

源头企业就是具有研发源头、技术源头、人才源头、知识源头等属性，或能够迅速发展成为产生生产力和财富的产业源头，或成为地区创新生态建设的"试水者"。源头经济之所以重要，在于源头企业是地方创新迭代能力、产业生成能力、商业构建能力的储存器、处理器、路由器和发生器。对于很多地方产业发展而言，需要打破传统制造业发展模式，大力发展以数智科技为引领、以数字经济为形态、以科技创新为硬核、以创业孵化为源头、以科技金融为杠杆的源头经济，建设新兴产业策源地。

针尖企业就是具有尖端技术、产业化实施能力以及可持续的原创能力，掌握产业主导权、科技制高点、发展主动权且能够带动一批中小企业产生国际竞争力、国际影响力的企业。针尖经济之所以重要，不仅是因为它能够打破"卡脖子"瓶颈，还能实施战略反制。对于很多地区产业发展而言，需要打破"外生驱动、外延增长"发展路径，强化产业基础能力，加快从产品工艺创新、产业技术创新走向区域科技创新，大力发展针尖经济，抢占产业技术制高点。

平台企业就是通过链接上下游、供需端或买卖方的第三方或第四方服务，从撮合交易、资源配置、开源创新等过程的交易费用降低、价值增值中分享收益的经营实体。平台经济之所以重要，在于它是一种游戏规则的制定者，成为颠覆传统经济形态、产业格局、市场结构的重要力量。对于很多地方产业发展而言，需要把握从互联网上半场到互联网下半场契机，借助"交易平台＋产业数字化＋垂直分工"模式，培育发展一批平台经济。

头部企业就是在新一轮科技革命与产业变革中，一个企业的出现与成长不仅开辟了一个全新的模式、全新的业态乃至原创的产业，还引领了新模式、新业态、新产业的生成发育。头部经济之所以重要，不仅在于它自身能够实现爆发成长，还在于能够迅速带动地方实现产业发展。对于很多地方产业发展而言，需要通过大力发展以"一企一业"新物种企业为代表的头部经济，建设产业生态总枢纽。

3.5.3 培育一批平台型的产业组织者

在新的历史条件下，加快产业振兴核心是培育一批平台型的产业组织者，并发挥其产业组织能力：一方面，通过"大型总部企业＋平台化""本土化总部＋兼并收购""制造基地＋产业高端化""第二总部＋新业务创新""产权交易所＋资源流转""金控集团＋产业链整合"等方式加快存量提升；另一方面，通过"交易平台＋产业数字化""平台企业＋生态圈衍生""头部企业＋产业跨界""源头企业＋生态链构建""硬科技＋前沿技术创业""跨境电商＋产业互联网"等方式加快增量培育。

一是大型总部企业＋平台化。针对具有一定产业规模、资本实力、技术水准和组织能力的大型总部企业，全面实施大企业平台化战略。引导大型总部企业依托其对技术、资本或市场的控制力和影响力，综合采用战略投资、创新中心、研发众包平台、开放创新生态圈、共享产能及创新资源等方式，以终端产品的市场创新为牵引，以创业创新服务平台为接口，以中小企业原创的集成创新为契机，以敏捷供应的组织创新为途径，以产业资本的金融创新为纽带，加快建设成为行业或地区创新生态中枢和新兴产业组织者。

二是本土化总部＋兼并收购。加快本土大型企业集团、高技术大公司以及行业龙头企业借助资本运作全面实施集团化、国际化、公众化，培育一批具有全球视野、品牌形象好、带动系数大、综合效益好的跨国公司。引导具有一定经营规模和综合发展优势、拥有自主知识产权和自主品牌的本土企业突出龙头企业总部经济特征，引导企业引进国际化经营管理与资本运作人才，促进企业跨行业、跨地区、跨国别实施兼并重组、跨国并购、改制上市，强化国际品牌创建、技术标准研制、品牌形象策划、品牌推广等方面的政策集成与专业服务，通过供应商本地化带动产业链上中下游大中小企业"抱团"发展。

三是制造基地＋产业高端化。顺应跨国公司的海外布局呈现出"生产 -> 研发 -> 投资／总部 -> 平台"的变化趋势，围绕制造型总部开展"二次招商"与合作升级，加快从过去的生产制造全球化进入研发（R&D）全球化阶段，推动以全球技术战略为核心实施跨国贸易、投资、经营和国际合作。引导并支持跨国公司通过布局区域总部，将研发、生产、销售等全价值链流程在目标市场就地整合，不断提高本地化程度；引导支持跨国公司增设研发平台、产业创新平台，如通过布局产业创新平台、技术加速器及成果转化中心、创新创业孵化基地等，加快以自有知识产权技术为核心的产业创新生态圈建设。

四是第二总部＋新业务创新。依托地区产业优势、人才优势、环境优势、政策优势，积极引进培育国内外跨国公司、央企国企、上市公司、产业集团、平台企业以及新物种企业的第二总部，并综合采用场景供给、市场开放、产业组织、协同创新、资本支撑等方式促进第二总部发展成为新业务策源地。引导支持第二总部打破总部传统经营管理理念、成熟运作模式、产业技术路线、人力资源机制、体制机制障碍等，加快将具有新产品、新技术、新服务、新市场、新业态、新模式、新场景、新组织等属性的创新型业务投资落户园区，并采用场景赋能、技术赋能、资本赋能、人才赋能、产业赋能、政策集成等多种方式促进其新业务爆发成长。

五是产权交易所＋资源流转。整合各类国际性、国家性以及行业性、地区性交易平台资源，加快布局打造具有一定国际声誉、国家影响、地区作用的交易市场，全力打造地区权益体系。整合区域知识产权交易、文化产权交易、存量房权交易、土地流转等权益类的要素交易平台资源；搭建专业化的进口装备交易市场等，如布局建设若干进口商品展示交易中心等；积极布局和发展碳汇交易市场。

六是金控集团＋产业链整合。支持一批具有条件的地方平台公司、民营产业集团、企业财务公司、战略投资机构以及其他金融机构等加快向金控集团方向发展，通过金融资本与产业资本融合带动产业整合，加快培育一批金融型总部经济。引导支持具有条件的市场主体、金融机构或创新主体牵头组建金融控股公司，通过集团公司与成员企业间基于产权关系的战略管理、财务管控等提高资源配置能力，在综合经营过程中加快实现资本投资最优化、资本利润最大化；加快引进国内外质优金融控股集团落户，提升资本运营能力。

七是交易平台＋产业数字化。围绕产业数字化，加快在若干行业或垂直领域引进和培育一批产业互联网平台，加快发展成为具有一定产业组织能力、资源配置能力、财富分配能力的垂直化的平台型总部。引导并支持一批产业互联网平台借助交易平台实现需求与供给、买方与卖方、上游与下游、B端与C端的有机结合，从流量驱动到数据驱动；并通过产业数字化实现工业与商业、制造与服务、工场与场景的有机结合，从自动化到数智化、从大批量生产到大规模定制，最终实现生产生活方式的贯通。

八是平台企业＋生态圈衍生。在消费互联网、社群互联网、工业物联网、产业互联网等领域，加快引进培育一批平台企业，通过提升平台企业衍生能力培育一批新物种企业，涌现若干平台型总部。引导支持平台企业加快构筑开放创新生态圈，通过"引进培育一个平台企业、带动一个生态链导入、衍生一批新物种企业、培育一个原创细分产业领域"的发展态势，促进平台企业与流量商务、智能制造、社群服务、新型连锁、企业商务、智能终端、物联生态、智能应用、数字内容等细分业态紧密结合，发育成为生态化的平台型总部企业。

九是头部企业＋产业跨界。引进培育对两个及以上行业具有跨行业影响力、号召力、穿透力、领导力的头部企业，引领产业跨界融合与业态创新，发展成为创新型总部。引导新经济头部企业综合采用"互联网＋""物联网＋""数据＋""智能＋""区块链＋""生物＋"等方式加快技术跨界、服务跨界、产品跨界、市场跨界，并在制造业服务化、服务业制造化、产品即服务、制造即服务、软件即服务过程中加快产业业态创新，利用新经济加快将传统产业重新做一遍，培育出改变生活方式的新场景新业态。

十是源头企业＋生态链构建。加快引进培育具有研发源头、技术源头、人才源头、知识源头等属性或功能的总部企业，促进区域加快技术试错、产品试错、企业试错、市场试错和产业试错。强化地区创业企业、高校院所、服务机构等创新主体，加快将科教资源、研发资源、智力资源、创新资源等流向创业、企业、产业，并加快创新服务产品化、集成化、便利化、网络化，促进创新生态与产业生态的闭环发展及协同演进，促进高端创新资源及产业要素有机结合，最终将源头的资源、流量、能力与生态的圈子、服务、氛围相结合。

十一是硬科技＋前沿技术创业。引进培育高能级科创服务平台与重大创新基础设施，加快以尖端科技带动产业科技、以基础研究带动原始创新、以单点突破带动群体突围，加快培育战略性总部。将面向未来科技、引领未来产业与立足应用技术、服务军民应用相结合，强化大科学装置、前沿基础研究、靶向应用研究、高水平产学研结合与硬科技创业、未来产业、先导产业、原创产业、战略性产业有机结合，突破前沿科技、瓶颈技术、重大工程技术等，加快从以针尖产业、尖端技术、顶尖平台、拔尖人才为内涵的"四尖科技"，到以新技术、新模式、新业态、新产业为代表的"四新经济"发展。

十二是跨境电商＋产业互联网。加快从货物贸易向服务贸易、数字贸易方向转型，引导跨境电商与产业互联网深度合作，加快在信息技术服务贸易、数字内容服务贸易、新兴业态服务贸易等细分领域培育一批贸易型总部。把握数字贸易发展机遇，以产业互联网平台、跨境电商平台融合为突破口，提升服务贸易和货物贸易数字化应用，推动贸易数字化转型、贸易服务数字化变革，加快从线上线下相结合到云端云台相结合，开展从"买全球、卖全球"迈向"买卖全球"的商业模式创新，推动大数据、物联网、区块链、人工智能等数字技术在数字贸易、服务贸易、货物贸易等行业的应用，助力打造国内国际双循环枢纽。

改革开放以来，在"国际大循环经济发展战略"条件下，经由冷战后加速承接产业梯度转移和社会主义市场经济转型，尤其是"入世"后全面拥抱经济全球化和"中国制造"的优势无限放大，最终形成了基于外向型工业经济体的运行模式、发展模式、组织模式、循环模式，以及传统工业化为主的产业发展模式。整体而言，无论是外向型工业经济体还是传统工业化，不仅是难以为继，更代表了一个落后农业国走向现代工业国、新兴经济体受制于发达经济体、新兴大国崛起开始挑战传统国际政治经济秩序。在"双循环发展新格局"条件下，核心是寻求一个现代的工业大国走向产业强国、代表新兴经济体与发展经济体共建新型国际政治经济秩序，核心是全面加快从外向型工业经济体走向开放型创新经济体，以经济形态、产业结构转变带动贸易方式、贸易结构转变，从全球商品流转、创造财富到全球资源配置、分配财富。这其中，开放型创新经济无论是运行模式、发展模式、组织模式，还是循环模式，都取决于产业振兴与发展的基石，需要以泛工业化为引领，打好新经济、高科技、工业化的战略组合拳，构筑具有绿色化、数字化、现代化特征的产业体系，加快产业结构演进，创新产业组织方式，以产业高质量发展支撑双循环发展格局构筑和经济社会高质量发展。对于历经充分产业发育和工业化实践的经济发达地区，需要率先将高质量发展、高水平发育、高效能循环和高速度增长有机结合，从工业化、高科技到新经济；对于未经充分产业发育和工业化实践的经济后发地区，需要在双循环发展格局下坚持走泛工业化发展道路，打好工业化、高科技、新经济适配的组合拳。

04 产业创新驱动：从跟随创新到原始创新

整体而言，产业革命发端于技术创新，成就于金融创新，落地于商业模式创新，展现于业态创新，取决于组织创新。在微观上的技术创新、金融创新、模式创新、业态创新、组织创新等有机组合，成为产业中观层面创新发展的重要动力，最终促进经济宏观层面的创新驱动发展。如今我们将产业技术创新作为产业创新的重要源头，来进一步审视产业创新驱动发展。整体而言，创新驱动打破要素驱动、投资驱动的传统增长与发展模式，将在技术进步的带动下实现发展模式、增长方式的系统转换。而产业创新发展不仅有着自身的发展导向、战略取向和基本模式，还有着内在的发展主线、基础设施和竞争策略，更有着一定的突破口、着力点和着重点。只有微观基础的不同创新，与产业中观的创新和宏观经济的创新发展有机结合，才能不断提高创新层级，系统转换创新范式。

4.1 把握产业技术创新环境之变

4.1.1 产业技术创新与经济发展

如前所述，市场经济中重大技术变化以革命形式出现，资本主义世界约每30年经历一次钟摆运动。在导入期，金融资本在自由市场下推动革命性新技术，两极分化加剧；后进入生产性投资主导的展开期，潜力充分释放，社会福利得到扩散；中间是凯恩斯化的转折期；再就是钟摆转折。新技术早期往往会导致经济出现动荡和不确定性，但风险企业家在创业投资的支撑下，加速推动技术创新的繁荣和创业资产的几何级数增长。譬如在2008年，由于金融资源错配——金融创新脱离实体经济尤其是创新经济所需，经多重传导机制造成国际金融危机；而在金融回归过程中，金融创新与科技创新紧密结合,加速了创新全球化的到来,新一轮产业技术革命随之蓄势待发。

在新一轮产业技术革命条件下,产业价值链分解、融合、新业态涌现越来越快,技术生命周期从以往的"三十年河东、三十年河西"的长期钟摆,到了目前"三年河东、三年河西"的短期钟摆。这场产业革命的根本动力,近似于以云计算、大数据、移动互联网、物联网为代表的新一代信息技术和制造业结合,出现了产品即服务、制造即服务等重要趋势。无论以往的信息化、自动化,还是目前热门的智能化、智慧化,都是产品技术层面的创新,数字化则成为这场巨变的集中体现及最高形态。而数字化的出现,则意味着以往的产业技术革命影响的是生产方式、生产的制度结构,而新一轮产业技术革命带来的数字化通过影响人类的生活方式、生活的行为模式颠覆以往的生产方式及其制度结构。

4.1.2 产业技术创新的环境变化

当前,我国产业创新发展呈现出如下六个发展趋势:一是以高端资源集聚为基础。新兴产业具有人才密集、知识密集、技术密集等特点,在其发展过程中不仅需要吸引集聚高校院所、科研条件平台、重大科技项目等科教资源,更要将高端人才作为跨越发展的突破口。二是以科技创业为核心灵魂。科技创业依托体制机制创新、产业组织创新及文化创新,将技术创新、产品创新、商业模式创新、业态创新集成为一种永续经营的事业,构成了最大的创新。三是以协同创新为根本动力。不仅要探索完善以市场需求为导向、以企业为主体、以政府为引导、高校院所及中介组织为支撑"政产学研金介用"相结合的模式,还要以体制机制创新为先导,以产业组织创新为支撑,以技术创新、商业模式创新为主体,以文化创新为补充,构建多位一体的创新驱动格局。四是以技术转移为关键环节。针对技术生命周期的瓶颈环节,全面优化企业创业孵化、中试开发、技术转移、规模生产、示范应用条件平台及配套机制,加速将创新源头的科技成果转移转化,全面提升产业企业的产业化组织实施能力。五是以科技服务为重要支撑。科技中介服务机构、科技金融服务机构、科技商务服务机构、科技创新服务机构等,是促进科技与人才、资本、文创、产业等有机结合,促进政府、企业、高校院所、社会组织各创新主体紧密连接的纽带。六是以集群发展为成长生态。通过企业集中布局、产业集聚发展、资源集约利用、功能集合构建等，打造具有产业高度集聚、企业协同发展、产业链条完善、服务配套完备、综合效益突出等特点的新兴产业集群，是高新技术产业集聚发展、引领辐射的重要抓手。

与此同时，内外部发展环境发生了一定的变化：一是战略位势的变化。我国自"入世"以来，主要借助贸易部门带动将农业部门剩余劳动力转移到工业生产部门，最终将"中国制造"推向全球。进入"入世"后的第二个二十年，需要更加注重科教部门的引领，将科教智力资源转化为产业界的创新引擎。如果说以往是贸易带动制造，那么当前及未来需要是科技创造财富。二是产业规律的变化。当前，技术生命周期越来越短，导致新的爆发式增长和传统的断崖式塌陷并存，也便是新常态出现的根本原因；产业运动规律从分解、融合、新业态，到了产业分解、融合和跨界，既需要企业的跨界融合，也需要政府的跨界融合使产业发展路径不再是过去招商引资的外生增长，而是依赖于高水平创业的内生发展。三是价值主张变化。新思想、新技术、新模式、新业态的"四新"内涵发生变化，以前技术是产品的核心甚至是全部，但在新经济条件下，技术是可以被超越的，而且仅仅成为产品的一项组成部分；模式往往是特定条件下的"赢者通吃"，有赖于因势利导、环环相扣的商业逻辑；而在新模式的背后恰恰是新思想的支撑；只有在新思想、新模式、新技术的条件下才能产生新业态。四是组织方式的变化。产业组织创新的核心是将开放式创新作为集体行动的逻辑，而且将过去的产业链让位于产业生态，不再是链式的"你死我活"的竞争，而是网络化的共生共荣。而创新生态的核心是激励结构重建，营造创新生态将成为产业创新工作的主线。伴随产业越来越复杂、创新越来越复杂，枢纽型社会组织已经成为重要政策工具，更多的要发挥第三方、创新型社会组织的作用。五是资源配置的变化。地区发展需要在创新全球化条件下的资源配置环境，需要面向全球范围进行资源配置，形成更大范围、更高层级的开放式创新；以前是人和要素跟着资本走，如今所有的资本、技术、要素都将跟着人走；需要将科技人才、科技创新、科技创业、科技金融、科技服务、科技园区等融合在一起，打破条块分割，实现跨行政系统配置资源；进一步处理好政府与市场的关系，纯公共产品需要以政府作用为主，准公共产品可以政府引导的市场化运作，而基本由市场化可以解决的公共产品尽量交给市场。六是政策体系的变化。当前，科技政策、产业政策等加速趋同，无论是科技政策在技术生命周期上，还是产业政策在产业生命周期上都呈现出往前位移的趋势；伴随产业技术创新，科技工作的边界发生了较大变化，不再是原来的"小科技"而是"大科技"；创业成为科技创新的突破口以及科技政策的核心。

4.1.3 新阶段产业技术创新要求

当前，我国产业创新具有如下特点：从产业技术的角度来看，东南沿海发达地区在产业发展及创新链条后端具有一定优势，目前注重科技成果的转移转化，中后端略有优势，但中前端较为薄弱。未来需要围绕产业链条，在创新链条上从中后端向中前端延伸。而在产业领域上，更应该侧重新材料、新装备、新一代信息技术、现代服务业等新兴领域。从创业代际的角度来看，不仅需要将科技人才、科技孵化、科技金融相结合，鼓励支持跨区域创业、系列创业、产业组织者创业等，还需要探索中国的企业家 + 国外科学家、中国的市场 + 国外的产品技术、土鳖 + 海归 / 海鸥等创业形式，更需要一批成功企业家做天使投资等，核心是科技创业。从产业服务的角度来看，尽管科技服务作为创新驱动的支撑已上升为国家战略，但很多地区缺乏一个从培育服务体系建设到实现产业化发展的过程。各类产业创新服务可能不仅要坚持产业化发展，还要强化服务体系建设，也就是在用作产业的方式做事业、用作事业的方式培育产业，并探索完善服务创新创业的新机制、新模式、新形式。从功能载体的角度来看，当前及未来"经开区"与"高新区"将加快融合发展，在局部领域各有侧重，最终将经开区代表的扩大开放、工业化主导、招商引资、做大体量，与高新区代表的信息化主导、创业创新、提高质量等有机结合。从对外开放的角度来看，需要打破外部需求拉动、货物贸易为主的出口导向型外向经济，从商品输出、产能输出到资本输出、技术输出、模式输出，更好地利用"两种资源，两个市场"，在全球范围配置资源、创造财富和分配财富。从内部改革的角度来看，需要打破传统产业管理逻辑及线性思维，不仅以开放式协同创新打破条块分割、建立跨行政系统跨地区配置资源的格局，还要建立抓源头、抓中前端、抓创业孵化的组织方式。

在未来发展过程中，需要坚持如下发展要求：一是以科教智力为先导，运用科技创造社会财富。依托丰富的科教智力资源与创新资源，大力发展以高新技术产业及数字经济为核心的新兴产业，其特点在于用知识创造财富，打破传统依赖要素投入、投资驱动等发展模式。二是以创新创业为主题，构筑创新驱动发展格局。通过服务创新创业，使得掌握科技创新成果的人员构筑产业创新发展的内生动力和源泉。三是着力体制机制创新，探索完善自主创新之路。大力开展体制机制创新，推进政策先行先试，带动引导企业微观经营机制、资源配置机制以及区域协同创新体系、产业发展模式、政府管理体系等展开持续协同创新。四是培育发展新兴产业，辐射带动区域经济发展。不仅通过新产品、新技术、新工艺的研发与创新力求在激烈的竞争中立足，还在自主知识产权、产业生成方式、产业管理方式、商业模式上不断充实和革新，更要践行和输出高技术产业发展模式与新经济发展道路。五是以多边链接为支撑，提升开放合作发展层级。不仅通过区域创新网络建设，引导内部系统从单打独斗、封闭式创新向开放式协同创新转变；还通过与国内外创新高地的交流及合作，吸引高水平要素资源，力争在全球范围内优化资源配置。

4.2 重识创新驱动发展基本范式

4.2.1 创新驱动发展的一般解释

如前所述，"创新驱动"一词最早由著名管理学家迈克尔·波特提出，"创新驱动"在我国最早应用于科技园区发展领域，强调的是一种依靠技术创新、商业模式创新、业态创新、产业组织创新、体制机制创新、思想文化创新的发展范式。直到中共十八大报告中明确提出"实施创新驱动发展战略"，

"创新驱动"便从局部到全局,上升为国家战略。

总体而言,"创新驱动"的提出根本上是由我国经济社会发展整体上从工业化后期向后工业化过渡的发展阶段决定的,具体而言是需要打破传统发展模式下"转方式、调结构、稳增长"的"三元悖论、三难选择"所倒逼的。在创新驱动格局下,"转方式"所"转"的,并非形而上的发展方式,而是形而下的激励企业家的具有全新盈利空间、利润空间的生产方式,核心是将新一代信息技术与制造业结合,将产业技术革命与经济发展方式转变相结合;"调结构"所"调"的,并非产业界面以上的产业结构,而是产业界面背后的行业利润率或行业格局,核心是让创新得到超额回报,让非生产性的租金、浪费或掠夺得到抑制;"稳增长"所"增"的,不是经济基本面上的经济体量,而是人的社会价值及福祉得到不断的挖掘、发挥和体现,创新驱动的本质是人的驱动。

在创新驱动发展过程中,不仅要从创新方向、创新主体、创新人才、创新资本、创新平台、创新环境六大要素抓起,还要处理好市场机制与政府作用、增量培育与存量提升、深化改革与扩大开放等方面的关系。在创新方向上,往往需要借助市场机制选择与政府前瞻布局相结合的机制,加快构建新兴的现代产业体系;在创新主体上,打破"小微企业、规上/骨干企业、龙头企业"静态、线性的传统工业产业管理范式,建立"初创企业、瞪羚企业、高技术大公司"新经济的产业管理范式及科技企业梯队;在创新人才上,打破要素驱动、投资驱动阶段"人跟着要素走"或"人跟着资本走"的机制,建立"技术跟着人走",以人为核心的资源配置机制、创新环境氛围;在创新资本上,推进金融资本与产业资本相结合,形成政府资金与社会资金、直接融资与间接融资、产业资本与金融资本有机结合的科技金融创新体系;在创新平台上,发挥各类科技园区的创新平台、服务平台、政策平台作用,加快将其高技术产业发展模式及新经济道路向经济技术开发区等其他开发园区转移;在创新环境上,树立"用科技创造财富"的发展理念,培育"容忍失败、宽容异端、鼓励原创"的创新精神,宣贯"生生不息、传帮接带"的创业文化,形成"创意挖掘、创业育孵、创新循环"的服务环境。

4.2.2 创新驱动发展的相关研究

伴随科技进步、社会发展，世界范围内对创新的认识、对创新驱动的理解是在不断演进的。特别是知识经济到来，创新驱动进一步被研究、被认识。某种意义上，创新驱动是企业家在特定文化观念、制度结构下，将生产要素资源、科学技术水平、人力资本结构及生态环境成本等方面组合重构形成的、打破平衡态的全新生产函数。如下结合传统生产函数、熊彼特创新理论、凡勃伦技术决定论、新制度经济学理论以及波特创新驱动理论、创新 2.0 模式、GEI 创新驱动解构论等，提出以创新驱动为动能函数，审视和看待创新驱动发展的一般逻辑及机理。

传统生产函数。传统意义的生产函数（Production Function）是指在一定时期内，在技术水平不变情况下，生产中所使用的各种生产要素的数量与所能生产的最大产量之间的关系。在古典经济学分析中，通常只使用劳动（L）和资本（K）这两种生产要素，所以生产函数公式为 Q = f(L, K)。

熊彼特创新理论。创新 [1] 作为一种理论，可追溯到 1912 年美国哈佛大学教授熊彼特的《经济发展概论》。他把创新定义为建立一种新的生产函数，即企业家实行对生产要素的新结合，他提出："创新是指把一种新的生产要素和生产条件的'新结合'引入生产体系。"这包括：1.引入一种新产品；2.采用一种新的生产方法；3.开辟新市场；4.获得原料或半成品的新供给来源；5.建立新的企业组织形式。其中，熊彼特认为经济生活中的创新和发展并非从外部强加而来的，而是从内部自行发生的变化；资本主义经济打破旧的均衡而又实现新的均衡主要来自内部力量，其中最重要的就是创新，正是创新引起经济增长和发展 [2]。此后，土地等自然资源要素（N），尤其是

---

[1] 起源于拉丁语，原意有三层含义：更新、创造新的东西、改变。
[2] 熊彼特在由创新波动引起的繁荣和衰退交替出现的"纯模式"的基础上，提出了"第二次浪潮"的概念，即创新浪潮的后续反应，其特点是需求、物价和投资膨胀，投机行为急剧增加，并导致失误和过度投资。由此说明了"纯模式"和资本主义实际经济周期的"四阶段模式"（繁荣、衰退、萧条、复苏）之间的内在联系。他还认为，由于经济领域中存在多种创新活动，而不同的创新活动所需的时间长短不一，对经济的影响范围和程度也各不相同，从而出现多种周期。

企业家才能（E）等因素，亦被纳入生产函数当中，从而形成 Q= f（L，K，N，E）。

凡勃伦技术决定论。技术决定论最早是由托斯丹·邦德·凡勃伦(Thorstein B.Veblen)于1929年在其著作 *The Engineers and the Price System* 中首次提出。它建立在两个重要原则基础之上；一是技术是自主的；二是技术变迁导致社会变迁。按照这一学说，传统意义的生产函数之假设——"在技术水平不变的情况下"似乎并不成立，而生产函数的公式亦可以修订为 Q= f（L，K，N，T，E），其中 T 代指为科技水平。

新制度经济学。新制度经济学将制度作为一种经济增长的内生变量，并指出新古典经济分析框架遗漏的东西包括制度、产权、国家和意识形态等。如果按照这一理论，生产行为不能脱离于特定的制度条件及文化环境，而生产函数几乎可以修订为 Q= f（L，K，N，E，T，I）。

波特创新驱动理论。如前所述，创新驱动最早由著名管理学家迈克尔·波特提出，他以钻石理论为研究工具，以竞争优势来考察经济表现，从竞争现象中分析经济的发展过程，从而提出国家经济发展的四个阶段：生产要素驱动阶段、投资驱动阶段、创新驱动阶段和财富驱动阶段。前三个阶段是国家竞争优势的主要来源，一般伴随着经济上的繁荣，而第四个阶段则是个转折点，可能由此开始衰退。

创新 2.0 模式。进入 21 世纪，信息技术推动下知识经济的形成及其对创新的影响进一步被认识，科学界进一步反思对技术创新的认识，创新被认为是各创新方向、创新主体、创新要素、创新网络、创新平台、创新机制、创新环境交互复杂作用下的一种复杂涌现现象，是创新生态下技术进步与应用创新的创新双螺旋结构共同演进的产物，而关注价值实现、关注用户参与的以人为本的创新 2.0 模式也成为 21 世纪对创新重新认识的探索和实践。

综上所述，我们认为"创新驱动"是在企业家主导下、在特定文化观念(C)及生产制度结构 (I) 下，将生产要素资源（L，K，N）、科学技术水平 (T)、人力资本结构 (L/E) 及生态环境成本 (E') 等方面组合重构、打破平衡态的全新生产函数或动能指数。具体而言，体现在 Q=[R（L，K，N）×T×E

–E'$]/I \times C$ 公式中。其中，"R（L，K，N）×T×E"体现的是资源要素在不同技术条件下由企业家重新组合的层级及水平，[R（L，K，N）×T×E –E'] 体现的是扣除生态环境成本，而"I×C"体现的是特定观念文化与生产的制度结构。其进一步含义是，企业家（含创业者）在特定观念文化、生产的制度结构条件下，实现劳动力、资本、资源等生产要素在不同技术条件下全新组合的能力及水平。

4.2.3 创新驱动范式的系统转换

历经"入世"第一个十年发展，中国在贸易部门带动下，将农村剩余劳动力转移到生产制造部门，把中国制造走向了全球，并于 2011 年实现了工业产值超越美国居全球第一，但产业技术整体水平处于全球第三阵营。以至于时任美国副总统的拜登在 2012 年 2—3 月多次发表讲话中强调，"更大的开放性和普世人权的保护是促进所有国家创新的最好方式，中国也不例外"；认为"专制体制限制人们的思考，禁锢创新精神"，"美国的经济相比中国经济，至少有一个关键的优势——创新"，而这种优势又依赖于"美国自由"；认为"美国仍然是全世界最具创新能力的国家"，而"依中国目前这种体制，中国无法主导世界，美国才能主导世界"，并不客气地说"中国缺乏创新能力"。某种意义上，这是拜登给中国"自主创新、建设创新型国家"泼的一盆冷水。

在长期发展过程中，美国的确凭借自由主义的文化、创新条件的完备、大量技术移民的融入、全球经济霸主及新兴产业引领者的地位等等，在全球呈现出创新环境最好、创新群体最大、创新能力最强、创新段位最高的发展态势。但不同的国家或时代需要有不同的创新范式，而不同的范式则取决于一国特定的发展阶段及战略需求。就技术层面、需求层面、竞争层面而言，发达国家往往需要原始创新、颠覆性创新和引领性创新，而欠发达国家更多地需要集成性创新、适应性创新和跟随式创新。

对于中国创新发展的判断，首先应该立足于中国欠发达的发展阶段，着眼于中国的超赶战略。中国改革开放第一个四十年，就是通过大量跟随式创新紧紧跟上了世界发展的步伐，缩短了与发达国家的差距。而进入改革开放的第二个四十年之后，随着中国经济实力的增强和国际地位的提升，以及"自主创新，建设创新型国家"战略的提出，中国需要从原有的创新范式逐步向集成创新、适应性创新同原始创新、颠覆性创新和引领性创新并重的创新范式转变。但创新范式的转换需要一个长期的过程，不仅要弥补人家发展几百年沉淀下的差距，还要破除几千年来留下的思想文化包袱，更要扫清六十年来累积下的体制机制障碍。

4.3 产业创新发展战略及其取向

4.3.1 产业创新发展的六个面向

中国上一轮的科技中长期规划是从穷国到富国的逻辑，也就是以自主创新带动开放创新，建设创新型国家；如今这一轮的科技中长期规划是从富国到强国的逻辑，需要以引领创新带动自主创新，实现高水平科技自立自强。重在以系统性创新，实现资源要素适配、创新能力适配、组织方式适配，将中长期的长期主义与"十四五"的经世致用有机结合。从资源配置来看，主要是科教资源、智力资源、创新资源、产业资源、财政要素、政策资源如何适配，核心是将科教智力资源的"池子"、科技服务业的"台子"、科技创业的"种子"、高科技园区的"篮子"与新技术、新模式、新业态、新产业的"果子"有机结合。从创新能力来看，主要是产品工艺创新、产业技术创新、科技引领创新三个段位，以及产品技术创新、产业技术创新、商业模式创新、产业业态创新、产业组织创新、体制机制创新的六个方面。很多地区在局部以科技引领产业创新，重点突破产业技术级的创新，在短期内依靠产品工艺创新，并形成"六位一体"的全面创新。从组织方式来看，主要是从创新体系（让创新有依托）、创新网络（让创新成为集体行动）走向创新生态（让创新成为无所不在的空气）建设，具体包括产业生态、数字生态、研发生态、创业生态、金融生态、服务生态等。

一是面向国家战略，就是全面贯彻落实国家战略部署和战略要求，积极承担国家重大项目、重大平台、重大工程等，成为国家战略科技、国防科技、战略产业、创新体系等战略发展的核心载体，支撑科技自立自强发展。二是面向未来发展，就是聚焦新一轮科技革命前沿领域实现突围，加快将硬科技、深科技、黑科技与产业变革、生态环保、社会民生、城市管理等紧密结合，以前瞻的未来思维应对新一轮发展挑战，培育中长期发展动能。三是面向产业突围，就是以市场为牵引、以产业为导向、以企业为主体、以高校院所为支撑，提高新研发水平，加快培育科技创业、高新技术企业、硬科技新物种、搞技术大公司，加快将科技成果转移转化为生产力和财富，提高产业发展层级和规模体量。四是面向区域协同，加快将科教智力资源密集优势与金融投资优势、产业化优势、资源优势、生态优势等有机结合，促进资源优势、投资优势、产业优势、投资优势相互贯通和高效转化。五是面向重点突破，就是通过体制机制创新和政策先行先试，围绕重点环节、瓶颈关节、共性问题等，通过科教融合、产教融合、科金融合、文科融合、军民融合、产城融合等不同路径，优化资源配置，提高创新效率效益，建立适宜新兴产业发展和科技自立自强的新体制新机制新平台新模式。六是面向国际引领，就是面向具有全球影响力的科技创新平台建设目标，以人才国际化带动创业国际化、以创业国际化带动创新国际化，加强国际交流与合作，抢占新一轮发展主导权、主动权和先机。

4.3.2 产业创新发展的战略选择

随着经济全球化及区域经济一体化发展，国际竞争日趋激烈，世界主要国家积极抢占产业发展的战略制高点，国际政治经济格局、国家战略部署及区际竞争格局处于重要的调整期、变革期。在此背景下，要素驱动、投资驱动、出口拉动的传统经济发展方式以及划地成园、招商引资、外资带动的产业发展模式难以为继，而依靠科技创新、产业组织创新、促进高技术产业及战略性新兴产业发展等则成为转变发展方式、提升区域产业竞争力的根本途径。当前及未来，我国产业创新发展面临的战略形势及相应的模式选择包含如下方面。

一是国际产业价值链加速分工、转移与竞争，全球政治经济格局进一步重构，产业主导权成为区域产业发展的导向标。从产业价值链来看，上游的研发、设计、检测环节和下游的交易、服务环节成为附加值最高的环节；生产制造环节的附加值越来越低，特别是其中的组装和低端制造环节。而在全球经济一体化及全球竞争的过程中，发达国家凭借对技术、市场、资本的优势地位，占据了国家产业价值链的高端环节，并将中低端环节向发展中国家及欠发达国家转移；新兴经济体在承接产业转移的同时，不断围绕国际产业价值链进行攀升、融合、挖掘、分解与重组，国际产业价值链竞争日益加剧，以中国为首的新兴经济体被推向国际竞争的前台，全球政治经济格局加速重构。这其中，我国的国际地位及影响力不断上升，但也面临与发达国家、发展中国家双重竞争的格局。当前及未来，需要以掌握产业主导权为战略目标，不断加强对产业技术、产业资本、国际市场的驾驭与控制能力将成为我国产业创新发展的着眼点。

二是新一轮产业技术革命蓄势待发，新经济发展加速纵向深化，"创业、孵化、集群"产业发展路径亟待成熟和扩散。新一轮科技革命与产业变革来袭，数智科技、生命科技、材料科技、能源科技、空天科技等领域将出现重大技术突破，为后发国家和地区参与国际竞争提供了战略机遇。同时，发达国家以绿色经济、低碳经济等为手段积极抢占全球科技创新与新兴产业发展的战略制高点，新技术新产品、新模式新业态、新战略新门槛层出不穷，加大了新兴经济体的发展压力。当前及未来，需以创业承载技术创新、产品创新、商业模式创新、业态创新，以孵化为战略性新兴产业、原创性新兴产业构建良好的发展环境，以产业集群为载体围绕产业链构建新兴产业、新经济联动发展的区域共生网络，将成为我国产业创新发展的战略选择。

三是我国经济社会运行基本面良好，国家战略发生重大调整，"创新驱动、内生增长"成为区域产业发展的战略抉择。经过四十多年的发展，我国发展成为世界第二大经济体，工业化、城镇化进程加速，居民消费结构升级蕴藏着巨大的需求潜力，社会主义市场经济体制不断完善，一些重点领域和关键环节的改革稳步推进，经济社会发展的活力与动力强劲，使我国具备各种较快发展的基础和条件。同时，我国确立了自主创新、经济发展方式转变、产业结构调整与升级等重大战略部署，并将发展战略性新兴产业、构建现代产业体系作为未来一段时期内的战略重点，对区域产业发展提出了更高的要求。当前及未来，我国地区产业发展需要从要素驱动、投资驱动向创新驱动、价值驱动转变，从依靠招商引资向培育本土企业转变，从以工业发展带动投资及出口向以服务业发展拉动消费转变，加速形成"创新驱动、内生增长、内涵发展"发展格局。

四是区域间的合作与竞争加速了产业发展要素和创新资源的融合与争夺，错位竞争、上下互动成为统筹发展的关键。一方面，随着国内产业转移及区域经济一体化发展，区域各类产业发展要素和资源进一步融合，将在较大程度上拓宽中心城市的发展腹地，并带动周边区域的发展，可借助区域间交流和协作，逐步形成资源共享、产业互补的发展格局，全面提升自身的竞争力、辐射力与影响力。另一方面，为承接产业转移，大量中心城市及周边城市积极争取先行先试政策及国家规划布局，通过集成政策资源、发展规划布局等，以较大的政策力度吸引和集聚产业发展的关键要素及资源，并形成以都市圈城市群大功能区带动产业发展的格局，进一步加深了区域竞争压力，甚至引发重复建设等问题。当前及未来，我国地区产业创新发展需进一步明确特色与目标，在站稳"位"的基础上，积极跨入国家规划布局或区域规划布局的序列。

4.3.3 产业创新发展的基本模式

在构建创新驱动格局或者发展新经济方面，往往有四大主攻方向或着力点，主要涉及增量培育、存量提升以及扩大开放、深化改革。对于很多地区的发展而言，很可能是"以科技创业带动自主创新、以业态创新推动转型升级、以全球链接强化资源整合、以结构改革加速协同创新"。

"以科技创业带动自主创新"就是着眼增量培育发展及抢占产业制高点，依托新兴产业创业活力，抓住新一轮产业技术革命带来的创业机遇，大力提高创业层级，重点围绕未来新兴产业、战略性新兴产业以及数字经济等领域，以科技创业集成创新，着力提升自主创新能力，强化科技成果转移转化，强化科技金融支撑，完善创业孵化体系，优化创新创业环境，加快培育一批源头企业、创业企业、高成长企业、高技术大公司，培育地区或城市创新驱动发展生力军。

"以业态创新推动转型升级"就是着眼存量优化提升及抢占产业主导

权，放大现代化经济体系完善优势，抓住新一代信息技术为代表各高新技术与制造业融合发展机遇，全力推进业态创新，重点针对传统优势产业、外向型产业及传统服务业等领域，推动制造业高端化发展，鼓励服务业商业模式创新，全面加强产业负面清单管理，形成"提转并关"的发展格局，打造地区及城市产业转型升级主力军。

"以全球链接强化资源整合"就是着眼扩大对外开发及资源要素的集聚，立足全球链接，抓住创新全球化机遇，强化资源整合，强化国际合作交流平台搭建，加快引进国外科教智力资源，支持企业绿地投资及跨国并购，大力推动跨国技术转移，实现"两种资源、两个市场"的充分利用，为区域及城市创新驱动发展提供战略支撑。

"以结构改革加速协同创新"就是着眼深化内部改革及开放式协同创新，以体制机制创新为突破口，抓住新一轮体制机制改革机遇，加快构建政府为引导、企业为主体、产业为导向、"政产学研金介"相结合的创新体系，建立完善跨部门跨地区配置资源机制，创新产业组织管理模式，改革科技管理体制机制，发挥社会枢纽组织作用，以体制机制创新激发市场、企业创新活力，为地区及城市创新驱动发展提供制度保障。

4.4 产业创新基本构架及其策略

4.4.1 产业创新发展的基本主线

在双循环发展大局上，产业创新发展的主线是构筑生态赋能的发展格局。这其中，产业生态是创新生态的主线，数字生态是创新生态的新段位，两者共同构成了创新生态的基本面；研发生态是创新生态的源头，创业生态是创新生态的灵魂，两者共同构成了创新生态的原动力；金融生态是创新生态的血液，服务生态是创新生态的基底，两者共同构成了创新生态的支撑点。具体而言，一是依托高校院所和高技术大公司打造"科教智力储存器"，核心是促进研发生态建设发育，提高研发创新水平和能力；二是依托创业服务机构、大学科技园、创业投资机构、大企业等创办"科技创业孵化器"，核心是促进创业生态建设发育，提高创业成活率；三是依托产业园区、产业集群、平台企业等建设"新兴产业路由器"，核心是促进产业生态建设发育，提高产业组织能力和新兴产业生成能力；四是依托数字平台、数字园区、数字创业等建设"数智科技连接器"，核心是促进数字生态建设发育，提高产业数字化和数据驱动发展能力；五是依托金融机构、投资机构建设"科技金融加速器"，核心是促进金融生态建设发育，利用金融资本促进企业和产业更高、更快、更强发展；六是依托科技服务中介机构等打造"科技服务处理器"，核心是加快服务生态建设发育，提高科技服务支撑能力和保障能力。

更进一步而言，产业创新生态的关系就是"池子、篮子、台子、种子、果子、柱子"的生态关系。这其中，"池子"就是科教智力资源蓄水池，主要是高校科研院所的科教源头、人才源头和研发源头；"篮子"就是各类园区，需要更多地进入国家和地区发展序列，打造若干战略创新主战场；"台子"就是科技服务业的基地；"种子"就是科技创业，包括科技初创企业、科技中小企业等；"果子"就是走出创业发展阶段的高新技术企业、瞪羚企业、上市公司等，出现更多的新思想、新技术、新模式、新业态；"柱子"就是高新技术产业，既能补工业化不足的位，还能卡全国高科技发展的位，亦能抢全球新一轮数字新经济的位。

4.4.2 产业创新发展的基础设施

在产业创新生态建设发育过程中，核心是将创新主体的微观活力、政策集成服务的合力、生态赋能的原动力以及开放协同创新的张力的有机结合。具体而言，是依托以下重点平台的建设运营，激活各地区、各行业、各领域的创新单元体、服务综合体、有机生命体、协同联合体的生命力，形成融汇创新单元活力、集成服务合力、生态赋能内力、协同创新张力的"共同体"。一是以新型研发机构突出创新源头，立足共性技术研发使前端与后端贯通，将产业技术源头、创业企业源头、产业人才源头、科技服务源头等有机结合，站在产业发展高度打造产业创新服务平台；二是以大型科学装置提高原创能力，依托较大规模投入和工程建设并通过长期的稳定运行和持续的科学技术活动，实现重要科学技术目标；三是以大学科技园区搭建创新桥梁，通过链接创新源头、强化创业源头、增强人才源头、孕育产业源头"第一公里"和"最后一公里"，成为科技成果转化、高新技术企业孵化、创新创业人才培养、服务社会经济发展的综合性平台；四是以科技创业社区衍生高端创业，加快建设一批具有集群性、多样性、多元化、综合性的创业孵化集聚区，探索具有局部创新生态圈功能的新型创业社区；五是以产业中试基地突围创新瓶颈，培育建设若干依托科研院所、政府、企业等，集应用技术研发、新产品中试、工艺流程优化、场景应用试验等服务于一身，兼顾后端创新孵化等服务的新型创新实体；六是以产业互联网平台优化产业组织，借助"交易平台 + 产业数字化 + 供应链金融"，面向生产者、消费者等用户，通过在社交、体验、消费、流通、交易、生产等各个环节的网络渗透达到优化资源配置、加速敏捷供应、提高消费体验，最终将生产方式与生活方式全面贯通；七是以政府引导基金助推做大做强，引导社会各类资本投向政府期望的产业、基础设施等领域，设立若干不同形式的引导基金，培育股权投资市场。

在此过程中，注重平台性、源头性、集成性、生态性、数字性和国际性六大属性。一是平台性。这种平台性，不仅是能够通过创新引导、资源链接等对各地区、各行业、各企业予以加持的创新赋能平台，也是通过产业组织、产业治理等对各地区、各行业、各企业予以促进的产业创新平台，还是通过科技服务、服务集成对各地区、各行业、各企业予以支撑的科技服务平台，亦是具有上下联动、左右协调、前后衔接的协同推进平台，更是体现各级政府以及不同部门作用的政策集成平台。二是源头性。这种源头性，既包括提供技术研发、技术供给、技术转移的技术源头，还包括提供人才培养、人才成长、人才流动的人才源头，亦包括创业孵化、创业试错、创业服务的创业源头，还包括产业组织、产业促进、产业生成的产业源头，更是体制机制创新以及政策先行先试的改革源头。三是集成性。需要产业创新组织者支持更多本地企业通过嵌入、融入国内外、省内外、市内外的产业链、创新链、资本链、服务链、供应链，进而获得商业成功，释放更大的平台价值、社会价值和创新价值。四是生态性。不是"大一统"的政府型服务体系，而是一个生态赋能的创新组织者，核心是通过营造更加开放、多元、活力、共赢创新生态，促进研发生态、创业生态、产业生态、数字生态、金融生态、服务生态适配，和科教资源、智力资源、产业资源、创新资源、财政资源、政策资源适配。五是数字性。数据驱动需要成为地区创新驱动发展的重要底座，需要借助数字化缩小与数字世界的距离，展现数字化时代创业创新脉搏，实现产业数字化、数字产业化与数字化治理的协同发展。六是国际性。在全球范围配置资源、创造财富和分配财富，以人的全球化带动创业全球化，以创业全球化带动创新全球化。

4.4.3 产业创新发展的竞争策略

当前，地区产业创新发展需要着眼自身发展水平及区域竞争力的提升，采用一定普适性的、组合式的区际竞争策略。

一是精准聚焦。重点围绕数智科技、生命科技、能源科技、数智装备、节能环保等新兴产业某几个领域以及高技术服务业、生产性服务业等若干新兴业态，着力发展其高端、高附加值、高辐射、强带动性、关键瓶颈等环节，逐步在若干领域掌握国际产业主导权并向国际产业价值链高端攀升和演进。在进一步发展特色产业、优势产业的基础上，强化新兴领域、新兴业态的培育，积极构建符合本地发展基础及战略需要的现代产业体系；实施专利标准战略，借助新型研发机构、产业技术联盟等组织方式集中解决关键技术、瓶颈技术与共性技术，通过掌握产业技术主导权围绕国际产业价值链不断攀升和演进；集成政策资源，大力发展总部经济，促进区域内外部企业管理运营、研发等高端环节的集聚。

二是规模集聚。依托现有科教智力资源等区位优势，在全球或全国范围内集聚高端技术、人才、资本等产业发展要素，构建区域竞争力提升的产业发展基础。依托高校院所、高端科研平台和优秀企业集聚前沿技术与高层次创新创业人才；鼓励产学研合作，在若干项目立项上强化企业的主导地位，加强关键技术、瓶颈技术的开发；以国际创新园建设、国家及地方各级人才专项计划实施等为契机，加强国内外高层次人才的引进；通过产业引导基金、成果转化引导基金等政策创新，促进国内外创业投资在本地区集聚，进而实现通过金融资本的集聚促进创业项目、人才等方面的集聚；借助体制机制创新，集成有利于高技术产业及高技术企业发展的政策资源。

三是范围整合。引导区域内部的资源整合、产业整合、空间整合及产业组织创新等，促进资源流动与产业发展要素融合，提高区域协同创新水平及区域产业竞争力。支持科研机构建立衍生企业、与企业共建联合实验室、开展技术许可转让或联合技术攻关等，加强产学研合作，在创新源头上促进科技成果转化与应用；通过公共技术服务平台建设，促进创新资源的共享，提高创新效率；通过税收政策及法律法规的调整培育本土天使投资、战略投资及投资银行的发展，促进金融资本对产业发展形成链条式的支持。积极推进高新技术带动传统产业升级，以战略性新兴产业的发展促进产业结构优化；围绕战略性新兴产业领域，尽快推动一批具有国际领先水平、产业引领作用和规模化前景的成果加速转化和产业化。通过各类孵化载体的置换与调整以及高端服务的提供等，促进创新创业资源的集聚，提高孵化企业的存活率与成长性。通过鼓励产业技术联盟及行业协会的发展，加强有关行业横向、纵向的沟通与交流、联合与发展，成为区域竞合的纽带；通过完整的创业服务体系培育中小企业发展，通过"一企一策"等方式支持大型企业的发展，重点支持发展前景好、增长快、特色鲜明、带动性强的产业集群。

四是品牌竞择。不断充实地区产业创新发展核心价值与软实力，积极打造自身品牌形象，提升自身辐射力与影响力、美誉度与知名度。系统总结自身核心价值及支持这一核心价值的发展环境与支撑体系，凝结和提升区域整体品牌的内涵；在塑造企业品牌、产业集群、区域创新创业服务体系的基础上，通过各类论坛、国际交流等宣传活动从整体上宣传和塑造区域品牌形象等。

五是高端链接。促进区域范围内的创新创业主体与高端资源、产业要素、发展平台的提供者、集聚者在有关工作方面的合作。积极承担国家重大专项、重大工程、重大科技基础设施、重点科研项目的攻关及建设，把自身发展与国家战略需要、区域发展要求结合起来；与地方科研单位形成战略合作，建立项目对接机制，释放科教智力资源；积极争取国家及地方有关方面的支持，拓展战略发展空间并获取政策资源；积极促进企业与各级资本市场对接，解决产业发展、企业发展的融资瓶颈。

六是开放合作。促进区域创新创业主体在全球、全国配置资源，加强国内外战略合作，实现优势互补，尤其是弥补本地区在若干产业价值链的断层与延伸。加强与风险企业家、风险投资者、系列创业者、平台型企业、源头型企业、投资机构等产业组织者的沟通联络与战略合作，充分发挥其在科技资源及新兴产业发展方面的组织能力及专业优势；与著名高科技园区、跨国公司合作，在若干产业领域促进有关企业的战略合作，促进本地企业全面嵌入全球产业价值链；促进海外机构建设及企业"走出去"，提高企业在全球范围配置资源的能力与水平；加强与国内其他区域的产业合作，提高本地产业链供应链韧性，拉大产业链的长度与控制力，强化自身的辐射能力。

4.5 优化产业创新发展组织保障

4.5.1 产业创新发展三大突破口

在产业创新驱动面前，一是不能相信市场原教旨的决定作用，需要找到政府作用的市场边界，在注重解决市场失灵的同时加快培育市场，不仅仅是做服务，更是要做引导、建体系、搭平台、营环境、造氛围；二是不宜过多依赖存量提升，坚持以增量培育带动存量提升，从创意源头、创新源头、创业源头抓起，打破"大产业、大平台、大项目、大企业"的传统产业发展逻辑；三是立足体制机制创新强化高端链接及资源整合，通过加强技术、资本、产业、人才等全球链接，不断提升创新资源及产业要素在全球范围的配置能力。

如前所述，这三个突破口分别是资源配置效率、创业创新活力、组织动员能力，分别体现了政府与市场、政府与企业、政府与社会的关系。资源配置效率重在打破传统科技管理体制机制，真正形成产业导向、市场需求、企业主体、政府助推的科教资源配置机制，将有限的财政科技、创新资源带动无限的产业资源、社会资本等，更好地符合市场规律、政策规律。创业创新活力重在让创业成为科技成果转换的灵魂、让企业成为创新的主体、让创业创新成为产业发展的根本动力，让企业成为科技创业带动创业的基石，更好地符合创新规律、价值规律；组织动员能力主要是政府如何动员全社会更好地解决市场失灵和培育市场，营造质优营商环境、创新生态和文化氛围，更好地符合组织规律、发展规律。

4.5.2 提升三大资源的配置能力

整体而言，一个地区或城市的自主创新能力、产业组织能力以及生态培育能力，从根本上取决于这个地区或城市在全球、全国、地区、行业、领域的资源配置能力。具体表现为企业级的市场化资源配置能力、产业级的全球资源配置能力和政府界的跨行政系统资源配置能力。

一是微观层面的、企业层面的市场化资源配置能力。具体而言，主要是依赖民营科技创业创新形成的、针对创新资源的市场化资源配置能力。核心是通过创业、创业、再创业，通过创新、创新、再创新，把高端创新创业人才、原创思想、先进技术、成熟经验知识等创新资源转化为生产力和财富。只有用从工业经济转向创新经济所产生的活力边际递增，替代过去从计划经济走向市场经济所带来的效率边际递减，才能打造中国经济的升级版。

二是中观层面的、产业层面的全球资源配置能力。这个能力主要是通过涉外企业、跨国公司、平台企业、国际产业园区等通过跨区域创业、跨国经营、跨国技术并购、跨国技术转移、跨境经济等，将中国的企业家与国外的科学家相结合、将中国的市场与国外的先进产品技术相结合、将中国的创业与跨区域的创新相结合、将中国的金融创新与国外的技术创新相结合，变自己的劣势为优势，让长板更长或无限地放大。

三是体制机制层面的、区域层面的跨行政系统配置资源的能力。产业在跨界融合，企业在跨界融合，政府更需要跨界融合。政府的跨界融合，核心是通过体制机制创新打破条块分割、多头管理、授之以鱼的治理结构与治理机制，成为新兴产业组织者、创新服务集成商。需要吸引更多的创业者、企业家来淘金，立足产业基础发育创新生态，通过创新生态优化提升产业生态，形成从创新生态与产业生态之间的闭环。

4.5.3 产业创新发展的保障措施

一是财政科技体制机制改革。在投入机制、投入结构、支持方式、项目管理、政策评价等方面逐步调整完善。关于投入机制，在如何发挥市场机制上做出探索，建立政府引导的市场化运作模式，充分发挥社会资本投资建设运营等方面的力量，要保证财政投入的稳步增长；关于投入结构，建议软投入、科技成果转化、专项性的、中前端的要加大，而后端的、硬的、后期的、项目性的要逐步减少；关于支持方式，过去是无偿资助、贷款贴息、股权投资等为主，现在伴随金融创新以及政府采购等支持方式不断创新，可能的支持方式会不断丰富，而且政策组合也会更丰富，不是"锦上添花"而是"雪中送炭"；关于项目管理，重构科技计划项目分类体系，比如基础研究类、研发及产业化类、创业创新、服务体系建设等。

二是建立跨行政部门配置资源的机制。建立联席会工作机制，在市级层面成立重大科技创新及产业化的联席会，跨层级、跨部门、跨地区联合参与、统分结合；搭建科技项目管理平台，参照国家科技项目管理体系及分类，形成一个大的平台；强化产业促进组织布局，主要是依托事业单位、联盟、协会，建立针对细分领域高新技术产业促进机构；强化科技金融创新，发挥各类政策性科技金融资源的杠杆作用。

三是强化产业创新服务支撑作用。当前产业创新生态成为产业创新发展的核心，而以科技服务业为代表的产业创新服务则是重要的基石。在促进产业服务创新发展上，既要作为一个产业来抓，也要作为一个服务体系来抓，重在探索各类服务业促进产业创新的新模式、新机制、新形式。

四是推进重大项目布局。一类是重大科技条件平台的项目，主要是依托国家级研发平台或重大科技攻关，如企业（工程）技术（研究）中心（实验室），搭建高水平研发创新条件平台或重大科研基础设施，发展研发总部经济、实验室经济、众包众筹经济等。一类是重大科技服务设施项目，如以众创空间和加速器为代表的创业孵化载体；以研发综合体为代表的研发平台项目；以国际创新园为代表的"走出去"。一类是重大科技攻关及产业化项目，比如前沿新材料、新能源汽车、海洋新装备等重大科技攻关及产业化示范。

一类是重大科技服务体系建设项目，包括科技金融、科技创业创新、国际化等。

　　某种意义上，我们的产业创新发展重大历史节点往往都在"8"的那一年，而且每十年一个阶段、三十年一个周期。从 1978 年改革开放伊始，到 1988 年国家火炬中心成立，这十年基本上都是摸黑探索。而从 1988 年北京新技术产业开发区成立，也就是今天中关村的前身，到 1998 年中国互联网元年，中国高科技园区在市场化改革、全球化开放的大潮中，积极探索高技术产业发展模式。从 1998 年以张朝阳、马云为代表的改革开放以来的第二代创业、互联网创业到 2008 年国际金融危机爆发，这十年中国制造达到顶峰，但传统工业化发展模式弊端显现，迫切需要走全面创新驱动与新经济发展之路。从 2008 年国际金融危机到 2018 年中美贸易战，这个十年中国成为全球第二的经济体，逐步打破原来美国铸币投资、中国生产制造、其他发展中国家提供原材料、欧美消费的全球经济发展结构。不论如何，这 40 年的发展并非单纯由于中国改革开放了，而在于抓新科技革命与产业变革战略机遇过程中倾全国之力搞经济建设，从无到有、从低到高、从小到大、从弱到强，并在跟跑、并跑中逐步有了局部领跑。到 2028 年中国 GDP 有望与美国不相上下，届时只有形成高水平的产业创新能力，才能支撑中国由富变强，才能掌握产业发展主导权、产业发展主动权以及新一轮发展先机。

05 产业规划布局：从产业集群到产业族群

    当前，产业发展处于大破大立新阶段。产业发展规律之变、全球经济运行之变、国际产业分工之变、中国发展阶段之变、社会生活方式之变以及产业创新政策之变，共同作用和影响着变革时代的产业发展。纵观国内外著名产业创新高地，不同城市产业发展有着共同的成功经验，也有着不同的发展特点。但不论如何，产业发展规划及其引导布局，核心是在不确定性中寻求确定性。具体而言，就是通过面向未来洞见趋势、拥抱未来抢占发展先机、前瞻谋划对冲不确定性。尤其是对于地方政府的产业规划而言，需要关注产业发展的关键问题，结合不同发展阶段采用不同的产业发展战略，并遵循适宜产业发展的竞争策略，重点是促进产业发展规划的系统转变——从工业单边思维到产业双边思维、从产业体系规划到产业生态规划、从产业分解融合到产业跨界融合、从投资驱动增长到创新驱动发展、从外生线性滚动到内生指数爆发、从空间决定产业到产业决定空间、从你死我活竞争到共生共荣竞合发展、从营造发展环境到优化创新生态、从强调产业规制到强调产业治理、从重高速度发展到重高质量发展。在进一步促进产业规划引导布局落地实施过程中，进一步优化顶层设计，突出产业园区核心载体作用，最终探索新时代产业高质量发展之路。

5.1 充分把握变革时代发展趋势

    整体而言，产业发展规律变了、全球经济运行变了、国际产业分工变了、中国发展阶段变了、社会生活方式变了、产业创新政策变了。这些不同的变化，在整个变革中不同的作用，共同作用和影响着变革时代的产业发展。

5.1.1 产业发展规律之变是最大的变化

在科技革命与产业变革相结合条件下，企业微观的生产方式、产业中观的经济形态、宏观经济的发展方式发生了重大变化。这其中，信息技术与其他新技术与先进制造结合，导致微观的生产方式转变；"互联网＋"导致产业形态发生了重大变化，而创业创新导致要素驱动、投资驱动只有驱动，新产业新业态层出不穷，工业经济加快向创新经济转变。这种变化及影响主要表现在如下方面：一是技术生命周期越来越短，从以往的"三十年河东、三十年河西"到"三年河东、三年河西"，所以有些新兴产业是难以预见的，"X"产业已经成为产业规划中的重要内容；二是产业价值运动规律从以往的分解、融合以及新业态出现，到了前后、上下、左右的跨界融合与穿透，以制造业服务化、服务业制造化为代表的产业融合应运而生，不仅是产业链作为过时的概念让位于产业生态，而且制造业、工业化的发展必须走出制造业和工业化；三是产业发展逻辑从滚动发展到了爆发成长，不再是从贸易销售、介入生产制造、研发创新再到"产供销人财物"一体化，而是有了想法概念就去整合资源、形成产品服务再去应用推广、然后再融资和持续创业创新，这几乎意味着产业的发展不再是产业跟随发展阶段条件下由招商引资以及土地、税收返还决定的，而是通过创业试错发展而来的，外延发展、外生增长必然要被内生增长、内涵发展取代；四是企业需求发生了变化，企业发展的需求不再是过去的产业要素资源配置，而是从产业组织创新到产业生态环境，这其中产业组织创新的核心是集体行动逻辑重组，而产业生态环境的核心在于激励结构重建，核心是如何让真正创造社会财富的以更低的交易成本、更集中的精力获得优先超额回报。

5.1.2 全球经济运行之变是最大的条件

伴随经济全球化从制造业全球化、服务业全球化到了创新全球化，跨区域创业、绿地投资、跨国并购、跨国技术转移、自由贸易、高端链接与国际合作等替代大宗商品、贸易投资、出口加工、服务外包等成为主流的国际经济活动方式，而人脉网络、专利技术、创业资本、创意想法、经验知识等创新资源取代外资、大宗资源等产业要素成为全球资源配置核心，对主流的经济活动形式、产业发展逻辑、游戏规则、内部生产与外部需求的关系产生了重要的影响。这种变化及影响主要表现在如下方面：一是全球经济形态加速从工业经济向创新经济方向变化，未来没有什么工业与服务业之分，产业的界限越来越模糊，产业融合发展已经上升为现代产业体系的基本特征；二是外部需求拉力逐步减弱，借助港口贸易带动临港工业的传统发展机制难以为继，对外向型经济发展产生了重要冲击，输入了全球经济下行的元素；三是新兴经济体产业发展的路径已经从制造业全球化阶段的承接产业转移、服务业全球化发展阶段的服务外包，到了创新全球化的高端链接与高端辐射，这种高端链接主要是引入发达经济体的高端创新资源，这种高端辐射主要将传统产能转移到发展中国家；四是国际游戏规则发生了变化，从过去产品级竞争、企业级竞争、集群级竞争到隐形竞争、制度化竞争，需要以资本输出到商品输出，打破战略围堵。

5.1.3 国际产业分工之变是最大的变局

在发达经济体与新兴经济体此消彼长的过程中，全球治理结构与国际经济新秩序变了，中国从国际游戏规则的接受者、挑战者逐步到主导者，全球城市分工发生了重大变化，迫切需要以经济形态和产业结构转变带动贸易方式和贸易结构转变，打造开放型创新经济。这种变化及影响主要表现在如下方面：一是全球经济中心和经济重心加速双重位移，伴随国际产业分工及全球城市分工体系的结构性变迁，全球产业版图及创新地图发生了重大变化。二是全球产业分工结构发生变化，以往跨国公司、大型企业集团按照价值链高端走向价值链低端，向全球其他地区或城市进行制造业布局，形成"大脑""躯干"与"四肢"的城市分工体系。三是呈现去工业城市"中心化"与立创新尖峰崛起的发展趋势，如今一些工业城市的中心化地位趋降，一批创新型城市有望成为全球产业版图的新兴尖峰，但国家层面、区域层面、地区层面的资源角逐、要素抢占、竞争层级不断提升，迫切需要通过组织创新加快成为全球创新高地或区域创新中心。四是加快从外向型工业经济到开放型创新经济，在"入世"第一个二十年，中国发达地区在贸易部门的外需拉动下，将农村剩余劳动力转移到生产部门，把低成本的劳动力转化为有一定竞争力的商品输出；进入新发展阶段，需要科教创造财富的逻辑，需要创业创新形成开放型创新经济运行体制。

5.1.4 中国发展阶段之变是最大的实际

伴随中国整体上从工业化后期向后工业化转型，传统从计划经济到市场经济的效率经济让位于突出创业创新活力的活力经济，不仅从体现在速度规模到体质增效、从投资驱动到创新驱动、从招商引资的外生增长到创业创新的内生增长，还从商品输出主体到资本输出主导、从跟随适应创新到原创引领创新、从被动适应参与到积极主导组织、从 GDP 到 GNP，具体反映在几大国家战略部署上。这种变化及影响主要表现在如下方面：一是在微观上，主要通过数字中国等战略强化生产方式"智造"，将生产方式转变提高的生产率作为企业家的利润空间；二是在中观上，通过"互联网+"强化产业形态上"再造"，实现由硬变软、由重变轻、由封闭到开放；三是在宏观基本面上，通过"大众创业，万众创新"强化产业结构上"创造"，将创业作为内生增长的根本机制与发展源头；四是在开放经济模型条件下，在外部环境上，主要通过"一带一路"倡议，强化国际市场与发展空间的拓展，"走出去、走进去、走下去、走上来"已成为产业发展的新的命题。

5.1.5 经济社会形态之变是最大的底座

伴随防疫抗疫中的从事实说话到数据说话、从高触高感到无触无感、从现场实施到远程操控、从虚拟现实到智能现实、从多人工厂到无人工场、从公共行政到全民共治，呈现出 2C 消费模式场景化、2F 生活方式社交化、2B 生产方式智能化、2G 治理方式数字化等发展趋势，经济社会形态从半工业半信息社会走向智能社会。这种变化及影响主要表现在如下方面：一是在场景化条件下，数据、算法、内容、服务、体验有机结合，更多的潜在需要转化为市场需求，带动新技术、新模式、新产业、新业态发展。二是在社交化条件下，人的思考方式、生活方式、行为模式发生了重大改变，一些主流的与非主流的、物理的与虚拟的、线上的与线下的、"宅的"与"潮的"产生了分解、集聚、碰撞、融合，不仅影响都市生活、智慧城市、民生改善等，还影响生产方式、组织方式、文化生态及治理结构。三是在数智化条件下，将打破立足物理空间、物理硬件以及能源资源转换的一维世界，以及立足虚拟空间、场景服务及信息技术表达的二维世界，进入数字空间（物理空间＋虚拟空间）、智能硬件（物理硬件＋服务场景）以及超级智联生态的三维世界或高维世界。四是经济建设与社会建设更加协同，智能社会建设发展最大现代意义是对人文传统的回归，最大的价值是实现社会建设、经济建设与城市建设有机统一和协同发展。

5.1.6 产业创新政策之变是最大的导向

以往产业政策主要是围绕产业生命周期上，从抓小微企业，到抓规上／骨干／中型企业，再到抓龙头／大型企业的一切政策供给的总和。后来，大企业主要围绕市场导向、中间的高成长企业作为战略增长点逐步成为支持专门支持的重心、小微／创业企业作为产业源头成为普适支持的重点，成熟行业主要由市场倒逼转型升级、成长行业是市场机制与政府共同作用，而新兴产业、成长产业主要在政府的前瞻布局引导下通过市场的创业试错来培育发展，最终创新政策前置化趋势出现。这种前置化趋势，对于产业政策创新最大的影响，不再是过去的"建立覆盖技术生命周期全链条（扶持政策）及关键节点（制度突破）"的"链—点"线性政策体系，而是以创业为核心、以多股价值资源（想法、技术、资本等）高效对接循环、以"政产学研金介用"跨界融合、开放创新为基本面"点—线—面"的政策体系。此外，生态文明建设成为重要的主体，整个经济社会发展更加注重绿色、低碳、环保等，对产业发展、社会发展等方面提出了更高的要求。

5.2 重新审视产业高地规划布局

纵观国内著名产业创新高地，不同城市产业发展有着共同的成功经验，也有着不同的发展特点。这其中，上海是深厚底蕴溢出城市的代表，深圳是全面无中生有城市的代表，杭州是快速异军突起城市的代表，苏州是外向型经济体城市的代表。

5.2.1 上海是深厚底蕴溢出城市的代表

上海既是服务业主导型城市，也是工业强市、制造强市，历经多年的发育，尤其是伴随高端创业的涌现，逐步成为我国乃至全球创新经济的重要源头。多年来，上海始终围绕"四大品牌""四大功能""五个中心"来统筹服务业、制造业发展方向，目前已基本形成以现代服务业为主体、战略性新兴产业为引领、先进制造业为支撑的现代产业体系。

"十一五"时期，国务院印发《关于推进上海加快发展现代服务业和先进制造业建设国际金融中心和国际航运中心的意见》，确立了上海现代服务业、先进制造业多元发展模式。在此基础上，上海制定产业重点发展支持目录。在制造业领域延续20世纪90年代初就确立的六大支柱产业，包括：电子信息产品制造业、汽车制造业、石油化工及精细化工制造业、精品钢材制造业、成套设备制造业和生物医药制造业。在服务业领域围绕"五个中心"战略，发展金融服务业、航运服务业、信息服务业、科技服务业、生产性服务业、现代物流业、现代商贸业等重点服务业。2010年末，上海制造业六大主攻产业完成工业总产值19863.27亿元，占全市规模以上工业总产值的比重达到66.2%。金融服务业增加值1931.73亿元，占GDP比重11.4%。"十二五"时期，上海在制造业领域继续发展六大支柱产业，同时提出重点发展新一代信息技术、高端装备制造、生物、新能源、新材料等主攻产业。与此同时，在服务业领域仍然围绕"四个中心"战略，重点发展金融服务、航运物流、现代商贸、文化创意、信息服务、旅游会展和房地产等服务业。2015年，上海制造业六大主攻产业完成工业总产值20769.44亿元，占全市规模以上工业总产值的比重为66.9%；服务业中的金融业、商贸业和房地产业的增加值占全市生产总值的比重稳定在59%左右。"十三五"时期，上海在制造业领域仍然重点发展六大支柱产业，同时，提出进一步提升自主发展能力和国际竞争力，发展新一代信息技术、生物、高端装备等产业。与此同时，在服务业领域聚焦金融、航运、贸易等领域，提出要基本实现"四个中心"极核服务功能。2020年，上海制造业六大主攻产业完成工业总产值23784.22亿元，占全市规模以上工业总产值的比重为68.3%。而金融服务业增加值7166.26亿元，金融市场成交总额超过2200万亿元，货物进出口总额占全球3.2%以上，继续位列世界城市首位。此外，"十三五"末，在"四个中心"的基础上将"四个中心"拓展为"五个中心"，即大力推进国际经济、金融、贸易、航运和科技创新等"五个中心"建设。"十四五"时期，上海在制造业领域提出聚焦集成电路、生物医药、人工智能三大先导产业，打造具有国际竞争力的三大产业创新发展高地。与此同时，在服务业领域重点发展金融服务、贸易服务、航运服务、科技创新服务等产业。

5.2.2 深圳是全面无中生有城市的代表

近十多年来，深圳市产业发展战略总体上是长期坚持主攻方向，并且逐渐聚焦、清晰的过程。具体而言，深圳始终坚持发展七大战略性新兴产业，在每年的政府工作报告和统计公报中，都对七大战略性新兴产业进行统计、总结。与此同时，在七大战略性新兴产业的基础上提出重点发展的关键核心产业。

"十一五"时期，深圳重点发展高新技术产业、现代金融、现代物流、文化产业四大支柱产业，并且在全国率先开展战略性新兴产业研究，出台生物、互联网、新能源三大战略性新兴产业规划和产业政策。2010年，深圳高新技术产业、现代金融、现代物流、文化产业四大产业增加值达到5901.7亿元，占 GDP 比重达到 62%。"十二五"时期，深圳紧跟国家战略性新兴产业方向，坚持发展"生物、新能源、互联网、文化创意、新材料、新一代信息技术、节能环保"七大战略性新兴产业。2015 年，深圳七大战略性新兴产业增加值达到 7003.5 亿元，占 GDP 比重达到 40.1%。"十三五"时期，这一时期深圳仍然坚持发展七大战略性新兴产业，但是对七大产业进行了细微调整，分别是"新一代信息技术、数字经济、高端装备制造、绿色低碳、海洋经济、新材料、生物医药产业"。2020 年，七大战略性新兴产业增加值达到 10272.72 亿元，占 GDP 比重 37.1%。"十四五"时期，这一时期深圳仍然坚持发展七大战略性新兴产业，与此同时，提出重点发展新一代信息技术、生物医药、高端装备和新材料产业。

5.2.3 杭州是快速异军突起城市的代表

21 世纪以来，杭州在创业经济、创意经济、服务经济的带动下，加快从信息经济、平台经济向数字经济方向发展，不仅成为我国平台经济的重要源头，还成为数字经济与数字化改革的策源地。尽管在表面上来看，杭州产业发展方向似乎在不同阶段变来变去，但都是紧扣信息经济、平台经济、数字经济以及智能经济的最新趋势，加快面向高新软优，突出跨界融合，注重经济形态，尤其是注重轻资产和重运营。

"十一五"时期，杭州市以推进城市经济发展方式转变为契机，提出以"一化七经济"为发展重点的产业体系。"一化"即城市国际化战略；"七经济"分别指低碳经济、服务经济、文创经济、民营经济、楼宇经济、开放经济和郊区经济。"七经济"重点强调以非公经济为主导的服务业，杭州市提出打造"天堂硅谷"，加快发展信息产业，提供创新能力，2010年信息产业销售收入突破3000亿元。"十二五"时期，杭州市进一步细化产业层次，优化产业布局，提出发展"文化创意、旅游休闲、金融服务、电子商务、信息软件、先进装备制造、物联网、生物医药、节能环保、新能源"十大主攻产业。2014年杭州市在全国率先提出实施信息经济智慧应用"1号工程"，正式将信息经济作为"1号产业"，致力打造全国数字经济第一城，2015年全市信息经济实现增加值2314亿元，占全市GDP比重的23%。"十三五"时期，杭州市提出围绕信息经济建设六大中心，重点发展"1+6"产业集群，即以"数字经济"为核心，建设"文化创意、休闲旅游、金融服务、健康、时尚、高端装备制造"六大千亿级产业。2020年"1+6"产业集群增加值约11844亿元，占全市GDP比重超过73%。其中"1号产业"数字经济增加值4290亿元，占全市GDP的35.5%，占浙江省数字经济产业增加值61%，年均增速10%以上，发展活力不断增强。"十四五"时期，杭州市提出以数字经济为核心，推动产业深度融合，构建"5+3"产业体系，即文化、旅游休闲、金融服务、生命健康、高端装备制造五大支柱产业和人工智能、云计算大数据、信息软件三大先导产业。到2025年，数字经济对全市、全省的引领带动作用进一步增强，数字经济核心产业增加值占全市GDP比重达到30%。

5.2.4 苏州是外向型经济体城市的代表

苏州产业发展从"苏南模式"走向外向型工业经济，逐步在六大主攻产业及四大先导产业基础上，重点打造十大千亿级产业集群，逐步从传统产业向新兴产业转型升级。

"十一五"时期，苏州市按照集约化发展思路，提出发展"电子、钢铁、电气、化工、纺织、通用设备制造"六大主攻产业。2010年六大产业实现产值16685亿元，占规上工业总产值67.7%。其中"1号产业"电子信息自20世纪90年代起家，2003年突破1000亿元，"十一五"时期年均增速超过30%。"十二五"时期，苏州在坚持发展"电子、钢铁、电气、化工、纺织、通用设备制造"六大主攻产业的基础上，提出发展生物医药、节能环保、新能源新材料等新兴产业。2015年六大主攻产业实现产值20484亿元，占规上工业总产值67.1%。这一时期"1号产业"电子信息产值突破一万亿元大关，占全市比重高达30%，但年均增速逐渐放缓至10%左右；新兴产业中生物医药增速较快，年均增长9.5%以上。"十三五"时期，苏州市在原有六大主攻产业基础上，提出重点发展"新一代信息技术、生物医药、纳米技术、人工智能"四大先导产业。2020年六大主攻产业实现产值22458亿元，占规上工业总产值的67.1%；四大先导产业实现产值8718.2亿元，占规上工业总产值25%。这一时期电子信息产业年均增速进一步下降至5%，而生物医药产业增速进一步提高至17.9%，站在产业转型关口，苏州市决定将生物医药作为新"1号产业"，国内率先提出对标"全球药谷"波士顿。"十四五"时期，苏州市在"十三五"六大主攻产业及四大先导产业基础上，进一步细分完善，发挥优势，提出打造"生物医药、新型显示、光通信、软件和集成电路、高端装备制造、汽车及零部件、新能源、新材料、高端纺织、节能环保"十大千亿级产业集群。在"1号产业"生物医药方面，提出到"十四五"末，聚生物医药企业6000家，产业规模突破4000亿元。

5.3 在不确定性之中寻求确定性

整体而言，产业发展规划及其引导布局核心是在不确定性中寻求确定性。具体而言，就是通过面向未来洞见趋势、拥抱未来抢占发展先机、前瞻谋划对冲不确定性。

5.3.1 只有面向未来才能洞见发展趋势

未来四十年、未来三十年、未来十年、未来五年,都有着变化万千的可能,但也有万变不离其宗的大趋势,从开放、发展、民生、创新、治理等方面带来系统的结构性转换,很多地区更加需要面向未来、着眼未来、定义未来。一是未来世界将更加平尖湿深。全球产业链在产业梯度转移与价值链贸易的带动下,使得世界越来越平坦;全球价值链伴随跨国技术转移与空间集聚,使得新的"创新尖峰"崛起;全球创新链伴随创新全球化,使得世界变得更加湿润;全球供应链伴随自由贸易与贸易保护,使得世界是深的。二是未来产业将更加跨界融合。产业发展将打破传统统计学意义上的一、二、三产,不再是产业价值链的分解融合,而是在产业跨界融合中产生新技术、新模式、新业态、新产业,从一维的物质能源主导的传统产业、走向二维虚拟空间驱动的信息产业、再走向三维或高维的数智产业。三是未来城市将更加数字孪生。城市将不再是基于钢筋混凝土的地域空间与生活载体,不再是人口越多产业、资源、环境、生态之间的矛盾就越大;而是基于数字新基建的想象空间、创新空间、发展空间、市场空间,在数字孪生机制下成为超级物联生态,人口越多交互价值就越大。四是未来科技将更加软硬结合。不再是产品工艺创新、跟随式创新、薄创新的层级,而是突破关键技术、瓶颈技术、共性技术、工程技术的大科学、硬科技、厚创新,并在软硬结合中将科学技术转化为生产力和财富。五是未来社会将更加数智兼备。社会形态将加速从半工业半信息社会走向智能社会,社会建设为经济建设开辟全新的空间;在治理结构加速从科层化的金字塔结构走向平台化的橄榄型结构,公共行政逐步让位于公共治理、数字治理、智能治理。

5.3.2 只有拥抱未来才能抢占发展先机

发展规划本身就是解决如何在不确定性之中找到确定的东西、在千变万化之中找到万变不离其宗的东西;不确定性越大,能动性的空间、创造性的空间就越大,发展空间就越大。如何在所谓的不确定性之中转化为不确定性与爆发性是核心。站在"百年未有之大变局"的识局、布局、破局的历史节点,"十三五"到"十四五"的发展起点,以及新冠疫情的历史拐点上，很多地区需要更加志高存远、继往开来、时不我待地形成高质量发展新格局。这其中，"要么改变，要么被改变"，就是要么在理念、战略、规划、组织上改变，要么被时代改变、在下一轮改变。多年来，很多规划带有浓厚的路径依赖，要么是人云亦云，要么是大而无当，要么是事无巨细。某种意义上，在产业规划中最难改变的依然是认识，是洞见，是思想，是观念，是价值主张、价值判断与政策取舍。如今，信息化、数字化、智能化让地球变得越来越小，让速度界都变得越来越快，让人（工）变得越来越"懒"，让世界变得越来越精彩，传统的治理、组织、管理自然就难以适应了。过去用计划经济遗留的产业管理范式与产业组织方式管工业是成功的，但管服务业、管新经济、管数字化并非是成功的。无论是领导者、决策者，还是建设者、企业家，都应该是带有强烈忧患、风控意识的乐观主义者，创造历史永远比研究历史更重要。

5.3.3 只有前瞻规划才能破除不确定性

进入新的发展阶段，核心任务是打破五年规划发展的周期律——不再是谋划研究年热血沸腾、规划成稿年妥协依赖、发布开局年四平八稳、中局实施年黯然神伤、临近收官年重新再来。这其中，如何把不确定性转化为确定性和爆发性，就需要有充分的方向感、高级感、设计感、创业感、平台感、管廊感。这个"方向感"是高质量新发展格局。如今没有高水平发育就没有高质量发展，没有高质量发展就没有高效能循环，没有高效能循环就没有高速度增长，各地区或城市需要立足文化底蕴传承与战略位势提升，系统性提升城市功能、产业功能、创新功能、开放功能，实现城市发展模式、产业发展模式、创新发展模式、开放发展模式转变。这个"高级感"就是从半工业半信息社会的治理方式（如以管的方式达到理的目的）、运行方式（如体制内体制外双轨为主体）、服务方式（如大政府、小社会）、组织方式（如带有计划经济色彩的工业化组织方式），走向智能社会条件下的数字治理、创新型服务政府等等。这个"设计感"就是在进一步处理好政府与市场、与企业、与社会的关系的基础上，在城市建设、产业发展、社会民生、社会治理上，更加符合市场规律、发展规律、创新规律、财政规律，带有全新的思考用新办法做新事，把旧动能重新做一遍。这个"创业感"就是在清零的基础上，将工业化、信息化、城镇化、市场化、国际化"五化协同"升维为泛工业化、超智能化、再城市化、深生态化、再全球化"新五化协同"，率先探索支撑中国未来四十年引领发展的发展模式、增长方式、组织方式。这个"平台感"，就是从做事到做局，不仅仅是充分利用"两种资源、两个市场"进而参与全球经济分工与价值分配，而是真正在全球范围配置资源、创造财富、分配财富，强化产业主导权、产业技术能力与财富分配能力。这个"管廊感"就是从生产函数的"投入—产出"到创新生态的"输入—输出"，让更多的人才、资本、技术、经验、资源得以优化配置、高效循环和价值发挥。

5.4 促进产业发展规划系统转变

在当前条件下，产业规划的核心是实现从工业单边思维到产业双边思维、从产业体系规划到产业生态规划、从产业分解融合到产业跨界融合、从宏观推拉依赖到根植微观发展、从外生线性滚动到内生指数爆发、从空间决定产业到产业决定空间、从你死我活竞争到共生共荣竞合、从质优营商环境到开放创新生态、从强调产业规制到强调产业治理、从重高速度增长到重高质量发展。

5.4.1 从工业单边思维到产业双边思维

以往的很多地方的产业规划，虽然名字叫"产业规划"，实则为"工业规划"，存在浓厚的工业经济发展线性思维，不仅未能将工业与服务业融合，还未能将实体经济与虚拟经济融合，更难以实现以创新经济的增量培育带动工业经济存量提升的发展方针，最终造成传统工业经济发展的路径依赖。当然，这也与产业管理的分工有关，一般而言工业与信息化归工信系统主管，而服务业一般由发改系统统筹，各细分领域由不同的部门管理推进。如今，在产业规划上需要强调在超脱部门、超脱地区、超脱行业的基础上，强化一个地方产业发展的综合性规划，将工业的生产、制造、行业、供给与商业的消费、服务、需求、市场紧密结合起来，将工业与商业、生产与消费、供给与需求、行业与市场统一起来，不仅顺应制造业服务化、服务业制造化及生产即服务、产品即服务、软件即服务，还不断衍生新业态新模式新动能。

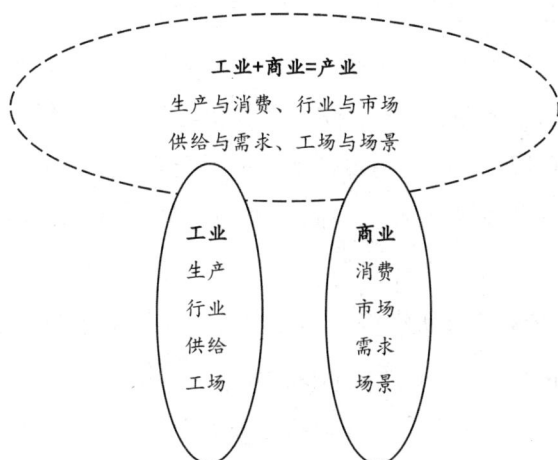

工业+商业=产业
生产与消费、行业与市场
供给与需求、工场与场景

工业
生产
行业
供给
工场

商业
消费
市场
需求
场景

图：从工业思维到产业思维

5.4.2 从产业体系规划到产业生态规划

过去我们都在强调"现代产业体系""现代产业新体系""现代化经济体系"，所以很多产业规划也往往冠之以"产业体系规划"。所谓"体系"，往往是什么都有，要有发展结构，要有组织分工，要有一定秩序，几乎是一个相对独立甚至封闭运行的系统。某种意义上，作为一个国家乃至一个大的区域经济体、城市群，构建一个怎样的产业体系是需要的，但并非所有的地方都需要搞一个产业体系，以免形成地方割据，或者陷入了地方保护主义。在经济全球化与区域一体化的今天，尤其是对于地方政府而言，更多的是在全球经济分工、区域产业分工找到自身的区域个性，并且形成生态赋能的产业发展态势。从强调"产业体系规划"到强调"产业生态规划"，就是要从一个注重静态的、线性的、串联的、管控的产业生成、成长、组织、发展模式与机制，转到一种动态的、非线性的、并联的、自组织自成长的产业生成、成长、组织、发展模式与机制。这种生态，不仅包括不同产业及其上中下游大中小企业之间共生共用的关系，还包括各类创新主体开放创新、协同发展的关系，具有产业跨界融合、企业协同发展、资源高度聚合、空间服务耦合、开放创新发展等特点。

5.4.3 从产业分解融合到产业跨界融合

无论是过去的产业规划，还是过去的产业组织，抑或过去的产业发展经验，都离不开大规模产业分解和大规模产业集聚，其背后的产业发展规律是产业价值运动的分解融合。这其中，产业分解和产业集聚，导致了两三千个区域性（乃至县域性）产业集群带动了中国经济的发展。起点是原生态、自发的产业集聚，要么是专业的空间集聚——强调同一个价值环节在一个地方集聚，要么是空间的专业集聚——强调在同一个地方集聚了相关专业环节，也就是大家说的块状经济，其基本逻辑是产业模块化条件下的规模经济。后来是产业集群，具有产业高度集聚、价值链条完善、企业协同发展、服务配套完善、产城深度融合、综合效益突出等特点，其基本逻辑是产业分解融合条件下、基于物理空间的范围经济。如今，伴随产业运动规律从分解融合到跨界融合，各地各类产业发展需要在规划的源头上强调产业融合、产业跨界，这种产业融合包括技术融合、市场融合、产品融合等等，这种产业跨界是不同产业之间、各次产业之间的跨界，核心是穿透产业链、创新链、资本链、数据链、供应链，促进人流、物流、信息流的资源共享、互联融通、开放创新、优化配置以及快速生成。

5.4.4 从宏观推拉依赖到根植微观发展

在过去经济工作或者产业工作中，更多的是重宏观、轻微观。也就是说，一个国家或地区很容易在货币政策与财政政策的带动与引导下，通过投资驱动带动要素驱动，以及放宽土地、信贷、税收、环保条件等，实现经济的快速增长。这其中，产业的发展，更重要的并不是来自企业微观基础的效率倍增、活力倍升、创新迭代，而是来自社会投资、政府投资的推手，以及出口、消费的拉手。当这种经济增长与产业发展模式到了一定的阶段，尤其是外部需求不足、内部投资不强的时候，大家才越来越重视微观经济的资源配置效率、创新创业活力以及生产的技术构成、制度结构等。几乎可以说，从宏观推拉依赖到根植微观发展，就是从强调宏观基本面的增长到强调微观经营基础的创新与发展，就是从要素驱动、投资驱动到创新驱动，就是从"头重脚轻根底浅"到"根深叶茂"。

5.4.5 从外生线性滚动到内生指数爆发

在以往产业规划过程中，我们在产业战略上抓住制造业全球化、服务业全球化发展机遇，遵循承接产业梯度转移与服务外包的产业发展逻辑，在国际产业价值链中往往处于"中间在内、两头在外"的发展格局。这其中，很多企业往往从贸易销售代理起步，然后介入生产制造，再介入研发创新，最后形成"产供销人财物"一体化的滚动发展模式。简而言之，这种"外生线性滚动"，从规划的角度就是典型的制造业全球化思维，更多的是全球经济分工与产业格局条件下的接受者、追随者。尽管从目前的发展阶段来看，对于很多欠发达地区仍然是需要的，但对于很多发达地区需要更加强调内生的指数型爆发。这种"内生"，强调从依赖招商引资到依赖创新创业；这种"指数爆发"，就是瞄准新兴产业发展，以新思想驾驭新模式，以新模式架构新技术，以新技术衍生新业态，实现爆发增长。

5.4.6 从空间决定产业到产业决定空间

过去的产业规划与产业发展，都是"空间决定产业"，未来需要"产业决定空间"。对于"产业决定空间"及其条件变化，有如下不同方面的理解：一是不同的空间具有不同的资源禀赋，过去的产业发展强调基于资源禀赋的比较优势，但如今尤其是对于发展新兴产业，很多地方更加强调"人择优势"以及"无中生有"；二是产业规划中存在项目依赖，产业空间布局受存量的、增量的项目影响，并不能形成更好的布局结构与开发时序，具有明显的路径依赖或者机会主义色彩；三是从物理空间到虚拟空间，打破了产业集群、产业组织、产业生态的形态和运作方式，产业属性比空间支撑愈加重要。从这个意义上，产业决定空间应该成为产业规划中的重要逻辑，更多地强调在市场自然选择与政府前瞻布局相结合的基础上，优化产业选择，进而决定产业空间布局。

5.4.7 从你死我活竞争到共生共荣竞合

过去的产业发展受波特关于"竞争"的影响较多，他的主要理念体现在"竞争三部曲"上，即企业竞争力、产业竞争力、国家或地区竞争力。在过去"世界是平的"，以前的工业经济是标准化、权威化、中心化；但在当前"世界是湿的",新经济是去边界、去权威、去中心。如今,由企业或企业联盟组成的商业生态系统成为参与竞争的主要形式,竞争力的研究对象不应仅局限于单独的企业个体,而应拓展到企业与其所处的商业生态系统并举。与此同时,新经济条件下,产业结构变化迅速,企业通过业态创新、商业模式创新等手段获取竞争优势日益成为企业成功的关键,成本领先、差异化发展等通用性战略受到严峻挑战。无论是一个企业、行业、产业,还是一个地区、国家,只有走出"矛盾对立"中的竞争,找到"对立矛盾统一"的竞合,才能找到"你中有我、我中有你"这种共生共荣、协同发展、开放创新、共同成长的生存发展条件。

5.4.8 从质优营商环境到开放创新生态

在过去产业规划及产业促进中,大部分都将营商环境建设作为重要的政策保障或者保障措施。一般而言,"营商环境"是指伴随企业活动整个过程(包括从开办、营运到结束的各环节)的各种周围境况和条件的总和,包括影响企业活动的社会要素、经济要素、政治要素、法律要素等方面,是一项涉及经济社会改革和对外开放众多领域的系统工程。但从目前来看,营商环境已经成为一个国家或地区推进经济增长与产业发展的基础课、必备品,但不是一个国家或地区最具有吸引力的地方。从目前来看,越来越多的规划布局开始强调开放创新生态的段位。这种开放创新生态,就是在创新全球化与区域一体化条件下,将以产业链上中下游大中小企业为代表的产业生态与以"政产学研金介用"为代表的创新生态协同演进与闭环发展。

5.4.9 从强调产业规制到强调产业治理

在以往的产业规划过程中,很多规划往往遵循产业规制的惯性思维。所谓"产业规制",也就是政府或社会为实现某些社会经济目标而对市场经济中的经济主体行为直接和间接地进行具有法律约束力或准法律约束力的各种限制、约束、规范,以及由此引出的政府或社会为督促产业经济主体活动符合这些限制、约束、规范而采取的行动和措施。应该说,这些规制更多是针对线性增长、静态管理以及发展不足、创新不足条件下的产业发展,更多的像是在"围堵"。但由于技术生命周期、企业生命周期以及产业生命周期越来越短，以产业规制为代表的围堵法，需要让位于以"产业治理"为代表的疏导法。这种产业治理，更加强调政府、市场、企业、中介之间的开放创新关系与协同创新能力，在科技革命、产业变革、业态创新、模式迭代"大破大立"的条件下，找到各类创新主体共同成长、共同发展的最大公约数，变成一个更有动态感、有机的治理方式。

5.4.10 从重高速度增长到重高质量发展

过去我们一直追求"多快好省"的政策目标，也就是"数量多、速度快、质量好、成本省"。一般而言，"多"和"快"是联系在一起的，"好"和"省"是联系在一起的；但"多快"与"好省"往往是个矛盾。只有历经"多"与"快"的量变过程，才能进入"好"与"省"的质变过程。同样，在以往的产业规划中，很多地方往往是采用了"大产业、大企业、大平台、大项目"的产业战略导向及组织动员机制，只有规模大、数量多才能增长快。结合当前发展阶段，我们更需要在产业规划的源头，强调新时代高质量发展，而从注重"大"到追求"新"，是新时代高质量发展的战略转变与战略诉求，这便要求采用新型的区域产业战略导向及组织动员机制。

5.5 促进产业规划引导推进实施

在进一步促进产业规划引导布局落地实施过程中，进一步优化顶层设计，突出产业园区核心载体作用，最终探索新时代高质量产业发展之路。

5.5.1 当前产业规划重点关注关键问题

在"百年未有之大变局"以及变革时代上，产业规划需要重点关注如下问题：一是在规划源头上，坚持多规融合发展。加快将产业规划、国土空间规划、生产力布局、城市建设等有机结合。尤其是重点加快省级及以上开发区总体规划编制，从严实施总体规划、产业规划、空间规划等。二是在产业体系上，坚持跨界融合发展。打破工业、服务业分离，统筹新经济发展道路、高技术产业发展模式、工业化组织方式在产业发展的位置，优化科技创新型产业、产业技术创新型产业、产业融合发展型产业的发展结构。三是空间布局上，坚持多区嵌套发展。伴随县级竞争走向城际竞合，传统依靠县域发展难以为继，更多的是借助功能区、行政区、政策区嵌套发展，将科教智力、制造产能、服务流量、空间资源等有机结合。四是在功能提升上，强调科产城港融合。在"人才带动人口"战略下，将科教资源、科技成果、科技服务与新兴产业、新兴企业、新兴业态以及城市环、城市生态在空间上耦合，有的以城市功能带动科技功能、有的以科技功能提升产业功能、有的以产业功能带动城市功能、有的是以开放功能提升城市功能。五是在生态建设上，坚持创新生态赋能。以产业生态赋能国民财富创造、数字生态孪生创新价值增值、研发生态优化技术源头供给、创业生态海量试错衍生增长动能、金融生态撬动价值财富分配、服务生态优化创新资源配置，加快产业生态、数字生态、研发生态、创业生态、金融生态、服务生态的建设发育及适配，构筑生动、开放、多元、活力、多彩的产业创新生态。六是在能力建设上，突出产业基础能力。加快从1.0的"铁公机"、工业四基、技术改造以及园区设施等工业化基建，走向2.0的科技企业孵化器、大学科技园、产业中试基地、创业投资等高科技基建，进一步走向以3.0的数字基建、产业互联网、数字孪生、大科学条件平台等新经济基建。七是在资源配置上，坚持效率效益优先。重点抓产业用地和项目准入，研究编制生产力布局和产业用地指南，制定并实施调整不同类型、不同行业产业项目的投资强度标准；优先保证重大项目、土地供应，引导增量向重点园区集聚。八是在组织方式上，坚持统分协同推进。完善产业管理体制、建立跨行政系统配置资源的协同推进机制、引导各类功能区建立完善高效的管理体制等。

5.5.2 优化产业规划布局引导顶层设计

如今产业模块化走向产业生态化，区域创新从园区走向城市，区域发展从县际竞争走向城际竞合，在这个条件下，一个城市的产业布局引导究竟应该布怎样的"局"？应该说，伴随产业运动规律从产业分解、产业融合到产业跨界，"产业布局"的"局"就是从1.0的产业集聚（原生态）、2.0的产业集群（推拉并举型）到3.0的产业生态（生态赋能型）。如前所述，产业集聚往往是在市场机制条件下原生的、自发的，也就是块状经济，其基本逻辑是产业模块化条件下的规模经济。产业集群往往是政府前瞻布局与市场自然选择合力的结果，其基本逻辑是产业分解融合条件下、基于物理空间的范围经济。如今进入产业生态时代，准确地讲叫作产业创新生态，强调自组织自成长，具有产业跨界融合、企业协同发展、资源高度聚合、空间服务耦合、开放创新发展等特点，其基本逻辑是产业跨界融合条件下、从物理空间走向虚拟空间的生态经济。在此判断下，当前及未来的产业布局引导及其发展，灵魂是要从 2.0 的产业集群、集群经济升级到 3.0 的产业生态、族群经济。

在此背景下，核心是解决产业导向、空间布局、生态发育、产业组织等四大问题。产业导向，重点回答到底如何构建一个符合地区发展的现代化产业体系，确定哪些是规模体量大、带动系数高、辐射能力强、综合效益好的先导或者主导产业，哪些是成长速度快、专业领域新、发展潜力大、创新能力强的主体产业或者重点产业，哪些是提供生成能力、支撑能力、服务能力、保障能力的基础产业或者培育产业。空间布局，强调城市功能、产业功能、创新功能、开放功能在空间上的有机结合，从强调物理空间到强调物理空间与虚拟空间并重。生态发育，重点围绕产业生态、数字生态、研发生态、创业生态、金融生态、服务生态的适配，优化生态建设发展路径。产业组织，重点围绕在政府、市场、产业、企业、社会之间建立一个怎样的治理结构与协同推进机制，尤其是在资源配置、产业促进、产业规制、管理手段上的新举措新机制。

5.5.3 把握未来新兴产业变革发展趋势

未来十年，中国的产业变革、科技创新、创业创新将在数智化跨界、硬科技赋能、泛工业应用、平台化组织和绿色化倒逼的带动下，涌现出一批变革式创业、未来新兴产业以及世界级商业模式。一是数智化跨界。以人工智能、大数据、云计算、新一代通信、新一代芯片、高端软件、移动互联网、物联网、区块链为代表的数智科技将进一步夯实数字产业化，在产业数字化过程中加速产业跨界融合，并在数字基建、数字孪生、数字治理的带动下构筑超级智联生态。二是硬科技赋能。材料科技、生命科技、能源科技、太空科技等前沿科技、硬科技不仅成为突破技术瓶颈、产品功能实现的基石，还是数智科技与先进制造融合的构件，扩大生产、生活、生存的边界和疆域。三是泛工业应用。在数智化跨界、硬科技赋能的带动和条件下，先进制造业从自动化到智能化，加快制造业服务化、服务业制造化以及生产即服务、产品即服务、软件即服务。四是平台化组织。在"交易平台＋产业数字化＋供应链金融"带动下，将在生产与消费、工业与商业、行业与行业之间涌现一批平台企业，成为新型产业组织者、商业生态建设者、开放创新生态建设者等。五是绿色化倒逼。伴随低碳经济、节能技术、清洁能源、环境管理、绿色金融、绿色基建、数字治理，将在产业绿色化、经济低碳化中出现新创业、新业态和新产业。

5.5.4 突出各类产业园区核心载体作用

很多地区、区域或城市将产业园区作为产业经济发展的主阵地、产业转型升级的主战场、产业落地集聚的主平台，不仅在块状经济条件下形成粗放发展、层级不高、零散布局、配套残缺等问题，还在传统工业经济条件下形成项目依赖、要素依赖、创新不够、源头不强等问题，更在传统县域经济条件下形成条块分割、产业雷同、单打独头、重复建设等问题，最终导致产业空间没有整体结构布局、分工合作不够、集群发育不够、产业融合不够、产城融合不够等问题。未来需要从三个层面，强化产业园区高质量发展，构筑产业规划实施核心载体。

一是在园区发展方面，重点把握产业链、价值链、创新链、服务链。培育发展产业链，如意大利产业园区以多种分工协作模式构建产业链大中小企业联动发展格局，构建完整、集聚、协同、错位的产业链；改造提升价值链，如上海打破工业与服务业发展藩篱，通过布局高端功能区，以产业融合、产城融合等培育高端、高效、高附加值、协调的价值链；完善优化创新链，建立"政产学研用介"有机结合的创新网络，如意大利以"政产学研"合作提升产业技术水平以及协同创新能力；完备壮大服务链，搭建专业、网络化及社会化的服务体系，如深圳以完善的公共服务体系培育市场和促进企业参与国际竞争等。

二是在产业管理方面，重点抓规划源头、土地源头、项目源头、创业源头。

抓规划源头，如上海按照多规合一的原则，强化对产业空间布局规划引导，对重点工业区块、高端功能区实施积极有效的调控引导；抓土地源头，如上海制定出台并从严执行《上海产业用地指南》，掌控以土地为核心的资源要素配置，促进要素的集约利用；抓项目源头，如上海不仅加强产业部门对项目准入及调配资源，还能够对项目招商、落地、开工到投产进行全程跟踪，统筹以项目为主体的生产能力布局；抓创业源头，如宁波集中布局建设和发展小微企业园、中小企业创业基地（孵化器），强化产业发展源头的培育，确立以创业为动力的内生增长路径。

三是在组织推进方面，重点建立完善宏观管理体系、政策促进体系、统计监测及考核评价体系以及协同推进机制。建立完善统分结合、权责明晰的宏观管理体系，如上海强化产业部门对园区管理的主导作用，突出产业园区的宏观指导、研究评价、统筹协调、环境服务等职能，配合政府建立完善全市产业园区管理体制机制；建立完善引导为主、强制为辅的政策促进体系，如嘉兴加大专项财政支持力度，建立完善推进工业园区建设发展的激励约束机制；建立部门联合稽查、动态跟踪的统计监测体系，如上海、嘉兴地区都是在多个部门的协同推进下，对产业项目实施全过程的跟踪及动态监测，强化了政策的公信力与指导性等；建立完善强化目标、突出环境的考核评价体系，如上海强化对全市各类园区的评价指导，督促园区加快转型升级发展，发挥出"四两拨千斤"的效果；建立完善协同推进机制，如上海市不仅强化政府部门间的合作，还积极发挥行业协会组织的作用。

5.5.5 探索新时代高质量产业发展之路

坚持一条主线引领。以产业创新生态建设为主线，将"池子、篮子、台子、种子、果子、柱子"有机结合，形成"以创新发展为动力、以主体培育为根本、以产业融合为特征、以品牌塑造为优势、以人才队伍为基石、以产业资本为支撑、以协同发展为保障"的产业发展模式。

聚焦三个突破跃升。这三个突破口分别是资源配置效率、创业创新活力、组织动员能力，分别体现了政府与市场、政府与企业、政府与社会的关系。资源配置效率重在打破传统产业管理体制机制，真正形成产业导向、市场需求、企业主体、政府助推的资源配置机制，以有限的财政财力、创新资源带动无限的产业资源、社会资本等，更好地符合市场规律、政策规律；创业创新活力重在让创业成为产业发展与科技成果转换的灵魂、让企业成为创新的主体、让创业创新成为产业发展的根本动力，让科技创业成为带动创业的基石，更好地符合创新规律、价值规律；组织动员能力主要是政府如何动员全社会更好地解决市场失灵和培育市场，营造质优营商环境、创新生态和文化氛围，更好地符合组织规律、发展规律。

坚持四种模式并举。借助新赛道、新地标、新研发、新物种、新场景、新平台、新基建、新治理等新经济发展元素，加快构筑现代产业新体系、夯实产业发展新空间、优化自立自强新供给、培育科技企业新梯队、重建产业生成新模式、培育创新赋能新组织、拓宽数字孪生新格局、提升产业发展新治理，重点形成四种发展模式。

对于文旅型城市，重在以数字产业化加快流量变现及内容转换，从软硬结合到数智兼备；突出以新模式带动数字新经济，重在"新平台—新治理"。更加强调具有产业组织能力的平台企业在地区创新生态、产业创新生态中的中枢地位，以产业促进方式加快新经济创新生态圈建设。主要路径是通过业态创新做好内容转化，将文旅资源、文化个性、数字内容与场景创新相结合，将内容优势、流量优势转换为产业优势、创新优势，如成都大力发展数字文创。

对于科教型城市，重在以硬科技创业将科教优势转为创新优势，从厚薄相依到新旧转换；突出以新技术带动数字新经济，重在"新研发—新物种"。在智力密集、技术密集、资本密集的条件下，大力发展有创业的创新、有创新的创业，通过大力布局新型研发机构等高效率的创新组织与产业组织提高新研发效率效益，培育以创业创新型企业、爆发式成长型企业为主的新物种梯队。主要路径是通过技术创新，做好成果转化，以产业为导向、以市场为牵引、以企业为主体、以商业为手段，将硬科技与软创新相结合，建设科技创新中心与高技术产业基地，如武汉打造光谷、西安发展硬科技、合肥发展未来产业。

对于制造型城市，重在以产业数字化推动中国制造走向智造创造，从器网结合到绿色低碳；突出以新产业带动数字新经济，重在"新基建—新地标"。打破以往"铁公机"为代表的传统基础设施建设模式，转而发展以技术创新为驱动、以信息网络为基础、面向高质量发展需要的新基建，为产业数字转型、智能升级、融合创新等提供数字基础设施。主要路径是通过科技创新做好产业升级，发挥企业家主导作用及创新精神，以产业跨界带动新旧动能转换，以产业数字化带动数字产业化促进中国制造走向智造创造。

对于商贸型城市，重在以产业跨界融合在传统产业寻找爆发点，从内外循环到轻重适配；突出以新业态带动数字新经济，重在"新场景—新赛道"。发挥产业集群优势，从市场需求、消费升级的趋势规律出发，倒逼生活方式社交化、生产方式智能化、治理方式数字化，为经济社会运行和发展提供全新的场景，重新定义产品、市场和服务，形成跨界业态创新。主要路径是依托互联网、数字化开展商业模式创新，形成全景商业生态，以商业活力市场效率带动逆向垂直创新，通过开展产业跨界与产业组织，优化配置资源和生产组织。

如果说，"黑死病"之后出现了文艺复兴、宗教改革和工业文明；那么，新冠疫情促进了人们对未来的思考，经济社会发展更加突出未来思维和未来导向。未来五年、未来十年、未来三十年、未来四十年等等，都有着变化万千的可能，但也有万变不离其宗的大趋势。伴随经济社会发展加快从半工业半信息社会向数智社会转变，不论是地区的创新，还是中国全域的创新，都需要适应未来的发展趋势及方向，需要以高水平产业谋划加快将系统性的不确定性转化为爆发增长的确定性。

06 产业组织方式：从名词能鸣到动词能动

如果说西方市场经济理论中的"产业组织"，更多的是指一种组织形态或市场结构，是一个静态的、狭义的名词；那么在中国等转轨经济体中的"产业组织"，逐步成为一种实现方式或行动逻辑，更多的是一个有机的、广义的动词。一般而言，能否形成质优的、新型的、发展型的产业组织方式，不仅取决于对事物发展的认识水平，还取决于对产业结构演进的把握；不仅需要顺应新兴产业发展趋势，还需要尊重和把握不同阶段的产业发展规律；不仅需要依托新型的产业组织者，还需要以区域试错带动产业试错，更需要建立完善包容增长的发展环境。当前，很多地区发展陷入 ABC 的迷雾，如何更好地处理政府作用与市场机制、产业平台的产业组织作用，如何优化企业成长、市场经济、科技创新、产业发展与公共政策的矛盾，如何走出"链条"思维与"链长"惯性，如何突出产业互联网的重要作用等等，需要重识产业组织创新中的认识论与方法论问题，以便更好地回答如何在新的历史条件下创新产业组织方式[1]。

6.1 走出注重问题导向一般认知

整体而言，如果不从普遍联系的观点去理解问题导向，那么大都不能真正解决问题，这是因为不同问题的解决需遵循不同导向。无论是产业发展，

---

[1] 自 2021 年 8 月到 10 月，笔者陆续撰写了《为什么很多问题导向不能真正解决问题？》《如何共同作用产业结构演进？》《五大规律的与协调》《以质优产业生态发育》《如何看待政府产业组织创新中的"跟风"现象？》《重识产业互联网的产业、技术、商业、金融、生态逻辑》《以包容增长实现活力倍增和数据驱动》等，最终编撰形成《产业组织创新中的认识论与方法论问题》。

还是经济发展，还是社会发展等等，需要更好地将不同导向有机结合起来。

6.1.1 孤立的问题导向大都不能真正解决问题

近年来很多区域、行业、企业的发展战略、城市战略、产业战略、创新战略、企业战略以及公共政策等等，都在强调"问题导向"。尽管听上去很务实、很美的取向，但大都是缺乏普遍联系思维方法下的"头痛医头、脚痛医脚"。这是因为任何实际问题的解决都不是孤立的，都处于如下的几个关系之中：一如长期问题与短期问题，有的问题是长期存在的，有的是短期存在的，短期存在的问题可以问题导向，但长期问题难以问题导向；二如基因问题与阶段问题，有的问题是一个事物与生俱来的，有的是某一阶段出现的，某一阶段出现的问题可以问题导向，但基因问题难以问题导向；三如系统问题与具体问题，具体问题可以具体解决，但系统问题需要系统性解决；四如重点矛盾与次要矛盾，或者根本问题与问题现象，尤其是重点矛盾、根本问题往往无法具体解决，有的甚至需要通过再造、突变和被出清的方式来解决；五如输血问题与造血问题，既需要解决应急的突发的，还需要解决内生的自生的；六如原则问题与策略问题，需要灵活性与原则性相统一；七如政策问题与执行问题等等。

6.1.2 不同问题的解决需遵循不同导向

所谓"导向"，主要是指引和方向。从"导向"的段位而言，主要有如下段位：一是未来导向，也就是围绕着大势顺势而为、取势谋利、借势发展，凭借坚毅、淡定的品质品格坚持长期主义，追求进阶发育和长期回报，某种意义上也是价值导向。正如有人说，对十年内能够做成的事情不感兴趣，但一旦做成了需要十年能做成的事，在某个领域就没有对手。二是战略导向，也就是在条件基础不太具备的情况下创造条件认准了就干，通过抢位进行卡位顺便补位，实现突起和突变，某种意义上也是真正的目标导向。战略导向一定是瞄准更高发展目标的导向。三是发展导向，也就是通过系统性地解决问题、完整性的建设发育，让事物发展进入自组织自成长的内生发展、内涵发展、自生发展的状态和阶段，某种意义上一种内生导向。正如中国改革开放强调"发展是硬道理"一样，更多的是通过系统性的发展来转移矛盾、拓展空间和解决问题。四是机会导向，将一个个机会以小博大、越滚越大、积少成多，在长期快速的短期收益之中累积财富，增强解决问题的能力，某种意义上也是需求导向。五是问题导向，很多时候是一个个解决实际问题，也在一定程度上遵循结果导向。整体而言，强调"问题导向"的，永远是看似务实的适应者；强调"机会导向"的，大都是随大溜的跟随者；强调"发展导向"的，大都是内生发展的创业者；强调"战略导向"的，大都是异军突起的挑战者；强调"未来导向"的，大都是有竞争没对手的引领者。

6.1.3 更好地将不同导向有机结合起来

如今所讲的领导者或领导力，绝对都不是一个岗位赋予的，而是以洞见力拓宽未来思维、以想象力激发战略思维、以创造力放大发展思维、以行动力践行机会思维、以执行力落实结果思维，将不同问题按照不同导向来标本兼治，最终用未来导向谋势、用战略导向谋位、用发展导向谋生、用机会导向谋利、用问题导向谋解，并实现如下方面的有机结合：一是要将长期治本和短期治标结合起来，借助长期主义与灵活性实现标本兼治；二是要将重点突破和各个击破结合起来，必须攻坚克难、试水破冰的要打好攻坚战，不痛不痒的可以各个击破；三是要将系统造血和局部输血结合起来，最终加速事物发展的自组织自成长，提升自生能力；四是要将顺势而为和见缝插针结合起来，不仅是站在风口上成为一只能飞的猪，还要将一个个机会化零为整；五是要将自上而下和自下而上结合起来，以更优的顶层设计和考评机制激发底层的创新活力。

6.2 把握产业结构演进作用机制

整体而言，政府作用、市场机制、产业平台是决定一个国家或地区产业结构演进以及经济建设发展、创新生态建设的"三驾马车"。在新的历史条件下，不仅需要充分发挥政府作用，还需要充分尊重市场机制，亦需要加强产业平台组织，关键是把握好企业价值规律、创新发展规律、市场经济规律、产业组织规律和公共治理规律。

6.2.1 重识产业结构演进的"三驾马车"

产业结构演进主要指产业结构本身所固有地从低级到高级的变化趋势，决定着一个国家与地区经济社会发展的发育阶段和发展水平。在产业结构演进分析上，一方面关于产业结构本身的划分。如前所述，产业结构主要研究农业、工业、服务业三次产业之间的关系，以及三次产业之内不同行业之间的关系。譬如我们在很多时候更加强调工业门类的划分："我国已拥有41个工业大类、207个工业中类、666个工业小类，形成了独立完整的现代工业体系"；但如今对于很多国家和地区而言，更重要的是在工业、服务业的行业（生产）、市场（消费）的产业双边思维之间，按照产业领域进行划分，更好地适应制造业服务化、服务业制造化、生产即服务、产品即服务、软件即服务。譬如，电子信息产业，既包含电子信息制造业，还包含信息服务业；节能环保产业，既包含节能环保装备制造，还包括节能环保服务业。另一方面关于产业结构高低的演进。产业层次的高低主要根据生产对资源、人才、科技、资本的依赖程度来说明，也有多方面的分类。对于产业结构高低演进的测度，有很多不同的方式：有的从传统一产、二产、三产的比例关系来分析；有的按照产业竞争优势，分为资源密集型产业、劳动密集型产业、资本密集型产业、知识密集型产业、智力密集型产业；有的按照产业技术水平，分为1.0的电气化、2.0的机械化、3.0的自动化、4.0的智能化；有的按照产业驱动因素，如要素驱动、投资驱动、创新驱动、财富驱动；有的按照产业价值链分析，在"微笑曲线"上形成不同的价值链环节。但整体而言，是产业发展如何以更低的要素资源资本投入、更低的能耗污耗排放、更高的科技水平与技术构成，产生更高的经济效率和经济社会效益、处于更高的产业价值环节、得到更多的国民财富和消费者剩余，最终从"重、硬、低、黑"的发展形态走向"高、新、软、优、绿"。

纵观很多国家或地区产业结构演进历程，核心是如何发挥好政府作用、市场机制与产业平台"三驾马车"的作用和相互之间的运行机制。这其中，政府作用作为"看得见的手"，往往是产业结构演进与经济增长的引导者和架构师；市场机制作为"看不见的手"，往往是产业结构演进与经济增长的驱动者和试金石;产业平台作为"看得见的脚",往往是产业结构演进与经济增长的组织者与建设者。更进一步而言,发挥好政府作用、市场机制与产业平台的作用,核心是处理好政府与市场在资源配置上的作用,处理好政府与平台在组织方式上的关系,处理好平台与市场在生态环境上的关系。

6.2.2 如何充分发挥政府的产业促进作用

在经济建设领域,政府的经济职能主要是指政府为国家经济的发展,对社会经济生活进行管理的职能。伴随我国计划经济体制向社会主义市场经济体制的转变,我国政府主要有宏观调控 [1](经济手段、法律手段、行政手段)、提供公共产品和服务 [2]、市场监管 [3] 三大经济职能。如何充分发挥政府在产业结构演进与经济发展促进的作用,核心是解决市场失灵和培育市场,坚持"有所为有所不为";主线是从第二方的公共服务提供者,到第三方的创新服务集成者、第四方的新兴产业组织者、第五方的现代治理推动者,最终发展成为一个国家或地区的创新生态顶层设计者、建设者和维护者。并实现如下发展要求:一是将市场的自发性变成有组织有规划、成系统成体制的自觉性;二是将未来的不确定性、风险性变成发展的确定性与稳定性;三是将经济的周期性转化为超周期和逆周期;四是将企业(家)的有限理性转化为全社会超理性的集体行动。

具体而言,主要有如下方面工作及其作用机制:一是产业规划布局引导,也就是重点发展哪些产业、生产力布局在哪里、采用怎样的组织方式和引导方式等,重点发展什么往往决定形成怎样的产业结构和产业高级化程度;二是产业资源要素供给,不仅是各类土地、资源、能源、能耗如何配给,还包括人才、资本、技术等要素市场如何发育,亦包括政策资源的集成覆盖、

---

[1] 政府通过制定和运用财政税收政策和货币政策,对整个国民经济运行进行间接的、宏观的调控。

[2] 政府通过政府管理、制定产业政策、计划指导、就业规划等方式对整个国民经济实行间接控制;同时,还要发挥社会中介组织和企业的力量,与政府一道共同承担提供公共产品的任务。

[3] 政府为确保市场运行畅通、保证公平竞争和公平交易、维护企业合法权益而对企业和市场所进行的管理和监督。

创新资源及产业要素流向了哪里、哪些产业就能得以发展；三是条件基础设施建设，不仅包括加速工业化的"铁公机"、产业园区，还包括发展高科技的条件平台建设，亦包括面向新经济的新基建、数字基建等等，不同的基建水平决定不同的产业发展层级和发展段位；四是市场主体培育发育，如何让想法和概念变成产品或创业、如何让创业企业走出"死亡谷"、如何让小企业变大、如何让大企业更高更快更强，只有企业梯队建立起来才能完成产业生成和产业族群；五是产业组织引导促进，也就是综合采用项目投资、技术改造、政府采购、集群发展、产业投资、科技创新等手段加快产业发展，促进产业企业快速成长；六是公共服务体系建设，如何借助专业服务提升产业社会化分工、如何借助科技中介服务提高创新能力、如何借助其他产业服务提升产业支撑能力，重在借助各类创新服务机构承接政府培育市场功能、提升产业服务支撑能力；七是产业政策规制管理，重点通过市场准入、行业监管、产业规制、业界共治等促进不同产业、行业规范有序建设发展；八是法制营商环境建设，营造良好的营商环境。

6.2.3 如何更加充分尊重市场作用机制

以往我们常说需要"市场在资源配置中起基础性作用"，中共十八届三中全会《中共中央关于全面深化改革若干重大问题的决定》提出"使市场在资源配置中起决定性作用和更好发挥政府作用"。这其中所说的"市场机制"往往是指通过市场竞争配置资源的方式，即资源在市场上通过自由竞争与自由交换来实现配置的机制。具体来说，它是指市场机制内的供求、价格、竞争、风险等要素之间互相联系及作用机理。很多时候，市场机制更多地反映在资源配置的语境之中，恰恰是市场的一般机制，在深层次上决定着产业结构演进与经济发展。我们所说的"一般市场机制"，是指在任何市场都存在并发生作用的市场机制，主要包括供求机制、价格机制、竞争机制和风险机制。这其中，供求机制的背后是交易，只有在交易中才能创造财富，而质优的产业生态与营商环境是以较低的交易成本让真正创造社会财富的企业和企业家获得超额回报；价格机制的背后是分工，不同的价格信号决定不同生产资源的流向和消费品的流通，正是在价格机制下产生了社会化专业分工、社交化大分工，而市场化的价格和专业化的分工才能真正优化产业资源要素配置；竞争机制的背后是效率，只有优胜劣汰才能创造更多的消费者剩余和长期的效率效益，而公正、公平、合理的竞争发展环境是产业发展的重要条件；风险机制的背后是试错，只有在技术试错、产品试错、企业试错、市场试错、产业试错中才能熔炉试金，而质优的试错机制和创新氛围才能激发创业创新活力。

相对于产业结构演进与经济发展促进，市场机制更重要的是突出如下四个属性：一是效率经济。哪个行业的价格高、利润率高、附加值高，让市场主体和产业企业更加有利可图，人才、资本、技术、资源、能源、要素就流向哪里，哪个产业的资源配置更加充分和优化，就能更好地发展。只有以供给侧改革破除相应体制机制与政策障碍，才能产生更高的资源配置效率。二是活力经济。哪里出现的市场主体、创新主体、创业源头越多，哪里的经济发展就越有活力；哪个产业出现了多样化的市场主体、创新主体、创业源头越多，哪个产业发展就越有活力。只有多种经济属性、产业形态和商业模式的大中小企业互联融通、竞合发展，才能实现优胜劣汰和产业生成。三是社交经济。在工业经济条件下，在市场与企业之间因为交易费用不同而形成不同的分工；在新经济条件下，在平台组织与个体之间因交互价值不同而形成不同的福利。伴随数智科技的推广应用，依托市场机制将产生更多的社群、社交属性的市场形态和消费群体，进而成为新业态、新产业、新赛道的衍生空间。四是创业经济。没有充分的、海量的创业试错，单纯依赖政府前瞻布局，难以产生新兴产业，或者引领性的未来产业。产业结构的演进，尤其是面向未来发展的产业，需要以创业带动创新、以创新带动产业发展。

6.2.4 如何全面加强产业平台组织作用

一般而言，平台企业是链接上下游、供需端或买卖方的第三方或第四方服务，也是从撮合交易、资源配置、开源创新等过程的交易费用降低、价值增值中分享收益的经营实体。但这里之所以叫"产业平台"，主要是指在产业结构演进与经济发展促进过程中，对一个国家、行业或地区具有较大产业组织能力、带动能力、辐射能力和带动能力的平台型产业组织者。

这种平台型产业组织者，既包括传统产业改造型的龙头企业、大企业、跨国公司、企业集团，亦包括新兴产业领域的头部企业、源头企业，还包括一般意义上的平台企业。其共同特点是，这些企业的发展不再满足于传统产业价值链上的全产业链、垂直一体化或纵向一体化等等，而是追求开放、多元、活力、共赢的平台化发展、生态化经营，成为产业结构演进、产业技术升级、商业模式升级、产业业态创新、新兴产业衍生的组织者。尤其在新经济条件下，一个国家或地区的产业创新生态的核心，逐步从产业集群向平台型企业方向转变。一批处在买卖方、供需端、上中下游之间，具有第四方、第三方属性及运作方式的平台型产业组织者，将成为全新游戏规则的制定者、流量流水的分配者、创新生态的建设者、资源配置的组织者。

更进一步而言，产业组织或产业创新建设逐步从产业集群向平台型企业、平台型产业组织者方向转变的根本动因是产业发展规律、产业组织方式、产业增长方式发生了重大变化，只有以新的组织方式才能打破传统的产业发展边界、企业发展边界、商业发展疆域。具体而言，也就是产业生态化不仅使得产业发展规律从分解融合到了跨界融合，还使得产业组织方式从产业集群上升到产业（创新）生态，更使得产业增长方式由滚动式发展向爆发式成长转变。未来只有依托平台型产业组织者，将市场创新、技术创新、组织创新、金融创新、服务创新等相结合，才能掌握新一轮产业发展的制高点、主动权、主导权，才能衍生一批全新业态与商业模式的中小企业。具体而言，是依托产业平台对技术、资本或市场的控制力和影响力，以终端产品的市场创新为牵引，强化市场的反向资源配置作用；以创业创新平台的服务创新为接口，让更多的中小企业融入大企业的产业链、创新链、服务链、供应链；以中小原创的集成创新为契机，鼓励中心企业做原始创新、集成创新；以敏捷供应的组织创新为途径，在开放创新的供应链中最直接地推动产业组织创新；以产业资本的金融创新为纽带，强化对中小企业的产业整合与战略投资。

6.3 以产业生态走出产业模块化

整体而言，链条思维是传统产业规律认知的产物，而链长是计划经济惯性的产业组织方式。当前伴随产业跨界融合，基于传统工业经济的产业模块化让位于产业生态化。政府在产业组织与产业促进上，更加需要"有所为与有所不为"。

6.3.1 链条思维是传统产业规律的产物

传统产业经济学或者产业组织理论是建立在工业化条件下、工业经济形态基础上的，反映的是"模块化"基因的产业发展规律，以及"链条"化形态的发展思维。在工业化及工业经济条件下，伴随产品技术创新、制造工艺升级、组织方式优化、资本运作运营等方面的带动，使得工业大类、中类、小类不断细分；市场主体在一定区域范围为了降低成本、接近市场等，借助块状经济、工业园区、产业集群等方式实现不同程度、不同形态的集聚，这也便决定了产业运动规律上的行业分解规律与产业组织规律上的空间集聚规律。

通过长期观察工业经济条件下的行业分解和空间集聚，迈克尔·波特在"竞争三部曲"中提出了企业价值链、产业价值链、区域价值链等系列分析结构与视角；日本经济学家青木昌彦、安藤晴彦等人也在《模块时代：新产业结构的本质》中提出了"产业模块化"的思路。如前所述，迈克尔·波特认为"每一个企业都是在设计、生产、销售、发送和辅助其产品的过程中进行种种活动的集合体，所有这些活动可以用一个价值链来表明"，也就是"企业价值链"。每个企业都处在产业链中的某一环节，一个企业要赢得和保持竞争优势不仅取决于其内部价值链，而且还取决于在一个更大的价值系统中，同其供应商、销售商以及顾客价值链之间的连接，这种价值链关系称之为"产业价值链"。

6.3.2 链长是计划经济惯性的产业组织

在产业价值链、企业价值链、区域价值链等"链条"思维影响下，很多地方自上而下陆续开展"链长制"。一般来说具有如下特点：一是"链长"以地方主政领导身份，把招商、经信、科技、财政等相关部门串联起来，形成统一目标，开展协同作战；二是主导重大项目的招商引资，对相关产业招商指标负责；三是牵头制定产业链图谱、招商引资地图以及产业作战图，安排产业链工作计划，统筹资源配置、重大项目和重大事项；四是制定支持产业链发展的政策措施，在职责范围内为产业发展整合资源；五是协调相关领导、部门、区县，精准解决"链主"企业、"链上"企业发展问题；六是组织开展产业链相关的各项重大推介活动、产业论坛等，打造产业标签，扩大影响力。伴随很多省份、城市、区县、乡镇街道陆续开展"链长制"，在很多不同层级、不同区域、不同行业、不同市场的"链长"难免出现不同的交织交叉、困惑困顿和局促局限。

从历史发展经验来看，计划经济体制除却意识形态的影响外，是一个落后的农业国向现代工业国转型所常用也是容易出结果的体制。"容易出结果"，是由于在计划经济条件下，不仅借助政府主导的强大组织动员能力集中力量加快工业化步伐，还利用工农业的"剪刀差"完成工业化的资本原始积累与滚动发展，也在于利用传统经济地理发展逻辑优化生产力布局。从这个意义上，对于工业化发育不足、市场资源配置效率不高、市场主体活力不够的城市或区域来说，"链长制"在产业发展、市场培育、产业组织上是有较大带动作用的。这些地区总体上处于工业化初期，或工业化实践的早期、中期，因为市场经济不活跃、民营经济不发达、营商环境不完善，需要借助政府强大全社会组织动员能力、产业组织实施能力、资源财力配置能力的带动加快培育市场、解决市场失灵、培育新兴产业，实现"建链、补链、强链"。但是对于一些工业化发育水平较高、市场化资源配置能力较强、创新主体创业创新活力充足的地区而言，"链长制"并非是适配的。

6.3.3 跨界融合：产业模块到产业生态

伴随以数智科技为代表的新一代信息技术本身的创新和应用，不仅加速了信息产业的发展，还加快了信息化与工业化的融合发展，更孕育出以数字经济为代表的新经济。1.0的传统信息技术更多的是软硬结合、数控兼备、器网结合，2.0的新一代信息技术强调线上线下、随时随地、智慧感知，3.0的数智科技强调云端云台、数智兼备、智能感应、智联万物。正是在基于产业技术创新的商业模式创新、产业业态创新以及产业组织创新、产业金融创新等带动下，经济形态与经济模式才逐步从以大规模生产、批量化生产、标准化生产、流水线作业的工业经济走向了大规模定制、个性化供应、制造即服务、产品即服务、软件即服务的新经济，与之相应的产业运动规律也从产业分解融合走向了产业跨界融合。这种"产业融合"不仅是多技术融合、多业态融合，核心是制造业与服务业的深度融合，也就是制造业服务化、服务业制造化；这种"产业跨界"是两个及两个类型以上产业的跨界，主要表现为不同行业之间、不同市场之间、不同行业与不同市场之间的产业技术跨界、创新主体跨界、市场应用跨界等。

在"产业跨界融合"的发展背景下，产业模块化走向产业生态化，"链条"的思维经由网络思维进入生态思维。并非是企业价值链、区域价值链、产业价值链不存在了，而是说真正创造价值的不再仅是被锁定的哪条"链"或"链"上的哪个环节，还有在一个全产业链、超价值网以及泛生态圈上追求经营的效率效益和发展的运营运筹。如前所述，所谓"企业价值链→企业价值网"，核心是通过单点突破、奇点爆发、平台赋能、技术门槛、开放协同等方式优化生产方式、组织方式、供应模式、成本结构、经营形态和盈利组合。所谓"产业价值链→产业价值网"，不仅可以拉长原有的产业价值链的"长度"，还可以通过商业模式革新打破若干行业、产业领域的界限进而拓展"宽度"，更可以通过技术手段突破对商业模式构建实现的程度提高"高度"。所谓"区域价值链→区域价值网"，并非单纯地依靠大规模、便利化、低成本、敏捷型、高速型的交通网络打破物理空间的局限，使得集中于一个区域的规模效应及其成本优势消失，而核心是在新一代信息技术的带动下从物理空间走向虚拟空间、数字空间，全面打破了基于物理空间集聚的底层逻辑，推动一个地区形成真正的价值网不是区域价值链，而是局部性、区域性的创新生态及营商环境意义上的"沃土良田"。

6.3.4 政府作用上的有所为与有所不为

总结以上分析，不是说不需要"链长"，也不是说形成不了"链"，而是需要在"强基生链"的基础上实现"破链成网"。这里面关键要解决的问题是，究竟谁是真正的"链长"，在"链长"之外还需要形成怎样的面貌、姿态、功能和边界。对于单一产业而言，真正的"链长"是存在的，也就是对一个行业、地区或国家具有较大产业组织能力、带动能力、辐射能力的平台型产业组织者。如前所述，这种平台型产业组织者，既包括传统改造型的龙头企业、大企业、跨国公司、企业集团，亦包括新兴产业领域的头部企业、源头企业，还包括互联网经济领域的平台企业。这些企业不再满足于传统产业价值链上的全产业链布局、垂直一体化或纵向一体化发展，而是追求开放、多元、活力、共赢的平台化发展、生态化经营，成为产业结构演进、产业技术升级、商业模式迭代、产业业态创新、新兴产业衍生的组织者。

因此，"链长制"对于特定行业或产业而言是存在的，其主体需要是以企业为主体的产业组织者而非政府。政府在实施产业组织和产业促进上，不是直接"下场"去做"链长"，而是在产业跨界融合以及产业生态化思维下做"族长"——也就是用产业创新生态思维去经营产业族群。在手段上，不再是基于划地成园、招商引资、税收减免"三板斧"意义上的专业的空间集聚、空间的专业集聚，而要坚持"有所为有所不为"，以"五方思维"建体系、优服务、搭平台、做引导、营环境。从第一方的建体系，优化重大生产力布局、建立产业组织管理与提升政务服务能力；到第二方的优服务，强化市场准入、产业规制、产业治理以及提升产业公共服务；到第三方的搭平台，引导社会资源搭建各类创业的、创新的、产业的、专业的服务平台，集成各类服务资源要素；到第四方的做引导，做产业理念、产业战略、产业组织、产业规律的引领者；再到第五方的营环境，无论是软的营商环境、文化氛围，还是硬的法治环境、制度安排，都需要洞见趋势、前瞻研究，对未来发展形成一定的预判能力。

6.4 把握不同发展规律价值取向

整体而言,规律性认知决定着经济良性运行及其公共政策创新。这其中，企业价值规律决定增长方式，加速价值再造效益；市场经济规律决定市场机制，提高资源配置效率；产业发展规律决定产业组织，放大产业生态张力；科技创新规律决定创新范式，激发创业创新活力；政策供给规律决定政府作用，促进社会公正公平。正是企业界的增长方式、市场界的市场机制、产业界的产业组织、全社会的创新范式、政府界的政府作用共同决定了一个国家或地区的经济社会发展，需要不同的分工和协调、协同。

6.4.1 规律性认知决定着经济良性运行

任何一个国家和地区的经济社会良性发展，依靠企业、科技、产业、市场、政府等多方力量，都离不开相应的发展规律及其常识下的政策取向。这个相应的发展规律，主要包括企业价值规律、市场经济规律、产业发展规律、科技创新规律，以及政策供给规律。而政府对这些规律的运用，主要反映在以企业政策、产业政策、科技政策、市场政策为代表的公共政策上。这其中，不同方面的规律有着不同的政策倾向、价值取向和发展趋向，决定着企业成长、市场运行、产业发展、科技创新在公共政策上的矛盾；但从其作用于经济社会发展的目标来看，也有着共同的使命要求、运行机制和发展诉求，因而在公共政策的实际操作中需要分工协作，使得企业成长、市场运行、产业发展、科技创新能够协调发展和协同推进。

整体而言，一方面，企业成长重在加速价值再造效益、市场运行重在提高资源配置效率、产业发展重在放大产业生态张力、科技创新重在激发创业创新活力、公共政策重在促进社会公正公平，正是企业界的价值再造效益、市场界的资源配置效率、产业界的产业生态张力、全社会的创业创新活力、政府界的社会公正公平产生了各自的倾向、取向、趋向，从而形成了一定的内在矛盾；另一方面，企业价值规律决定增长方式、市场经济规律决定市场机制、产业发展规律决定产业组织、科技创新规律决定创新范式、公共政策规律决定政府作用，正是企业界的增长方式、市场界的市场机制、产业界的产业组织、全社会的创新范式、政府界的政府作用共同决定了一个国家或地区的经济社会发展，需要不同的分工和协调、协同。

6.4.2 企业价值规律决定微观增长方式

一般而言，企业价值规律决定企业经营主体创造生产力、财富和经营效益的水平和能力，不仅决定着企业自身的成长方式与发展路径，还作为全社会微观基础决定着一个国家或地区的增长方式，亦决定着企业价值再造的经营效益。"企业的价值"核心是如何在最短的时间内、最轻（交易成本）

的方式下、最高（技术壁垒）的门槛下，针对多大的市场、抓取多大的流量、抢占多大的份额，最终挣更多的钱、更大的钱、更值钱的钱，进而赢得更高的附加值。衡量一个企业价值的标准，不是当前的收入、利润乃至市值，而是在可预期、可预见、可触摸的想象空间、流量支撑、市场位势、技术变现、盈利模式等条件下，在未来是否有更爆发的收入、更暴利的利润、更爆棚的市值，即"估值"。纵观国内外企业发展，任何一个企业价值再造的模式，或者价值再造途径，往往脱离不了经济学意义上不同维度的"创新"。有的企业由此走向创业成功，有的企业由此实现高速增长，有的企业由此做强做大。这便是以新产品、新技术、新服务、新模式、新业态、新组织、新市场、新场景为代表的价值再造。在价值再造的过程中，要么是一个方面取得突破便具有相应的价值，要么是几个方面取得突破具有集成的价值，要么是全面的体系性创新产生更高能级、更大量级的价值。

6.4.3 市场经济规律决定市场机制效率

一般而言，市场经济是通过市场配置社会资源的经济形式，核心是在坚持效率优先的条件下优化资源配置。这其中，市场经济规律决定市场机制能否发挥资源配置中的决定性作用；而市场机制则是资源、商品、要素在市场上通过自由竞争与自由交换来实现配置的方式和机制。在经典教科书上，市场经济规律包括价值规律——各种商品都是以各自的价值为基础进行等价交换、竞争规律——对商品生产中劳动力消费的比较、供求规律——供求关系变化导致价格的变化及市场均衡／出清。而一般市场机制是指在任何市场都存在并发生作用的市场机制，主要包括供求机制、价格机制、竞争机制和风险机制。如前所述，这种供求机制的背后是交易，只有在交易中才能产生价值；价格机制的背后是分工，不同的价格信号决定不同生产资源的流向和消费品的流通，正是在价格机制下产生了社会化专业分工、社交化大分工；竞争机制的背后是效率，质量优胜劣汰才能创造更多的消费者剩余和长期的效率效益；风险机制的背后是试错，只有在技术试错、产品试错、企业试错、市场试错、产业试错中才能熔炉试金。

6.4.4 产业发展规律决定产业组织能力

如前所述，产业发展规律主要包括产业成长规律、产业价值规律、产业组织规律等。产业成长规律往往是根据产业创新活跃度、产业集中度、产业规模、产业链、产业利润率和产业前景等，将产业发展周期分为孕育期、形成期、成长期、成熟期和衰退期等阶段，以便系统认识各个成长阶段与发展特征；产业价值规律更多地基于产业价值链分析、产业价值运动（分解、融合、跨界）、产业梯度转移、产业空间集聚（集聚、集群、集约），反映产业发展中价值的分配、运动、空间转移和空间集聚趋势；产业组织规律更多地反映"政产学研金介用"等各类创新主体、市场主体如何优化资源配置、组织分工、产业促进和产业生成。在以往工业经济条件下，产业发展规律更多地受产业模块化理论影响。在国际产业分工基础上，通过产业价值运动、产业梯度转移以及产业集群发展，在专业上分解、在空间上集聚。如今在以数字经济为代表的新经济条件下，产业发展规律更多地受产业生态化理论影响。在新经济生态中，通过产业价值运动、产业梯度转移以及产业族群发展，实现产业融合与产业跨界。

6.4.5 科技创新规律决定创新范式活力

一般而言，科技创新规律决定创新能力能否得以充分的释放和发挥效能。整体而言，判断一个国家或地方创新能力是否突出，往往取决于四个方面：一是科教智力有没有集聚，资源集聚是前提，往往是"前人栽树后人乘凉"；二是创业创新活不活跃，科技创业是灵魂，只有足够的创业试错才能产生伟大的创新；三是高新产业发不发达，产业族群是主线，只有大量企业同频共振才能越走越远；四是商业氛围浓不浓厚，创新文化是根本，既需要财富创造的商业动机，又需要宽容失败的包容氛围。反过来讲，创新发展具有如下属性：一是投入产出的跨期性，需要在创新投入上更加超脱，需要站在更大的周期上布局创新发展格局；二是创新行为的试错性，失败率越高原创性越大，需要建立适宜创新试错的制度安排和监管机制；三是群体创新的迭代性，需要形成开放式创新发展格局；四是创新文化的包容性，需要有科技创造财富的理念以及包容异端的创新文化。

6.4.6 政策供给规律决定政府作用边界

整体而言，政府在市场面前，不仅具有补充市场失灵的责任，还有培育市场的职能。尤其对于经济建设领域，政府作用发挥得怎样，主要取决于公共政策水平及其相应的公共财政管理能力，从根本上取决于社会公平公正环境建设与制度安排。一般而言，公共政策是指国家通过对资源的战略性运用，来协调经济社会活动及相互关系的一系列政策的总称；在经济建设领域，主要表现为产业政策、企业政策、科技政策、营商政策等。而公共财政是指国家（政府）集中一部分社会资源，用于为市场提供公共物品和服务，满足社会公共需要的分配活动或经济行为；在经济建设领域，主要通过国家或地方财力经由相应的产业政策、企业政策、科技政策、营商政策对各类市场主体、创新主体予以财政资金支持。以地方政府为例，由于很多财政税收、管理体制、法律法规的制度性政策供给主要由中央政府承担，地方公共政策的实施主要依赖地方财力。

6.4.7 促进不同发展规律的协调与统一

在经济建设领域，无论是产业政策、企业政策，还是科技政策、营商政策，核心是通过优化市场配置效率、创业创新活力、产业组织能力、公共财政绩效，提高企业经营效益、成长速度和创新能力，并在效率效益、活力张力、公平公正之间寻求最大公约数。在不同的政策倾向、价值取向和发展趋向下，解决企业成长、市场运行、科技创新、产业发展与政策供给之内在矛盾，核心是在整体上创新公共政策的供给侧改革，在具体问题上坚持不同的导向，在政策的种类、支持的方式和工具手段上做到"三层面三机制六结合"。

在政策种类上，一种是政策创新层面，主要是以给钱、给指标为主的扶持性政策，侧重资源要素配置；一种是组织创新层面，以创业体系、创新网络、产业生态建设为主，侧重产业组织创新，实现"政府—服务型政府—创新型服务政府"的转变；一种是制度创新层面，如税收、法治以及营商环境等，侧重生存发展环境。在支持方式上，一是通过直接支持方式促进市场主体、创新主体的发展，如对企业直接的无偿资助、贷款贴息、补贴奖励等，从"锦上添花"到"雪中送炭"；二是通过平台体系建设促进市场主体、创新主体发展，核心是依托创新服务、科技服务、产业服务等专业中介服务机构和基础设施供给优化创业创新生态和产业生态；三是通过深化体制机制改革促进市场主体、创新主体培育发展，核心是通过技术市场、资本市场、人力市场、要素市场的培育发展提高资源配置效率。在支持手段上，综合采用直接支持与间接支持相结合、事前支持与事后支持相结合、软性支持与硬性支持相结合、支持需求与支持供给相结合、形态服务与生态服务相结合、政策支持与制度支持相结合等方式，加快政策创新、政策集成和政策覆盖。

6.5 让产业互联网成为战略基石

进入互联网下半场，数字化转型成为地区经济发展的重要突破口，而产业互联网成为重要的基础设施。如果说改变生活方式的是消费互联网，改变社交方式的是社群互联网，改变生产方式的是工业互联网；那么，能够将生产生活方式实现贯通并实现"交易平台＋产业数字化＋供应链金融"的产业组织者和创新生态圈，则是产业互联网。当前，大量产业互联网还处于探索阶段，迫切需要重识产业互联网技术的逻辑、资本的逻辑、商业的逻辑、产业的逻辑、生态的逻辑，以便更好地服务数字化转型与产业组织创新。

6.5.1 重识产业互联网顶层设计钻石模型

产业互联网本质上是产业组织创新，中间层是资本运作、技术架构和商业模式，基底则是产业开放创新生态圈，依赖于在产业组织者的带动下形成多创新主体协同推进机制，其顶层设计近似于"钻石模型"。顶层是产业组织——体现为产业互联网的产业组织逻辑及公共政策逻辑，也就是如何发挥好产业组织作用，其主体是政府、平台企业、大企业、投资机构等产业组织者，尤其在推进产业互联网发展过程中重要的是发挥创新型服务政府引导作用。底部是创新基底——体现为产业互联网生态的逻辑，也就是在平台条件下，一些利益攸关方如何更好地围绕不同场景、需求、交易、供应等形成开放创新生态圈，并促进业务下沉和资源配置等。而中间的三角分别是资本运作、技术架构和商业模式，共同构成产业互联网平台的逻辑。这其中，一是资本的逻辑，不仅包括创业投资如何参与产业互联网，还包括如何借助股权纽带整合产业，亦包括将供应链金融作为产业互联网重要体现；二是技术的逻辑，不仅仅是安全、数据、网络，核心是借助高端软件及数智技术实现全供应链的产业数字化；三是商业的逻辑，核心是以交易平台为核心的商业模式，从第三方平台走向第四方平台，并优化商业模式。

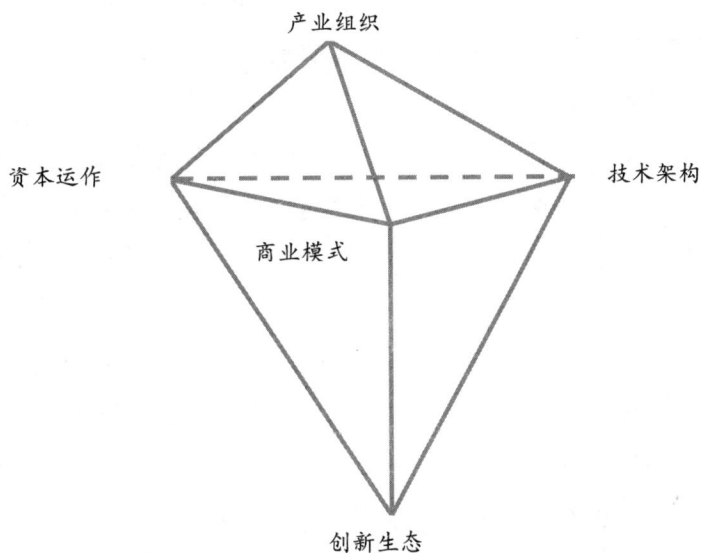

图：产业互联网顶层设计"钻石模型"

6.5.2 产业逻辑：产业组织者的垂直整合

如果说电商互联网改变的是消费模式，社交互联网改变的是生活方式，工业互联网改变的是生产方式，那么产业互联网则是整合供给与需求、工业与商业、虚拟空间与智能硬件以及生产方式与生活方式，最终以组织创新形成"数据驱动 + 平台赋能 + 智能终端 + 场景服务 + 社交生活 + 敏捷供应"的生产生活方式。伴随企业（生产组织方式）、市场（资源配置方式）、集群（产业组织方式）、平台（新型产业组织方式）的相互替代，产业互联网成为垂直领域但多边串联的整合者，能否进行垂直领域整合构成了产业互联网存在的底层逻辑。产业互联网的核心价值并非产业的互联网化，而是借助产业互联网平台起到产业组织作用，进而重构传统产业价值链，产生全新的生产方式、生活方式与增长方式、治理方式。其核心价值在于从以"投入—产出"为代表的生产函数到"输入—输出"为代表的生态指数。这个过程中，其生产要素不再是人才、土地、资本、技术，而是场景、智能、数据、平台、生态，其组织方式不再是工业化、信息化、市场化、资本化等等，而是场景拉动、智能引领、数据驱动、平台带动、生态赋能以及流量聚合，形成开放、多元、活力、共赢、高效的创新生态圈与全新产业组织方式。

6.5.3 商业逻辑：交易平台的 BC 端贯通

伴随产业模块化走向产业生态化，工业与商业、生产与消费、制造与服务、需求与供应、工场与场景高度跨界融合。在此背景下，大量介于生产与消费、工业与商业、行业与行业之间的平台型企业涌现，打破了以往卖方与买方、上游与下游、供应与消费的关系，甚至成为新型产业组织者、商业生态建设者、开放创新生态建设者等。如果消费互联网平台作为连接上下游、供需端或买卖方的第三方或第四方服务，是从撮合交易、资源配置、开源创新等过程的交易费用降低、价值增值中分享收益的经营实体；工业互联网是解决生产方式数字化、智能化、网络化的平台；那么，产业互联网平台，可以用其连接一切的特性及其虚拟空间，打破时间限制与物理空间距离，使得企业超越区域小市场面向全国或全球大市场，从针对存量的"鳌头"到拓展增量的"长尾"，从人工操作处理为主到工具的技术替代，从封闭的以产定销到反向资源配置的敏捷供应，最终实现无边界、无距离、自成长的爆发成长。这其中，只有建立以交易为目的的平台，不仅将人流、物流、资金流、信息流等有机结合起来，更关键的将 C 端量的需求与数据驱动 B 端的生产和供应，超越传统的消费互联网、封闭的工业互联网。

6.5.4 技术逻辑：产业数字化的技术实现

如今国内外制造业企业搭建的工业互联网平台带有浓厚的智能工厂烙印而与消费端交互不够，大型电商企业搭建的工业互联网平台带有浓厚的流量驱动但又底盘不硬，消费社交平台推广的产业互联网偏向企业商务，不仅难以从产业思维上对制造业与服务业、生产与消费、供给与需求、工厂与工场进行跨界整合，还难以从科技革命中将生产方式与生活方式打通。产业互联网的技术架构并非将新一轮信息技术、智能科技与先进制造、社交商务机械地拼装和组装，而是带有产业数字化顶层思考的技术实现。正是以往的产业互联网过于强调"器""技"层面，而难以突破传统的技术架构，迫切需要回答技术结构背后的商业化逻辑、社交化逻辑、数字化逻辑。更进一步说，产业数字化的核心是借助云计算把撷取、处理、整理好的大数据，通过移动设备传输到能创造价值的智能终端、智能硬件，再在社交商务场景中把这些数据的商业价值发挥出来，将数字内容、物联平台、智能终端、场景体验、社交商务紧密结合在一起，不仅实现企业级的业务模式重构、运营模式转变，还实现产业级的组织创新、业态创新，最终实现生活生产方式的贯通。具体而言，是基于"平台化＋生态"新组织新模式新生态的反向设计与逆向创新带动，形成"以用户需求为起点＋以行业应用为导向＋以数据为驱动＋以网络/平台/安全为核心＋以基础设施为支撑"的技术创新。

6.5.5 资本逻辑：供应链金融的资本加持

产业互联网的"互联"最本质是供应链，也就是从一个核心企业或者是一个产业的上游出发，将从供给侧到需求侧的整个物流过程、信息流、商流、资金流和价值再造过程。上中下游多个行业互联在一起，就形成了产业；多个产业互联在一起，就形成了产业跨界；多个产业基于互联网形成互联，就成了产业互联网。如今投资机构进入产业互联网的重要资本逻辑，便是基于供应链的供应链金融。如今供应链金融站在产业互联网平台上，依靠互联网和物联网、大数据以及区块链技术相结合的智慧供应链将成为主流。之所以诸多企业、机构可以为产业互联生态圈内中小企业提供融资服务，是因为这些机构通过互联网技术手段，掌握到融资需求方的交易信用，可以控制产业链上客户交易风险，为客户提供供应链金融服务。而之所以是"交易平台＋产业数字化＋供应链金融"，核心是因为产业互联网服务体系是多流合一的，也就是商品流、物流、信息流、资金流、数据流等保持一致。这其中，最关键、最具备时间价值增值的是资金，这是供应链金融成为产业互联网核心的重要原因。只有将在线交易、供应链金融、智慧物流作为进入产业互联网服务体系的入口，才能真正构筑起产业互联网的商业生态与创新生态。

6.5.6 生态逻辑：创新生态圈的共生共荣

在消费互联网"中心化"条件下，要么平台化，要么被平台化；要么被别人平台化，要么平台化别人。但在产业互联网"去中心化"条件下，能够让一批中小微企业、新个体、区域合伙人等在产业组织者的带动下，在若干领域实现产业链、创新链、资本链、数据链、供应链或者人流、物流、信息流的资源共享、互联融通、开放创新、优化配置以及快速生成，形成共生共荣、"你中有我、我中有你"、自组织自成长的生态关系。伴随生产方式、生活方式、消费模式以及生存空间等，从传统工业时代的物理空间、信息时代的虚拟空间走向数智时代的数字空间，无论在生产领域，还是在生活领域，或是在城市治理领域等，出现了若干新场景及场景业态创新。这些场景围绕市场需求、市场应用、市场交易、终端服务、消费体验等，能够提供需求、打磨产品，提供数据、改进算法以及迭代商业模式，从正向配置资源的链式创新转为反向配置资源的逆向创新。最终借助高端新经济生态圈实现爆品下沉，通过新经济的产业创新、组织创新、生产创新、价值创新、产品创新、运营创新、市场创新，分别把产业、园区、供需、企业、产品、运营、市场重新做一遍。

6.6 让区域试错成为重要试金石

在"跟风能有一半可能，不跟风就坐以待毙"的逻辑思维下，在产业组织创新中存在很多"跟风"现象。这些"跟风"，几乎近似于"县际竞争"格局下的"英雄所见略同"及由以形成的区域试错、产业促进与创新发展。整体而言，政府产业组织创新中的"跟风"现象既是需要的，也是必要的，但是我们需要反对盲目跟风、随波逐流、形式流弊、无头无序、背道而驰的"跟风"。

6.6.1 跟风能有一半可能，不跟风就坐以待毙

多年来，很多地方在新兴产业培育、科技创新发展、企业招商引资等工作中，出现不同的"跟风"现象。这些被"跟"的"风"，有的是从这一地区到另一地区，有的是从国外到国内，有的是自下而上，有的是自上而下。譬如，在新兴产业培育方面，有的地方率先上光伏项目，很多地方

就一哄而上，好的方面是加速了产业培育，但影响了光伏产业正常的产业发展周期；有的地方率先发展人工智能，很多地方都将人工智能作为产业来发展，好的方面是有利于人工智能技术的研发创新、推广应用和跨界融合，但问题在于人工智能不是产业，而是新的技术范式和经济模式、经济形态；有的地方推进"链长制"，多省份不同级政府都在实施"链长制"，好的方面是地方政府加强了产业组织，问题是该解决的问题依然没有解决。譬如，在科技创新发展方面，有的地方有国家布局的科学城，很多地方一哄而上，好的方面是很多地方拿出真金白银投入基础研究，但纵观全球除了科技城有诸多成功的范例，但科学城很少有成功的；有的发达地区发展未来产业，很多地方一哄而上，好的方面是大家越来越重视新兴产业的发展，但问题是很多地区的产业基础能力薄弱还没完成基本的工业化、高科技发育；有的地方布局实验室、新型研发机构、产业研究院，很多地方一哄而上，好的方面是把山川、河流、湖泊、人文等地理标志与人文标志与自身 IP、创新品牌结合，但有些地方没有选准方向或没有现代化的组织模式与运作机制。譬如，就企业招商引资而言，有的地方培育集成电路项目，很多地方一哄而上，好的方面是各地终于加大了对集成电路的投资，但在产业技术攻关上只有集中力量重点突破后才能向全行业技术溢出；有的地方搞了新能源项目，很多地方一哄而上，好的方面是有利于多地的产业试错，但问题是鱼龙混杂、恶性竞争。这其中，很多地方政府的心态是"跟风能有一半成功的可能，不跟风就只能坐以待毙"。

6.6.2 政府产业组织创新中为何有很多"跟风"

某种意义上，地方政府在产业发展、科技创新、企业招引等方面的"跟风"，几乎近似于"县际竞争"格局下的"英雄所见略同"及由以形成的区域试错、产业促进与创新发展。伴随新科技革命与产业变革而来的科技日新月异、产业大破大立以及企业优胜劣汰，很多时候无论对于一个企业，还是对于一个地方的产业发展，往往是"错过一小步，落下一大步"。这是因为只有掌握了创新发展的先机，才能掌握资源配置的主动权，进而才有可能掌握未来发展的主导权。如京东方是北京自新中国成立以来投资最大的项目，起初没有实现盈利，但正是因为长期战略投资，不仅通过持续跟踪国际产业技术前沿并逐步掌握自主知识产权，还逐步通过产品工艺更新换代实现产业价值链攀升和盈利，关键是为行业发展培育了一批高水平人才构成了国内产业发展的战略基石。此后伴随各地对京东方的招商引资，进一步带动了产业创新发展、技术创新和产业溢出。几乎可以说，不同形式的"跟风"恰恰是政府在推进产业组织创新过程中，围绕未来导向、发展导向、战略导向、机会导向、问题导向等，积极以政府前瞻布局或顶层设计培育市场的重要策略。整体而言，正是在各地不同"跟风"的区域试错、产业促进与创新发展中，历经实践的、时间的、市场的洗礼和验证，将新兴产业、质优平台、高新企业等检验出来，才加速了中国的经济增长、产业发展、企业培育和创新驱动，但也难免存在盲目"跟风"、为了政绩而"跟风"等现象。从这个意义上，"跟风"现象是需要的，因为在发展是硬道理的今天，首先怕的就是对新事物无动于衷。但具体该怎么"跟风"，既怕用旧办法做新事的"跟风"，也怕违背规律或别有意图的"跟风"。我们要避免没有遵循规律、盲目性大于谋划性的"跟风"，反对的是缺乏正确政绩观、脱离实际的"跟风"。

6.6.3 如何看待政府"跟风"成败的规律性认识

合肥一度被媒体称之为"伪装成政府的投资银行"，也就是借助投资从事新兴产业、大项目的招商引资，再通过投资银行将其培育成为新兴产业。这种说法，事实上描述了合肥近几届政府如何借助创业基金、产业基金等发挥好产业组织、产业促进作用，并在前瞻培育新兴产业过程中承担创新风险亦取得产业培育成效的故事。无锡自十几年前在前瞻布局新兴产业、加快引进产业发展人才、加大科创投入力度方面的探索更多，有些自下而上的探索甚至日后成为国家自上而下的政策，尽管有些培育案例成了反例，但同样具有较大的创新意义和探索价值。从这个意义上，我们对地方政府在产业创新与促进上"跟风"的成败，需要形成一定的规律性认识。整体而言，依然是"天时、地利、人和"三方面。第一位的是"天时"，这一方面是领域选得准不准、切口做得特不特，往往是视野越宽、战略越窄，需要往大处着眼、从小处着手；另一方面是风口抢得到不到、赛道跑得远不远，坚持领先一步而不曲高和寡，坚持长期主义做"多年以后才能成功的事"。第二位的是"人和"，这一方面是赛手选得准不准、资源配得够不够，不仅需要一批能够嵌入国际产业价值链、提高产业技术水平、带动产业生成及做大做强的创业者、企业家、投资人、产业组织者等，还需要专利技术、产业资本、产业资源、政策财力等资源要素配置到位；另一方面是定力用得深不深、做法用得新不新，不仅要坚持"一以贯之"的创新发展理念与组织动员，还要创新体制机制，借助新的政策工具、创新平台、工具方法创新发展。第三位的是"地利"，这一方面是平台筑得高不高、赛场配得全不全的"软件"，坚持"筑巢引凤"，通过政府搭台以及相关配套，做吸引更多质优人才前来创业创新、产业发展的"赛场"；另一方面是土壤育得沃不沃、机制用得活不活的"硬件"，优化政策环境与营商环境，形成适宜创业创新及产业发展的发展环境。

6.6.4 从乘风破浪的"取势"到披荆斩棘的"谋利"

如前所述，政府产业组织创新中的"跟风"现象既是需要的，也是必要的，但是我们需要反对盲目跟风、随波逐流、形式流弊、无头无序、背道而驰，做好战略厘定、区域根植、顶层设计、工作体系和规律遵循，最终在产业组织创新中将乘风破浪的"取势"与披荆斩棘的"谋利"有机结合。一是反对盲目跟风，要明晰发展取向，对于未来导向、战略导向的前瞻布局，对于发展导向、机会导向的全面跟进，对于问题导向的补齐短板，明晰出发点、着力点、着重点、落脚点；二是反对随波逐流，要突出区域个性根植，从立足资源禀赋到强调人择优势"贴金"，以地区 IP"吆喝"迅速吸引创新资源要素，加快将先发优势转化为发展先机或区域首创；三是反对形式流弊，要优化顶层设计，在领域选择、技术路线、运行模式、发展机制、管理体制、资源配置等方面做好制度安排或政策支持；四是反对无头无序，要完善工作体系，将领军人才、平台载体、创新源头、平台枢纽、头部企业、金融杠杆、生态圈等有机结合，提高组织动员与产业化实施能力；五是反对背道而驰，要遵循客观规律，不违背市场经济规律、产业发展规律、科技创新规律、公共政策规律，促进企业成长、经济增长、产业发展、科技创新与地区经济循环的有机统一。

6.7 以包容性增长拥抱数字经济

6.7.1 从房地产内卷到数字化内卷

如今很多人的一般认识是，近些年来发展最快、利润率最高的是互联网平台和房地产，一个是垄断了数据，一个是垄断了土地。那么，为了实现共同富裕、优化资源配置、调整各行业利润率等等，就需要反垄断或强化监管。先不论这两个"垄断"是否成立，但如今房地产已经作为"过街老鼠"，进入了房产税收割期时代；而当数据被界定为生产要素的时候，其所有权、管辖权、交易权、定价权、收益权、分配权等就出现不同的利益分配问题。应该说，无论是反垄断还是强调企业的社会责任，都是必要的，因为企业家精神中最本质的是创新，最崇高和最首要的精神是奉献。但无论自上而下还是社会各界，都不能陷入"高级黑"的扰乱或"低级红"的仇富。

6.7.2 避体制化之重就市场化之轻

数据与平台、平台企业紧密相关，也是平台企业从二维信息世界走向三维数字世界的生产要素和驱动因素。如前所述，平台提供链接上下游、供需端或买卖方的第三方或第四方服务，是从撮合交易、资源配置、开源创新、产业组织等过程的交易费用降低、价值增值、产业生成、供需适配中分享收益的经营实体。如今很多人都说数据垄断的问题，但真正的数据资源配置主导权仍在于 G 端，只不过 G 端无法将其转化为生产动能和经济效益。而基于市场化的数据资源配置，更多的是把海量、零散的个体数据转化为有价值的大数据，源自企业家精神，释放于企业家才能。

6.7.3 台上十分钟难掩台下十年功

如今，当很多人、很多利益主体都认识到这些数据在创造价值的时候，甚至都自以为理应分一杯羹的时候，是否想过诸多市场草根在打造平台以及"烧钱"过程前期的获客成本、地推成本、引流成本，以及创业风险、投资风险、市场风险、经营风险等等。"平台"的本质就是从做事到做局，但很多人看到的是平台企业在特定的"局"上，利用数据做"事"和收割。这正如很多人只看到了资本的价值增值、财富衍生以及资本决定劳动的机制，而没有看到资本的投资、投放是有风险的。

6.7.4 从先切分蛋糕到先做大蛋糕

当前，中国经济形态、经济模式以及产业结构、产业业态进入以数字化为引领的新阶段，整体上还是一个"做大蛋糕"的发展阶段，当然"切好蛋糕"也很重要。以往中国在业态创新面前，之所以能够走在前列，得益于包容增长——看起来管得很死，其实管得很灵活，也就是先发展起来乃至野蛮生长然后再审慎规范，这种传统需要坚持，不要在源头上一棍子打死。而事实上没有数据驱动型、平台型创业企业家的"折腾"，就没有充分的消费互联网发育，就没有互联网下半场大家对产业互联网发展的共识和基础。而相反一些国家或地区，由于法律、伦理、政策等问题，反而绑住了手脚、错过了机遇。

6.7.5 从限制发展回归到鼓励发展

数字化并非工业化历经几百年的发育和沉淀，中国与美国等发达国家或地区都处在产业试错、技术试错、市场试错、企业试错的起跑线上。在数字化为引领的新经济面前，创业者、企业家的"行"一定是走在很多人的"知"前面，对于"权"的运用，不能用简单粗糙的价值取向和公共产品供给。创业者、企业家是创造历史、创造财富的，可以与历史解释、财富分配者共同带动经济社会发展，而不能完全被解释历史、分配财富框定。

6.7.6 让马儿快跑更让马儿多吃草

任何新产业形态、新经济模式、新创新范式的生成，离不开时代与政府的"造就"，时代造英雄，政府顺势而为；更离不开企业家及创业团队的"成就"，企业家带着洞见力、使命感与领导力，与创业团队的创造力、行动力有机结合；也离不开各类创新主体、合作伙伴、创新生态的"铸就"，从市场需求中来到创新生态中去。在数字化创新发展新阶段，不能陷入既想让马儿跑又想马儿不吃草的非逻辑之中，也不能让一些酸葡萄主义者扰乱视听，一定要尊重创造、尊重创新、尊重创业和尊重企业，最终以包容增长实现活力倍增和数据驱动。

  如上所述，如何更好地创新产业组织或开展产业组织创新，不仅要建立系统性解决问题的发展观、导向观，还要把握产业结构演进的动力结构与作用机制；不仅需要从产业模块化思维向产业生态化升维，还要促进企业成长、市场经济、科技创新、产业发展与公共政策五大规律的矛盾与协调；不仅需要以产业互联网作为数字经济条件下的产业组织中枢，还要以区域试错带动产业试错，最终以包容增长实现活力倍增和拥抱数字经济。

07 产城融合发展：从野蛮增长到存量优化

21世纪以来，中国主要城市在工业化、信息化、城镇化、市场化、国际化"五化协同"的大潮中经历了充分的城市化孕育和发展，一举将中国的城市化率以及城市化发展水平提升到新的高度。当前，无论是经济社会进一步转型，还是新一轮科技革命与产业变革，抑或应对生态资源环境的约束及挑战，还有人类生产生活方式的转变等等，都在加速再城市化新时代的到来。在此背景下，我们既需要把握21世纪从第一个二十年到第二个二十年城市及城区经济社会建设发展逻辑之变，还需要从中国新一轮城市化的基本判断看当前及未来城市开发建设及服务运营，更需要以结构性重组和系统性重建加快城市及其新老城区新一轮开发建设，最终以城市运营、产业运营、科创运营耦合迭代探索新时代高质量发展之路，在新的历史条件下破题城市及其主城区高质量发展的关键问题与路径抉择。

7.1 城市建设发展模式逻辑之变

7.1.1 区域经济社会建设与发展模式

整体而言，每一代城市经济社会建设发展模式需要至少十年的酝酿发育，对后来的影响和作用至少将近二十年。某种意义上，以"城市化＋工业化＋信息化＋市场化＋国际化"为代表的发展模式基本形成于20世纪90年代，伴随中国"入世"后无限地放大，支撑中国成为全球第二大经济体，并实现由穷变富和一定的自主创新。整体而言，20世纪90年代中期以城乡住房制度改革为引爆点，辅之以土地、分税制改革等，决定了大规模的城市开发建设。几乎可以说，20世纪90年代到21世纪初这段时间，是中国城市化发展与经济社会建设模式生成的"轴心时代"。而自近十年来，城市经济社会发展又出现了很多新认知，将加速新的发展模式的生成、发育、延展、成熟和迭代，为中长期发展愿景的实现开辟新的发展视野与空间。

从近三十年的发展可以看到，从 1992 年到 2001 年，谁的市场化改革彻底，谁的资源配置效率就高、经济活力就高，地价就越贵；从 2002 年到 2011 年，谁的内循环带动外循环做得好，谁的实体经济就越发达，谁的房价承载力就越强；自 2012 年以来，谁的城市环境与服务配套质优，谁吸引的青年才俊就越多，谁的发展后劲就越充足。进入高质量发展新时代，城市发展需要在政策收紧、银根收紧、土地收紧、要素约束、环保约束、机制约束等条件下，将产业发展模式、城市发展模式与创新发展模式相结合，走出可持续高速度增长、集约型高质量发展之路，决定着城市格局演变的新一轮分水岭。

7.1.2 21 世纪第一个二十年的发展模式

从实践角度而言，对于 21 世纪第一个二十年城市经济社会发展模式具有较大影响的是城市经营论。如汪道涵先生、俞正声先生等人所提出，并在青岛等地率先实施。一般意义上的城市经营论，是指以城市政府为主导的多元经营主体根据城市功能对城市环境的要求，运用市场经济手段，对以公共资源为主体的各种可经营资源进行资本化的市场运作，以实现这些资源资本在容量、结构、秩序和功能上的最大化与最优化，从而实现城市建设投入和产出的良性循环、城市功能的提升及促进城市社会、经济、环境的和谐可持续发展。在此发展结构和运作逻辑下，书记是一个城市最大的董事长，市长是一个城市最大的总经理。自 20 世纪八九十年代袁庚先生在深圳率先探索的工业园区发展模式，为各类特区、园区、新区等功能区、政策区的开发建设提供了积极的经验借鉴。此后，伴随上海浦东的开发建设实践以及黄奇帆先生等人的推动，政府融资平台成为城市经营论重要的体制机制创新产物。此后，地方政府城市经营发展的诀窍在于通过政府融资平台，将大量城市土地开发配置与功能置换，掌握了土地的"金饭碗"与"摇钱树"，并利用级差地租的一次性"融资"以地生财，获得大量城市基础设施建设资金，进而改善投资环境以及筑巢引凤，最终将城镇建设、经济发展与社会服务有机结合。某种意义上，尤其对于地方政府而言，城市经营主要是基于土地的一、二、三级开发建设。此后，伴随城市化发展，尤其是在城市规划建设、基础设施建设、新区/功能区建设等带动下，全国各地大部分城市加快拉开城市框架，打破以往城市空间布局，向更加注重城市品质、能级、量级的战略方向转移。在此过程中，以城市新区、新城、开发园区成为加速城市化与城市经营的主阵地，如以苏州为代表的城市，在保护老城区的同时，依托工业园、高新区进行东西拓展，并在县（市）区层面依托县域产业园建设特色小镇。此后，在21世纪左右，以杭州实践为基础，王国平先生提出"城市发展模式与经济发展模式协同"，尽管更多的是以城市发展模式带动经济发展模式，但成为后来"产城融合"的重要源头。几乎可以说，正是这些发展理念与实际实践的有机结合与迭代创新，使得工业化、信息化、城镇化、市场化、国际化"五化协同"不仅成为当时城市建设发展的主要取向，还在较大程度上影响了21世纪第一个二十年的发展。而朱镕基总理在这一历史发展阶段所主导的分税制、房地产改革、土地财政以及贸易谈判等，成为重要的时代背景与制度安排。尤其是21世纪第一个十年，一方面在房地产的带动下，带动了人口流动、城市化和消费；另一方面在中国"入世"的带动下，加速了产业、工业化和供给。

7.1.3 近十年城市经济社会发展变化

尽管这种红利在21世纪第二个十年也得到进一步释放，但伴随中国城市新一轮建设发展实践进程的推移，以及内外部条件的转换，同样出现了如下的新趋势，并对21世纪第二个二十年的建设发展模式将起到较大的决定性作用：一是运营成为经营的下沉，城市运营、产业运营、科创运营等应运而生，跳出传统城市化发展模式和思维定式，从注重筹划、决策、执行、管理到注重谋划、计划、组织、治理，以资源大整合的跨界创新思维开创城市运营新时代。二是高质量发展成为导向，以城市精细化管理、"亩产论英雄"的时代到来，加速诸多城市更加注重质量和效益，深圳等地均GDP成为全国第一，从摊大饼的外延增长走向高质量精细化的内涵发展成为主流。三是创新生态成为城市肌体，伴随中国经济社会发展阶段从要素驱动、投资驱动走向创新驱动，促进创新功能、产业功能、城市功能在空间上的结合成为重要的发展主题，需要从1.0注重城市的形态开发、2.0注重产城融合的功能开发走向3.0注重科产城融合的生态开发，"产城融合"逐步让位于"科产城融合"或"科产城港融合"。四是数据成为生产要素，很多城市加快建设智慧城市和数字孪生城市，如杭州"城市大脑"等，未来城市将基于土地的一、二、三级开发建设走向基于数据的一、二、三级开发建设，土地开发的线性增长与滚动发展将被数字孪生的爆发成长与井喷发展所替代。五是土地财政难以为继，地方政府原始积累与税收来源需要从土地的一次性出让收入与房地产衍生税收收入，走向各类生产性、消费性的产业税收收入，再走向高端、高效、高附加值的企业所得税、个人所得税等。六是数字治理决定城市治理，伴随城市治理从行政体制、物理空间走向跨行政区域和数字空间，不仅将出现跨层级、跨地域、跨行政系统、跨部门、跨领域的协同推进机制和开发建设模式，还将出现更多的数字治理和智能治理。

从这个意义上，进入21世纪第二个二十年的城市经济社会建设发展模式将具有如下几个转变：一是从城市经营到城市运营，之前通过大规模城乡人口移动、城市空间扩张、城市规模扩大的粗放型模式已不可持续，需要精细化运营方式，走向内涵式的集约运营发展，使城市有形资产和无形资产通过市场运作最大限度地盘活存量、引进增量广泛利用社会资金进行城市建设，以实现城市资源配置的最优化和效益的最大化[1]。二是从野蛮增长到存量优化，打破以传统农民向政府卖土地、政府向开发商卖土地、地产商买土地卖房子、企业和居民则买下土地使用权和房子所有权为代表"卖卖卖"和"买买买"的大交易市场，不仅通过对运营环节以前的规划、决策、开发、建设等环节进行投融资统筹以增强城市的整体价值，还通过加强对城市资产的合理使用、经营和维护实现长期可持续发展、集约经营。三是从形态开发到场景内容，不仅是钢筋混凝土的形态开发与将城中村、城乡接合部

---

[1] 核心是将城市运营、产业运营、生态运营等有机结合，城市运营的核心促进社会建设与经济建设协同，产业运营核心是加快新旧动能转换，科创运营核心是营造创新生态。

的人口转为街道人口，而是将现代生产方式、都市生活方式、城市治理方式有机结合，加快从产城融合到科产城乃至科产城港融合，促进城市功能、产业功能、创新功能、开放功能在空间以及形态上的有机结合。四是从规模效应到数字孪生，城市化不仅仅是强调规模效应和范围经济，关键是从基于土地的一、二、三级开发建设走向基于数据的一、二、三级开发建设，以新人口红利释放数字孪生价值，在数字经济、数字社会、数字政府建设过程中将人流、物流、信息流、资金流转化为数据流嵌入到产业链、价值链、创新链、资金链、服务链之中，衍生生产力和财富，进而产生全新的增长方式、生产方式、生活方式或治理方式。五是从土地财政到金融财政，不仅走出土地作为融资的资源、资产、资本，还要走出土地财政的收支循环，积极探索金融财政方式。六是从数字基建到数字治理。伴随数字中国顶层设计的出台和城市数字化进程的加快，不仅出现新型数据中心、智算中心、工业互联网、产业互联网、能源互联网、城市大脑、产业大脑等多种新型数字基建，还将形成以数字经济为内核、以数字社会为应用、以城市数字基建为支撑、以政府数字治理为保障的城市发展新形态。

7.2 从城市更新到城市系统更新

7.2.1 新一轮发展过程中的主要变化

在新一轮城市化条件下，中国的城市化发展阶段、发展格局、发展趋势、发展方向、发展形态都发生了深刻变化，对城市开发建设及服务运营提出了新的要求。一是中国的城市化率。诺贝尔经济学奖获得者斯蒂格利茨曾经说美国的新技术革命和中国的城市化是 21 世纪带动世界经济发展的"两大引擎"。2020 年我国常住人口城镇化率大约在 60%，普遍认为到 2030 年在75%。即使都还处于"长期看人口、中期看土地、短期看金融"的一般认识上，在大的增量需求上依然存在巨大的空间。二是中国的城市格局。第一类城市是高净值的，人均 GDP 超过 2 万美元，GDP 过万亿美元，是高质量发展的重要代表。到 2030 年万亿城市俱乐部将在 35 个到 40 个之间，这 40个城市基本上占据中国 GDP 的 50% 以上。第二类城市人均 1 万美元、GDP

在 3000 亿到 1 万亿美元之间，可以高质量带动高速度。第三类城市是经济规模 3000 亿美元以下的、人均在 1 万美元以下的，有的维持发展、有的限制发展、有的野蛮生长。不同发展阶段、发展水平与级差地租，决定不同的进入模式、成本结构、投资强度以及收益水平等。三是中国的再城市化。新一轮城市化不仅仅是都市群、城市群的跨区域一体化，更重要的是再城市化。以往的城市化，大部分是钢筋＋混凝土代表的城市发展形态，然后将农村人口变成街道人口，但现代的城市建筑形态与现代生产方式、现代都市生活、现代治理并没有结合。未来谁能重新定义行业未来，就需要将现代生产方式、生活方式、城市形态与治理方式有机结合。四是中国的数字城市。如今城市经营发展的机制变了，其中最重要的一个机制就是数字孪生。这并不是说互联网＋建筑和房地产，而是借助数字孪生的机制去再造整个行业。以往都强调人口、资源、环境、生态之间存在矛盾，一个城市人口多了难以承受。但在如今数字孪生条件下，人口增加一倍能够带动的 GDP 并非一倍的增长，其放大的作用更大。以往一个城市 60% 以上的建筑面积都和人的生活、居住有关，而无论是商业地产、产业地产、住宅一旦成为智能硬件，就能为整个数字孪生城市建设起到关键作用。五是未来的社区形态。未来社区面向未来，更加注重场景化、数字化、智能化、生态化。如今不是建筑面积总量多了，而是低水平的、过时的太多了。无论对于城市更新还是对于未来社区，都有较大的空间。尽管我们现在无效建筑面积很多，人均的弹性太大，但依然存在很大的一个设施空间，需要着眼"未来感"，重新定义行业的形态和运作模式。

7.2.2 城市开发建设及运营服务模式

在此背景下，需要更好地把握城市经营开发建设演进规律，核心围绕城市功能、产业功能、开放功能和科技功能在空间上有机结合，并实现发展代际的演进。一是 1.0 的城市经营开发建设模式。1.0 往往要么是突出城市功能——城市经营与房地产泡沫经济，要么是突出产业功能——产业园区与实体经济。如果是做城市，主要是基于土地的开发，税收结构是土地的出让和房地产的后续收益。地方政府只有土地这一最大的资源和聚宝盆，然后城市有了资本的原始积累，才开始做产业，产业起来之后，形成生产性税源结构。二是2.0的城市经营开发建设模式。这个阶段其实就是产城融合，将产业功能与城市功能、经济发展与城市发展、经济事务与社会事务有机结合。除了城市化经营及开发建设外，实体经济属性不断加强，具有明显的投资驱动色彩，市场的牵引力至关重要，地方政府主要财税来源是各类生产性、消费性的产业税收收入，是最典型的投资驱动。三是3.0的城市经营开发建设模式。这个阶段叫"科产城融合"，促进城市功能、产业功能、创新功能在空间上的耦合，将创新发展模式、产业发展模式、城市发展模式有机结合。最典型的是个人所得税和企业所得税成为主要的税种，就是创新的功能体现。四是4.0的城市经营开发建设模式。促进四大发展模式协同演进，并将人口版图、财富版图、产业版图、创新版图、开放地图聚合在一起，在城市发展格局上占有一席之地。从1.0到4.0的变化阶段，分别代表了要素驱动、投资驱动、创新驱动，最终走向财富驱动。在这一过程中，未来城市经营开发建设将从土地财政走向金融财政。以往土地是地方政府的聚宝盆，未来人口是地方政府最大的资源。在一定人口规模和结构条件下，如何将土地等不动产转化为资源、资产、资本，进而在要素市场或资本市场释放价值，实现政府收支平衡，将是重要的方向。

表：城市不同发展阶段的不同发展结构

	基本特征	税收来源结构	阶段
城	基于土地开发建设的城市功能与城市经营：政府推手成关键，地产经济成为支柱产业	土地一次性出让收入与房地产衍生税收收入	要素驱动
产	基于资源区位比较优势的产业功能与产业发展：内需拉手成关键，实体经济属性加强	各类生产性、消费性的产业税收收入	投资驱动
港	基于全球金及分工的开放功能与国际发展：外需拉手成为关键，外向经济属性不断加强	各类生产性、消费性的产业税收收入的升级版	要素驱动 投资驱动
科	基于科技创新创业的创新功能与高新科技：科技成为重要动力，高新产业成为重要支柱	企业、个人所得税为主，打破土地财政依赖	创新驱动
金	基于资本运作交易交割的金融功能与财富分配：虚拟经济属性得以加强，金融分配财富	生产性服务业及各类非生产性衍生税收收入	财富驱动

7.2.3 从城市更新走向城市系统更新

整体而言，之前的国内外城市更新，往往遵循了资本决定开发、开发决定空间、空间决定产业、产业决定发展，是典型的硬规决定软划、硬件决定软件的传统思维；当前及未来所需要的城市更新，需要遵循发展决定产业、产业决定空间、空间决定开发、开发决定资本，需要软划决定硬规、软件定义硬件。城市更新不能依据现在空间更新、内容更新，而是通过新的发展路径和制度安排实现发展更新。这种城市系统更新，以城市功能、产业功能、创新功能、开放功能等协同提升为最高目标，以土地运营或资产运营为基础，以产业运作为保障，以资本运作为核心，以构建产业、文化、交通、生态和人居环境等城市综合系统为目标，并通过城市运营以前瞻性的城市发展策划和规划、土地整理、城市公共基础设施建设以及产业投资等一系列的资源整合运作，提升城市的功能规模和资源价值，最终获取城市整体资源溢价和城市投资增值收益，并将地产开发与产业结构、城市发展和城市经济紧密结合，协助政府实现城市综合功能的提升。

城市更新成为很多地方政府实现土地集约利用和低成本城市扩容的最佳选择。在城市运营投资实践中，需要凸显概念规划、战略规划对硬规、详规等的引导作用，通过"多规合一"形式把规划蓝图确定下来，吸引产业要素和资本要素集聚，并通过市场化、社会化的投融资体制创新使城镇化走出完全依靠政府资金和平台的老路，更加关注产业大配套、产业大协同，推进产城融合、产融结合，赋予新型城镇化更多的产业内涵。这对于很多城市运营商而言，需要在吃透未来城市发展规划和城市发展战略的基础上，充分运用市场经济的手段和机制、整合上下游资源，通过土地成片开发来带动城市和区域经济的发展。

7.3 从结构性重组到系统性重建

7.3.1 结构转变决定新一轮开发建设

对于很多城市运营商而言，要么是轻资产的代理模式，要么是重资产的业主模式，要么是掌握土地的地主模式。这其中，对于一级开发商而言，更多的是通过系统的规划、完善的配套、主打的区域品牌等提高土地价格，用土地溢价实现收益；对于很多二级建设商而言，更多的是通过提高商业用地、产业用地、住宅用地及相应容积率等，用住宅的高房价和刚需平衡收支；对于很多三级运营商而言，更多的是招商引资，通过房租以及一定地方财力返还等实现收益。也就是说，很多收益都与土地、面积、空间等等有关，往往是钢筋＋混凝土的延伸，并未找到更大范围、更高层级发展模式的底层逻辑。

但一个城市建设发展并不光是建筑物的增加和雕饰，以及人口的涌入、居民的聚集，而是城市内部产生各具功能的区域或功能区。同时，在各个功能区之间存在着有机联系，不仅构成城市的整体或全貌，还通过各组成要素相互关系、相互作用的形式和方式，形成包括经济结构、空间结构、社会结构以及发展结构等在内的城市结构。一般而言，"经济结构"是城市经济的组成要素相互联系、相互作用的内在形式和方式，尤其是产业结构、企业结构 / 所有制结构、技术结构、市场结构、投资结构、消费结构等对城市经济社会建设起到关键作用；"空间结构"更多地体现为城市内部各种功能性区域的形成以及它的分布与配置情形，受自然环境、基础设施、城市规划、历史文化等方面约束和影响，主要体现为城市密度、城市布局和城市形态；"社会结构"更多的是指组成城市社会整体的各组成部分之间的关系或构成方式，尤其是人口结构、智力结构、职业结构以及制度结构、组织结构等，对城市经济社会建设起到关键作用；"发展结构"主要是不同功能或单元之间作用于城市发展关系的总和，尤其是人口功能、产业功能、城市功能、创新功能、开放功能等的相互关系。

7.3.2 把握城市开发建设结构之变化

在以往的计划经济体制条件下，政府是城镇建设和产业发展的唯一投资者，也是城市化发展的主导者，出于对农产品供给问题的担忧，对农村人口进入城镇工作和生活实施了严格限制，城市成为加速城乡二元经济结构的重要载体。在一定历史发展阶段，由于政府承担了城镇发展投资的全部责任，城镇发展缺乏多元化投资者，导致城镇设施建设不足；而农村人口不能自由进入城镇工作和生活，限制了城镇规模的扩大，阻碍了城镇化发展。伴随中国城市化在政策导向上从"严格限制大城市"到如今"以城市群为主体形态"的转变，以及实现路径上从"离土不离乡"到"离乡进城"等转变，中国城市化率飞速提升。如今对于城市老城区而言，需要解决城市更新与产业更新、数字治理等问题；对于城市新城区而言，需要在规划建设的源头促进人口功能、产业功能、城市功能、创新功能、开放功能的有机结合。

就以往城市发展结构而言，如前所述，更多的是遵循了传统经济地理和传统发展经济学。一般而言，先是在一定资源及区位条件下，在产业产能（二产为主）的带动下，吸引人才人口，一旦人才人口多了，就需要强化城市的承载功能，此后伴随城市化率的提升，在城市市场扩容和消费升级过程中实现服务业的发展，最终体现为"产—人—城—市"的发展路径。在此发展路径下，一个城市的初始经济结构，往往呈现出如下特点：很多产业以劳动密集型、资源密集型、资金密集型为主的传统大工业大企业为主导，伴随一定的都市型生产性服务业与生活性服务业，尤其是老工业基地等城市一般是资源型、临港型、制造型，国有大企业较多，且乡镇企业发育不充足和后期体制机制改革不彻底，最终导致民营中小企业发育不足、市场化资源配置能力不足。与此同时，城市的空间结构伴随城市生产力布局、服务业跟进以及人口迁入而不断扩张，但整体上而言，城市功能主要与以工业化为主导的产业功能相适配，直到后来才开始以城市功能带动产业功能。

7.3.3 加快结构性重组与系统性重建

在新经济地理条件下，城市功能不再是产业功能等的延伸和附属，而是一个城市能级和量级的重要突破口，加速了城市建设发展路径从"产—人—城—市"向"城—人—市—产"方向转变。也就是说，有了更具吸引力的城市环境和氛围，以人才带动人口就流向了那里，伴随着人流而来的物流、信息流、资金流、思想流、数据流等等就产生了一定的市场容量和消费能力，之后经由"消费反向决定生产"的新经济逻辑便带动了产业的发展。在此发展路径下，一个城市的产业结构加快从劳动密集型、资源密集型、资金密集型产业向知识密集型、人才密集型、技术密集型产业方向转变，企业结构从国有大企业向民营中小企业、高技术大公司方向转变，城市发展重心从老城区向新城区方向转变，政府主导的城市投资开发建设运营模式向市场化、社会化方向转变。

在新一轮开发建设发展过程中，迫切需要以结构性重组加速系统性重建。对于很多老城区而言，要走出之前以初级工业化过早地完成了低水平的城市化，在新的历史条件下能否完成城市更新与产业更新，主要取决于如下三个方面：一是能否培育和产生量足够大、带动性高的新兴产业和新兴产业集群，以及在其中具有平台性产业组织能力的头部企业；二是是否具有地标性、高能级、高量级的城市主体功能区或创新平台，能够将生产性和生活性有机结合；三是加速从以工业投资为代表的投资驱动、以土地扩张为代表的要素驱动转向以科技创新引领产业发展的创新驱动。对于很多新城区而言，不仅要在新一轮城市化中避免产业空心化，更要以城市功能带动人口功能、产业功能和创新功能等，形成"科产城人融合"发展态势。

7.4 促进科产城运营耦合与发展

面向 21 世纪第二个二十年的城市经济社会建设发展，在"城—人—市—产"发展路径下，城市高质量建设发展的核心是基于人才带动人口的战略条件下，以城市运营、产业运营、科创运营耦合迭代攻坚克难和破冰试水。这其中，城市运营的核心是基于数字城市治理下促进社会建设与经济建设协同，重在利用商业手段解决社会问题、利用数智技术提升现代治理能力；产业运营的核心是把握好新旧动能转换的本质和产业组织的底层逻辑，重在打好新经济、高科技、工业化的战略组合拳；科创运营的核心是加快建立生态赋能型创新驱动发展格局与发展态势，重在实现研发生态、创业生态、产业生态、数字生态、金融生态、服务生态的适配。

7.4.1 三个运营结合加快高质量发展

整体而言，无论新老主城区，在突出城市主体功能、强化产业根基底盘、加强创新驱动策源等方面，需要扬长避短或变劣势为优势，打好城市运营、产业运营、生态运营组合拳，走出一条高质量发展之路：一是作为一个集聚一定资源、流量、财富的主城区如何扬有中生无之长和避土地与体制机制之短，借助高端人才、创业创新、平台经济、科技金融掌控资源在主城区实现高附加值，打造城市创新经济生态圈。二是作为一个覆盖建成区、城乡接合部乃至生态涵养区的主城区如何在"科产城人"融合的条件下以高质量发展带动高速度增长，处理好短期（地产）、中期（产业）、长期（科技）发展动力的关系，实现城市形态与产业结构双转变，建成高质量高增长首善区。三是作为一个拥有人流、资金流、信息流、商品流、货物流的主城区枢纽如何将不同的产业链、价值链、供应链、生态链转化为数据流和价值流，将人文历史、科教智力、商贸消费、旅游休闲、医疗卫生、商流物流等与数字化相结合，着力提高城区辨识度与首位度，抢占新经济发展制高点。四是在各地抢滩布局城市群、都市圈过程中，作为城市窗口如何提量级、能级，强化对地区创新经济辐射策源能力，在更大位势、范围、格局上配置资源，打造创新型城市建设主平台。

7.4.2 从城市经营全面走向城市运营

城市运营的核心是基于数字城市治理下促进社会建设与经济建设协同。伴随经济社会形态加速从半工业半信息社会走向智能社会，对城市运营提出了更高的发展要求，不仅需要"物"的连接，更需要实现"事"的联通，而核心是"人"的社交。站在整个经济社会形态转换与数智技术推广应用条件下，城市运营最终要解决和促进的，是将代表"物"的数据、代表"事"的信息、代表"人"的情绪进行有机的整合，通过各种技术手段和机制引导，充分实现泛在物联网的高效连接，有效利用信息与通信技术的共享平台，不断衍生新价值、新服务，最终产生新的经济模式和新经济形态。某种意义上，这种城市运营核心是基于数字城市治理下促进社会建设与经济建设协同。加快培育未来都市发展运营商，将投入产出效益不高的公共事业、资源配置效率不高的社会固投、公共服务效能不高的行政管理、居民福祉体验不高的民生服务进行重构重建，用商业手段解决社会问题、用数智技术加强基础设施、用共享经济释放资产泡沫、用平台企业参与城市管理，最终用社会建设带动经济建设、城市建设，实现经济发展和社会发展的有机协调。

专栏：加快培育未来都市发展运营商

　　某种意义上，新基建解决的社会建设问题，具体而言就是城市更新、产业更新与社会治理有机结合。这其中，我们需要一批未来都市发展运营商。"未来"就是面向未来，探索居民生产生活新的疆域与方式；"都市"而非"城市"，在于城市还是基于物理空间地域的，都市更加开放、更加延展。"运营商"就是从传统的二产走向现代的三产，从一级开发、二级开发走向三级开发。对于未来都市发展运营商建设发展而言，可以归结为"12345"：一是一大价值主张。以人的更加美好、幸福、和谐的生产生活生态追求为核心。现在有些城市运营商延用过时的商业模式，立足城市运营是对的，但是没有找到真正地去引领城市运营的方式，更多地用了一些比较传统的手段，甚至是通过裹挟政府进行捆绑。所以并非价值驱动的，它是一个价值的转移，是不可持续的模式。二是两大重要突破。未来我们要从单纯的土地开发建设走向以数字化带动开发建设模式。所以第一个突破就是用数字基建走出土地开发建设，没有建筑业、房地产参与的数字化一级、二级、三级开发是不完整的；第二个突破是用数字孪生颠覆目前所谓的智慧城市建设，智慧城市由硬入软。三是三方力量汇聚。核心是立足第二方，走向第三方和第四方。不仅从开发商、建筑商彻底走向运营商；关键是塑造生态圈，用生态圈合作伙伴的力量共同去服务社会、服务企业、服务政府、服务居民；还要做平台的平台，既有总包，也有组织者的成分，还有引领者的成分。四是四大功能提升。主要是将科技的功能、产业的功能、城市的功能、开放的功能在空间上更好地结合。不光产城融合等等，还要体现出创新功能、开放功能在一般城市化、数字城市建设中的重要作用，最后构建成开放的、泛在的、社交的超级智能物联生态圈。五是五化协同运转。场景化就是现在提供的东西不再是钢筋混凝土形态，而是从物理的形态走向更加社交，服务性更强的东西。数字化就是数字孪生。原来就叫钢筋＋水泥，或者鼠标＋水泥，现在应该是手机＋水泥。智能化就是将建筑重新定义成具有功能性的智能硬件。当各种物理空间都嵌入了数字化、智能化系统成为智能硬件、智能终端后，就成了数字城市建设的基础设施。金融化就是支撑政府从土地走向金融财政。政府单独做社区不值钱，但是应把这些东西规划好，并引导开发商在协助政府规划的同时，从一级开发走向土地的价值倍增。生态化不光是与自然、与社会的这种和谐，还要形成生态圈层。

7.4.3 从产业促进全面走向产业运营

产业运营的核心是把握好新旧动能转换的本质和产业组织的底层逻辑。如今伴随城市更新而来的是产业更新，对于老城区产业发展而言，需要新旧动能转换，伴随城市功能提升最终需要产业提升的战略支撑；对于新城区而言，需要用新的组织方式把产业重新做一遍。"新旧动能转换"的原本是在"新的"经济体系与"旧的"经济体系之间，通过创业（增量）、企业（存量）、产业（条的）、区域（块的）等层面"动力"及其新思想、新技术、新模式、新业态等方面"能量"的结构性"转位"与系统性"换场"，提高创业成活率与企业迭代性、找到产业爆发点与区域增长极，打造经济增长与发展的升级版。这个"新"就是以数字化为代表的新经济，"旧"就是以工业经济为主体的传统经济，"动"就是不同的动力，"能"就是新技术、新模式、新业态、新产业的能量，"转"就是转变发展模式、组织方式、发展结构、发展形态，"换"就是换场、换位和换血。更进一步而言，在新旧动能转换条件下，产业组织的逻辑是如何实现1.0的工业化、2.0的高科技、3.0的新经济的组合拳。这其中，1.0的工业化主要是通过大规模标准化生产提高生产效率和经营效益，没有强大的工业化能力就没有完整地供应链、增值空间以及就业、产值，如今需要通过服务型制造、智能制造实现泛工业化；2.0的高科技主要是通过"高精尖"技术提高生产边界和生存疆域，没有强大的新材料、新装备、新能源、新环保、新医药等就没有先进制造业从价值链低端走向高端，如今需要各种高科技、硬科技与先进制造业相结合；3.0的新经济主要是通过数字化跨界重构生活方式和生产方式，支撑和带动整个经济从生产决定消费到消费反向决定生产。对于很多城市或城区而言，往往是"442"的发展结构，也就是40%的经济动能依赖于批量化标准化生产的工业化，40%的经济动能依赖于高科技提升高附加值，20%的经济动能来自新经济，但20%的经济动能贡献的附加值和税收远大于工业化和高科技；对于很多处于中心城区的老城区而言，一般难以超过"244"，其中的"2"也是基于服务型制造、总部型制造等。最终在产业跨界融合、产业平台引领、创新生态赋能、金融资本加持中优化产业组织方式，提高产业运营效率效益。

专栏：加快培育产业园区运营商

当前多类创新主体、市场主体纷纷介入产业园区运营业务，竞争更加激烈，资源争夺日益加剧。2013年前是以国有平台公司与市场化产业地产商（如以华夏幸福为代表）合作为主，自2013年开始传统房企、科技企业等社会资本纷纷进入产业地产，尤其是科技企业因为新业务不断涌现、业务跨区域等属性，布局速度更快，通过在多个城市布局小尺度的产业地产项目而实现快速发展。具体形成了如下发展态势及模式。

一类是房地产商或建筑商转型做产业园运营。如央企中国建设集团、民企碧桂园等。整体上是从"钢筋＋混凝土"走向"产城融合"，未来需要走向"手机＋水泥"模式。整体而言，房地产或建筑商转型类的，地产基因与地产思维较为浓厚，尤其是受高循环、高杠杆的影响下，很难在产业培育与产业组织上坚持长期主义。一类是产业园运营商带有不同程度开发建设。如华夏幸福、宏泰发展等。整体上是从华夏为代表的重资产运营模式走向以宏泰为代表的轻资产运营模式。整体而言，越来越多的产业园区运营商需要与地方政府共成长，依托专业能力、服务集成、服务水平创造价值并分享价值增值。一类是产业集团介入并加快布局产业园运营。如央企的中国电子、集体企业的海尔集团、民企的华为以及中联重科等。整体上是依托产业组织能力，将产业、城市、创业创新相结合，打造地区或行业产业创新生态。这类产城创项目有些是重资产运营，有些是轻资产运营，整体上需要从物理的集聚到化学的聚变，真正发展成为影响地区或行业发展的产业创新生态中枢。一类是地方国有平台公司介入的产业园运营。

如中发展集团、张江集团、中新建设等。整体上从产城融合走向科产城融合。这类公司核心是在不同发展阶段要处理好与政府（管委会）的关系，更好地配合政府解决市场失灵与培育市场，利用商业手段解决社会问题。一类是平台型企业加快布局建设数字产业园区。如阿里、百度、腾讯、京东等。基本上是借助平台企业的数据优势、流量优势，强化数字基建、数字孪生、数字大脑、数字城市等。整体上这类企业需要真正将物理空间与虚拟空间、智能硬件与云台云端、智能硬件与数据驱动有机结合在一起。

从产业园区内容运营上，呈现出更加创新化、生态化、数字化、服务化趋势。当前，产业园区运营核心是用企业的方式、园区的形态、商业的运作和生态氛围，加快打造具有源头型、平台化、生态型的社会企业，发展成为企业界的斯坦福——创新生态建设者。整体而言，创新生态建设者＝第四方新兴产业组织者＋第三方创新服务集成商＋第二方产业园区运营商。所谓"新兴产业组织者"就是作为"平台的平台"，将产业规划、产业研究、产业地产、产业招商、产业促进有机结合，成为产业组织者、游戏规则制定者或者产业促进推动者。协助地方政府更好发挥对新兴产业发展的前瞻布局、发展规划、资源配置、制度安排、政策集成、产业促进等作用，突出"裁判员"的作用。"创新服务集成商"就是作为企业与服务、企业与市场、企业与集群、企业与生态、企业与机构等之间的纽带或枢纽，积极承担政府公共服务职能。借助创新服务体系以及科技服务业发展等集成各类专业服务、产业服务、创新服务、科技服务等解决市场失灵问题与培育市场，促进创新链、供应链、产业链、价值链、服务链、资金链的有机结合，突出"陪练"的作用。所谓"产业园区运营商"就是从基于土地的一级、二级、三级开发建设运营的形态开发——土地一级开发、基础设施与公共设施建设、民生工程建设、先导性载体建设和地产开发，走向服务功能建设的功能开发——包括资产运营、资源运营、科技服务、创新服务、品牌建设等，走向以基于数据的一级、二级、三级开发建设运营的生态开发——以场景化、数字化、智能化、金融化、生态化，构建成开放的、泛在的、社交的超级智能物联生态圈。

7.4.4 从科创发展全面走向科创运营

科创运营的核心是加快建立生态赋能型创新驱动发展格局与发展态势。深圳拥有超过300万的商事主体，4.2%的研发投入占比达到世界先进水平，数百万企业形成了"6个90%"的独特创新现象，率先形成了"创新驱动、内生增长、内涵发展"发展模式以及"自组织自成长、共生共荣、生生不息"的创新生态。其背后则是在自主创新面前，创业带动创新比创新带动创业更重要，企业创新比高校院所科研更重要，企业家比其他家更重要，市场机制比政府作用更重要，政府没有做错什么比政府做对什么更重要。简而言之，创新生态是"政产学研金介用"多类创新主体围绕创新能力提升与创新组织而发生的一系列关系的总和，强调经济发展、产业发展、创新驱动是内生自生的、自组织自成长的、闭环循环的、自动发展自动修复的，具有产业跨界融合、企业竞合发展、资源要素聚合、空间服务耦合、开放协同合作等特点。科创运营不仅需要促进科教资源、智力资源、创新资源、产业要素、财税要素、政策资源的适配，还要加快产业生态、数字生态、研发生态、创业生态、金融生态、服务生态的建设发育，亦要在价值规律、创新规律、市场规律、组织规律、治理规律之间找到平衡点，以质优创新生态带动经济社会发展轻盈地腾飞。

专栏：打造一批局部创新生态圈

当前，在形态各异、模式多样、层级不同的创业服务机构、产业创新服务平台、科技服务平台以及各类服务载体等之中，出现了一批具有集群性、多样性、多元化、综合性的集聚区，形成具有局部创新生态圈功能的创新服务综合体。这种"新型"或者"综合体"，核心通过将"政产学研金介用"之间的创新生态嵌入以"产业链上中下游大中小企业"为核心的产业生态，形成能够共生共荣、生生不息、自组织自成长的"永动机"。这种"永动机"，主要包括如下内涵：一是强调生态的圈子，营造开放创新生态圈，促进创新生态与产业生态的闭环发展及协同演进，突出生态赋能（储能、孕能、使能、释能）；二是强调平台的流量，打造成为超级的第四方平台并强化第三方平台的引进培育，突出创业、企业、产业等流量的涌现；三是强调源头的资源，强化地区高校院所、产业集团等科教智力资源的源头地位，促进高端创新资源及产业要素流向创业、企业、产业；四是强调服务的价值，强化科技服务的产品化、集成化、便利化、网络化，为创业创新、产业化、开放合作等提供便利；五是强调开放的氛围，根植地域文化，营造良好文化氛围与发展环境。当前及未来，需要以新时代高水平创新生态圈建设为主线，坚持"前沿创业栖息地、未来产业策源地、开放创新生态圈、高端要素聚合池、科技服务主阵地、文化交流主窗口"发展定位，形成"六器成场"（孵化器、加速器、处理器、储存器、路由器、链接器）发展态势，突出"新地标、新产业、新创业、新服务、新资源、新生态"重点工作，强化生态圈、平台性、源头化、服务化、国际化品牌内涵，夯实共生共荣、生生不息、自组织自成长"永动机"核心价值。

7.4.5 杭州拱墅区三个运营有机结合

拱墅区位于京杭大运河的最南端，是杭州中心城区之一，因旧时以境内最古老的拱桥拱宸桥和最繁华的湖墅地区各取一字而得区名，2021 年与下城区设立新的拱墅区，全区总面积 119 平方公里，户籍人口 84.62 万人。拱墅区是杭州历史上重要的制造业基地（如杭钢等企业驻地）、商贸中心和交通枢纽。对于杭州拱墅而言，核心是站在"江河湖海溪"的高度上，从杭州城市创新中心的演进迭代中，思考和定位自身的发展。"湖"即杭州创新发展的西湖时代，主要是从文化创意到金融科技，在西湖的底蕴上，得益于美院的源头、金融科技巨头的红利。"江"即杭州创新发展的滨江时代，从信息经济到数字经济，从"互联网+"到"互联网×"，在高科技的大潮中，得益于商业模式创新与技术创新的有机结合。"溪"即杭州创新发展的余杭时代，从平台经济到硬核科技，在大科学时代将科技创新、产业组织创新等有机组合。"海"即杭州创新发展未来的钱塘时代，主要原因是钱塘江入海口还有大量土地等发展空间，目前是制造业、当前需要的是新制造、未来是数字经济。拱墅是京杭大运河的最南端，不仅是中国南北经济循环的南方起点，也是杭州的文脉所在，其城市运营的核心是将文化创意的文脉与想象力、数智科技的脉搏与创造力与商贸流动的血脉和生命力有机结合，在双循环发展格局上异军突起。在城市功能上，作为城市老工业区、商贸中心，历经多年城市更新，城市形态出现了根本性变化，生产性与生活性楼宇相对协调；在产业运营商，有工业遗存和工业化发育、一定的交通枢纽属性、一定的港航属性（运河/海港）、地产经济较为发达、研发商务楼宇初具规模，尤其是在企业搬迁上拱墅强调化学反应（如杭钢能耗指标转化为浙江云、阿里云等）；在科创运营商，近年来加快创新平台布局，总体上"四面开花"，各种小镇较为分散，目前力求通过建设"大运河数智未来城"予以统筹，用"大运河"体现基于绿色生态的开放，用"数智"体现基于数字智能的创新，用"未来"体现面向新生产生活方式的产业，用"城"体现基于人才带动人口的"城"。

7.5 加快高质量发展的路径抉择

站在改革开放第一个四十年到第二个四十年的历史节点上，从"十四五"到"十五五"历史起点上，以及新冠疫情的历史拐点上，当前及未来城市及其主城区建设发展及运营服务迫切需要回答如下四大战略问题。

7.5.1 扬长避短打造创新经济生态圈

在新经济地理条件下，作为一个城市及其主城区如何扬长避短，掌控资源在主城区实现高附加值，打造城市创新经济生态圈。一般而言，城市及其主城区往往都是建成区——集聚大量金融机构财富、国企垄断资源、总部经济流量以及科教智力资源、教育医疗资源、文化创意资源、高端商贸消费等，但受制于建成区空间影响以及体制机制顽疾作用，难以充分实现财富放大、资源释放以及流量变现等，迫切需要转换发展模式与道路。这种发展道路不是外延增长、外生发展的要素驱动、投资驱动，而是如何从做事到做局，通过整合和掌控资源，在新平台、新赛道、新生态上实现高附加值。具体而言，围绕高端、高效、高附加值环节，将平台经济的产业组织、科技金融的资本杠杆、总部经济的资源配置与科技创业的发展活力、技术创新的技术门槛、文化创意的想象空间有机结合，将流量优势转化为数据优势，将资源转化为资产、资本，最终将创新资源与产业要素在主城区实现优化配置、转化为高附加值及生产力、并主导财富分配，打造城市创新经济生态圈及其创新生态中枢。

7.5.2 双高发展实现产业城市双转变

在新时代条件下，作为一个城市建成区如何双高发展，实现城市形态与产业结构双转变，建成高质量高增长的增长极。城市及其主城区有的整个辖区为建成区，城市功能完善，土地空间不足；有的是生态涵养区，亦有部分城乡接合部，城市功能与产业功能具有良好基础，也具有较大发展空间。尽管具有发展不平衡的结构性矛盾，但更有协同发展的空间。当前及未来，核心是在"科产城人"融合的条件下做好协同发展，处理好短期、中期、长期发展动力的关系——以建成区的城市功能以及土地挖潜强化资源虹吸与原始积累；加强科产城融合，促进城市功能、产业功能、科技功能在空间上的紧密结合，做好地产反哺、产业支城、创新强区。并根据新时代高质量发展要求，促进经济发展模式与城市发展模式的协同，进而促进城市形态与产业结构的双转变、双提升，以高质量发展带动高速度增长。

7.5.3 创新驱动提高首位度与辨识度

在新一轮产业技术革命下，作为一个城市及其主城区枢纽如何流量转化，着力提高城区辨识度与首位度，抢占新经济发展制高点。伴随数智技术推广应用，未来最有前途的创业和产业是将不同人才流、资本流、信息流、商品流、货物流等在不同的产业链、价值链、供应链、生态链之中转化为数据流，最终转化为价值流。很多城市是历史文化、科教智力、商贸消费、旅游休闲、医疗卫生、商流物流等相结合的典型枢纽城市，很多城市主城区不仅是这些元素集聚的枢纽，还具有将各类创新资源及产业要素转化为生产力、财富及新兴产业的能力。在新的历史条件下，很多城市主城区迫切需要以产业辨识度抢占区域发展首位度，抢占新一轮产业变革的战略制高点、产业主导权与发展主动权。如果新经济最早是 1.0 的信息化、网络化，随后是 2.0 的平台化、社交化，如今是 3.0 的数字化、智能化，当前很多城市主城区新经济发展不是从 1.0、2.0 到 3.0，而是围绕 3.0 布局 2.0、带动 1.0。

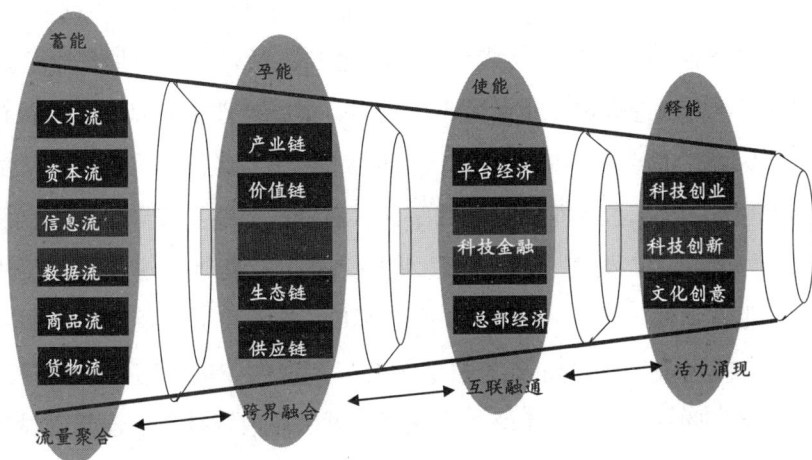

图：新经济条件下城市生态运营模式

7.5.4 竞合发展提升辐射与带动能力

在跨区域一体化中，作为中心城市窗口如何功能提升，强化对地区创新经济辐射策源能力，打造创新型城市建设主平台。当前，各地加快抢滩布局城市群、都市圈。从目前来看，单靠行政区合并形成的量级与能级，与相应战略要求以及城市发展定位尚有较大差距。很多城市及其主城区作为地区和城市开放创新窗口，在提升地区与城市量级、能级上具有不可推卸的历史责任和担当。城市主城区在历史文化、商务商贸、科技创新、产业发展以及国际合作、城市建设上，皆具有明显的地标优势，为依托主城区及周边城区打造具有中央商务区、中央创新区双重元素的城市重点功能区提供了基础条件。"十五五"时期，很多主城区迫切需要通过强化城市量级提升能级、强化城市内力增强张力，遵循"强基汇能、孕能嵌链、化链组网、破网突变"基本路径，在更大位势、范围、格局上配置资源，支撑国家中心城市、地区中心城市建设。

以城市运营、产业运营、科创运营叠加迭代探索新时代高质量发展之路，不仅要在发展理念上坚持"科产城人"融合发展，以人的集聚和发展为核心，促进城市功能、产业功能、创新功能在空间上的有机结合，最终实现一流的城市功能、一流的产业发展、一流的科技创新与一流的创新人才；还要在发展路径上高质量发展带动高速度增长，通过大力发展民营经济、开放经济、新型制造等进一步激发市场活力、强化产业根基以及补位跟跑，通过大力发展枢纽经济、流动经济、总部经济、平台经济等突出区位优势、提高战略位势以及站位并跑，通过数字化、新经济等重点突破、率先创新驱动以及抢位领跑；亦要在主攻方向上坚持"三个重新做一遍"，坚持用新经济把产业重新做一遍——重点在平台经济、数字经济以及产业互联网带动下在"传统产业"的"红海"中挖掘新兴产业的"蓝海"，用新基建把社会重新做一遍——用商业手段解决社会问题、用数智技术加强基础设施、用共享经济释放资产泡沫、用平台企业参与城市管理，用新地标把城市重新做一遍——加快新区、园区开发建设与经营发展。

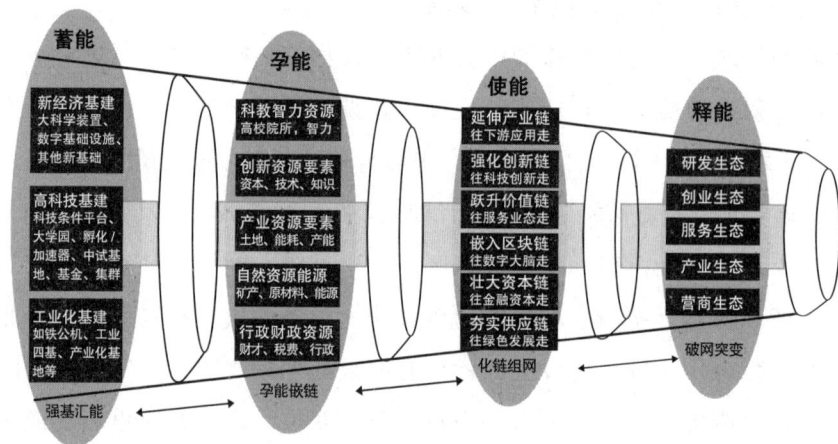

图：创新生态赋能发展

08 产业地理演变：从异军突起到殊途同归

从"依地而生、靠天吃饭"的农业文明、"分工交易、钱生钱"的商业文明、"机器替代、规模生产"的工业文明走向"毁灭创造、创造毁灭"的创新文明，数据、算力、人才智力取代以往的土地要素、金融资本、生产装备成为最具基础性、决定性和根本性的新型生产要素、新质生产力。熊彼特认为，创新就是建立一种新的生产函数，也就是说把一种从来没有过的关于生产要素和生产条件的"新组合"引入生产体系。自改革开放以来，伴随中国从落后的农业国、有计划的商品经济体制，向现代的工业国、社会主义市场经济体制转型，逐步发展成为全球第二大经济体，并在产业创新发展过程中逐步提升自主创新能力和科技自立自强水平，加快从外向型工业经济体向开放型创新经济体方向转型。在此过程中，不同城市发挥自身在科教型城市、文旅型城市、制造型城市、港口型城市、商业型城市、流量型城市等属性上的优势及特点，形成了不同的创新取向、创新途径、创新范式、创新文化和创新趋势。尤其是在万亿城市俱乐部中，出现了若干具有地域特色、时代特色、发展特色的创新范式，并以多中心并发创新的态势带动周边地区和全国各地形成中国式创新的基本形态、中国创新版图的基本景况。在新的历史条件下，站在新的发展起点上，这些多中心并发创新将殊途同归，共同丰富、创新、发展中国式创新的现代意义与全球价值，为中国的开放创新发展和新一轮全球化探索新模式、开辟新天地。

8.1 中国式创新的典型代表城市

当前，在中国万亿俱乐部城市中，涌现出一批代表不同创新范式的创新型城市，以多中心并发创新构成中国式创新的基本框架。其中，以深圳、杭州、北京、武汉、西安为代表的城市呈现出鲜明的未来性；以上海、成都、广州（佛山）、苏州（南通）、宁波为代表的城市呈现出鲜明的适应性；以南京、青岛、合肥、长沙、无锡为代表的新兴高地呈现出不同的新动态新态势。

8.1.1 深圳：科教智力资源薄弱的智能硬件之都

深圳作为一个港口城市、制造基地，初始的科教智力资源较为薄弱，但通过大力建设国际化移民型创业城市，突出民营科技活力、开放创新能力，发展成为全球创新高地和智能硬件之都。在深圳创新发展历程中，从 20 世纪 80 年代的"三来一补"、到 20 世纪 90 年代的向高技术进军、再到 21 世纪第一个十年的山寨产业集群、再到 21 世纪第二个十年的智能硬件之都，深圳加速全域创新，不仅涌现出以华为为代表的智能硬件企业，还涌现出以腾讯为代表的社交化企业，并成为数字化新经济时代的引领者。这其中，深圳是典型的以外循环带动内循环、由硬入软的创新，形成硬件产品工程化的工程师文化特色；而以市场化提高资源配置效率、以国际化加速全球资源配置、以法制化营造质优营商环境，是深圳在创新驱动和开放发展上的重要经验。

8.1.2 杭州：文旅商务休闲突起的数字化策源地

杭州作为一个科教型城市、文旅型城市、商业型城市，初始产业基础并不深厚，但由于抓住信息技术、新一代信息技术、数字科技与新经济的结合契机而异军突起，发展成为我国数字化发展策源地。在杭州创新发展历程中，从 20 世纪 80 年代的民营经济、到 20 世纪 90 年代的互联网经济、再到 21 世纪第一个十年的平台经济、再到 21 世纪第二个十年的数字经济以及当前的硬核科技，形成以杭州（滨江）高新区为代表的世界一流高科技园与创新高地，涌现出以阿里为代表的平台经济、以海康威视为代表的数字安防。这其中，杭州是内循环带动外循环、商业活力市场效率带动逆向垂直创新、由软入硬的典型，形成"互联网+"的平台文化，以及资源配置的逆向创新组织方式；而以民营科技创业为起点（创业天堂）、以企业家精神为灵魂、以未来思维（政府产业政策）为导向，是杭州在创新驱动和开放发展上的重要经验。

8.1.3 北京：与全球新经济脉搏同步的科创中心

北京作为政治中心、科教型城市和流量型城市，尽管本身及周边地区制造业受限发展，但通过体制机制创新和政策先行先试，将新科技革命与产业变革的脉搏和首都资源、全国市场、国际视野相结合，发展成为与全球新经济脉搏同步的科创中心。在北京创新发展历程中，从 20 世纪 80 年代的第一个高科技园区中关村成立、到 20 世纪 90 年代引领中国第一轮互联网创业高潮、到 21 世纪第一个十年大量海归留学人员创业、再到 21 世纪第二个十年独角兽企业占据中国近半壁江山，形成以中关村为代表的世界一流高科技园与创新高地，涌现出以小米为代表的社交化、以字节为代表的短视频、以美团为代表的电子商务、以独角兽为代表的硬科技。这其中，北京是体制外增量培育盘活带动存量提升的典型，形成"互联网文化 + 前沿科技"的创新文化；而在体制机制创新与政策先行先试带动下，从互联网经济、到高精尖产业、再到前沿技术创业与未来产业，是北京在创新驱动和开放发展上的重要途径。

8.1.4 武汉：光电子单点突破带动新兴产业突围

武汉作为科教型城市、流量型城市，尽管民营经济和初始产业基础底蕴不足，但依托科教智力源头，通过创业带动创新，加快科技成果转移转化，以光电子单点突破带动新兴产业突围，发展成为国家重要的创新高地和有全球影响的光电子产业基地。在武汉创新发展历程中，从 20 世纪 80 年代我国第一家孵化器东湖新技术创业者中心创办，到 20 世纪 90 年代提出"光谷"的概念并生成光电子产业集群，再到 21 世纪第一个十年承建世界一流科技园区和国家自主创新示范区，再到 21 世纪第二个十年从光电子到生物医药等多面开花，在以武汉东湖高新区为代表的战略高地里，培养出以华中科技大学为代表的创业型大学、以瞪羚独角兽为代表的产业企业等。这其中，武汉是单一产业突破带动其他产业群体突围的典型，率先建立了"源头人才—创业孵化—高新科技—原创产业"融为一体的车库文化；而从高校院所源头、到衍生科技创业、再到高新企业、再到高新产业，从光电子到生物医药等，成为武汉在创新驱动和开放发展上的重要经验。

8.1.5 西安：科教智力资源高密集的硬科技之都

西安作为科教型城市、文旅型城市与流量型城市，尽管民营经济和市场经济底蕴不足，但依托科教融合、军民融合、产城融合等，通过大力发展硬科技创业，加快凭借科教智力资源优势成为硬科技之都。在西安创新发展历程中，从改革开放以来的高校与军工与民品一体化、到20世纪90年代西安高新区领先发展、再到21世纪第一个十年初步形成完整的高科技产业体系、再到21世纪第二个十年提出硬科技发展理念，西安加快将资源优势转化为产业优势和创新优势。这其中，不仅形成了"基础设施—基础研究—应用研究—转移转化—产业化"正向的链式创新，还形成了以尖端技术产品化的科学家文化为主、并与工程师文化相结合的创新文化；而基于硬科技创业，从研发概念、创业想法、商业计划、初创创业到企业发展、产业生成，将顶尖平台、尖端技术、拔尖人才与针尖产业有机结合，成为西安在创新驱动和开放发展上的重要经验。

8.1.6 上海：历经完整工业发育溢出高水平创新

上海作为港口型城市、商业型城市、制造型基地和都市型城市、科教型城市、文旅型城市、流量型城市，尽管传统工业路径依赖明显、民营科技力量薄弱、外资买办三分天下，但由于历经充分的工业化实践，率先从工业化后期向后工业时代转变，加快向开放型创新经济体方向发展。在上海创新发展历程中，立足改革开放以前雄厚的工业基础、完整的工业体系、外向的经济体系，自改革开放以来始终是中国市场换技术、技术引进吸收再创新的典型，形成良好的工业技术积累和资本原始积累；尤其是伴随上海率先开放和中国"入世"后，在国际化和金融投资的带动下，大量国外先进技术率先在上海移植和迁移；进入新时代以来，上海进一步突出张江科技园区创新高地引领，抓住大科学原始创新契机布局科学城，加快科技自立自强、形成高质量创新驱动格局，并在集成电路、生物医药、航空航天等领域形成具有国际竞争力的产业集群。这其中，上海形成多种创新范式、创新文化、创新路径的集成，加快从外向型工业经济向开放型创新经济方向发展；与此同时，将各类经济属性溢出的高端创业与国际金融中心城市的投资优势、国际化的全球资源配置能力相结合，成为上海在创新驱动和开放发展上的重要经验。

8.1.7 成都：创新生态赋能加速全面转向新经济

成都作为科教型城市、文旅型城市、流量型城市，尽管市场经济和产业底蕴不足，但坚持打好新经济、高科技、工业化组合拳，以创新驱动全面转向新经济，加快建设创新生态赋能的新经济策源地。在成都创新发展历程中，从 20 世纪末加快布局建设成都高新区、到 21 世纪第一个十年将"科产城人"融合发展、到 21 世纪第二个十年全面转向新经济，不仅培育出以成都高新区为代表的世界一流科技园区和国家自主创新示范区，还在泛娱乐、新消费、硬科技等领域培育出一批哪吒企业、瞪羚企业和独角兽企业。这其中，成都以流量驱动新经济发展，从人流、物流、信息流、资金流、货物流到数据流、价值流，以场景市场需求带动生产供给，发展成为消费驱动的场景业态创新的典型；与此同时，成都着眼创新生态赋能发展结构，以"新场景—新赛道、新研发—新物种、新平台—新组织、新基建—新治理"大力构筑新经济产业生态圈，成为成都在创新驱动和开放发展上的重要经验。

8.1.8 广州：工商贸联合体加快产业转型与升级

广州作为沿海开放城市、商业型城市、制造型基地以及国家中心城市，尽管产业结构、发展结构、经济形态难以与"北上深杭"相比，但凭借中国南大门区位优势，通过大力发展工商贸联合体，加快产业转型与升级，成为我国重要的产业创新高地。在广州创新发展历程中，从 20 世纪 80 年代的订单贸易与合资合伙，到 20 世纪 90 年代的民营科技创业与高科技产业发展，到 21 世纪第一个十年创业式创新、"五化协同"大发展与"腾笼换鸟"，再到 21 世纪第二个十年涌现出以微信代表的新经济，培育出以广州高新区为代表的世界一流科技园区和珠三角国家自主创新示范区。这其中，广州同样是形成多种创新范式、创新文化、创新路径的集成，尤其是立足产业跨界融合由软入硬衍生新兴产业，以工商贸联合体带动产业转型升级，加快从外向型工业经济向开放型创新经济方向发展。

8.1.9 苏州：外部需求外资驱动的开放创新经济

苏州作为文旅型城市、内陆港口城市、制造业基地，尽管深受行政层级体制机制制约，但依托临沪区位、外资外贸和"三大法宝"等，通过大力承接产业梯度转移、加快国际招商引资、大力发展园区经济等，加快从外向型工业经济向开放型创新经济方向发展，逐步成为开放型创新中心。在苏州创新发展历程中，从20世纪七八十年代以来的"苏南模式"发育期、到20世纪90年代以来的园区经济抢滩期、到中国"入世"后世界工厂成型期、到21世纪第二个十年外向工业成熟期、再到新时代的开放创新转型期，苏州加快产业发展模式、城市发展模式与创新发展模式转变相结合，全面从外向型工业经济向"创新驱动、内生增长、内涵发展、开放合作"的开放型创新经济战略转型，不仅拥有苏州工、苏高新、昆山三大产业集群，还在电子信息、纳米材料、生物医药等细分领域形成一定发展优势。这其中，苏州是从外循环到内循环、由硬入软，从承接产业梯度转移到形成科技自立自强和产业自主自生能力，从车间文化（车间机器生产）向写字楼文化（写字楼服务升级）、实验室文化（实验室研发创新）方向发展；而基于资本原始积累、产业技术积累、人才智力积累以及财政财力积累，加快向新兴产业和自主创新方向发展，成为苏州在创新驱动和开放发展上的重要经验。

8.1.10 宁波：从民营效率到创业创新活力经济体

宁波作为港口型城市、制造型城市、商业型城市，尽管科教智力资源薄弱，但依托民营经济、市场经济、外向经济等优势，通过围绕企业家创业创新，将金融资本与产业资本融合，在全球范围配置资源、创造财富、分配财富，从产品工艺创新—产业技术创新—科学技术创新，走出了将民营企业效率经济与民营科技创业创新活力经济相结合的自主创新之路，发展成为创业创新活力经济体。纵观宁波改革开放以来发展历程，20世纪七八十年代以来，宁波借助拥港临沪的区位优势，加快形成工业基础与民营经济根基；尤其是伴随港口贸易带动临港制造业发展机制和乡镇企业改制，全面激活民营经济、市场经济、外向经济发展合力；并将这一组合拳的红利在中国"入世"

后无限放大；进入 21 世纪第二个十年后，进一步将资本原始积累、国内外市场网络与产业技术创新相结合，提升自主创新能力和新兴产业生成能力。与苏州不同的是，宁波更依赖民营经济的内生增长，苏州更依赖外资的外生增长；宁波更注重工匠精神，苏州更依赖车间文化；宁波基于民间资本的资源配置能力、全球资源配置能力突出，苏州基于政府财力的政府资源配置能力突出；宁波是产业完整发育带动重点领域突破创新，苏州是外资外需外循环带动制造生产内循环。这其中，从产品工艺创新、到产业技术创新、再到科学技术创新，是宁波在创新驱动和开放发展上的重要经验。

8.1.11 南京：激活科教智力密集的创业创新活力

南京作为一个科教型城市、文旅型城市以及流量型城市，尽管具有省会城市体制机制羁绊的惯性以及发达地区省会首位度不高的顽疾，但近年来依托科教智力资源与工商底蕴加快创新驱动发展，提高跨行政系统配置资源，全面加快创新驱动发展，激发全市创业创新活力，在硬科技发展、新旧动能转换、新经济发展上皆有新的发展局面和态势。在南京近年来的创新发展历程中，不仅注重激活科教智力资源大力发展高科技产业，如生物医药产业；还借助产业互联网与金融创新在传统领域衍生再造出一批新业态新模式的新物种企业，如从事家电卖场的五星电器培育出多家独角兽企业；还在以数字经济为突破口加快向新经济方向转型，如大数据、人工智能、未来网络等发展。南京以创新驱动提高首位度，以高规格科创委加快体制机制创新，为很多城市创新发展提供了重要参考。

8.1.12 青岛：以新旧动能转换全面走向创新经济

青岛作为一个港口城市、制造基地、文旅型城市以及海洋科教型城市，尽管处于市场化程度薄弱的北方和思想文化包袱沉重的山东，但积极探索新旧动能转换新模式新机制新形式，全面向新经济方向转型。在青岛创新发展历程中，从 20 世纪七八十年代的沿海开放城市的起步发展、到 90 年代临港产业发展的市场转型、到 21 世纪第一个十年国际海滨城市的制造腾飞阶段、到第二个十年港产城融合的创新驱动、再到高质量发展新时代，青岛不仅在海尔、海信等老牌企业中涌现出多家独角兽企业，还在诸多新兴产业领域培育出一批新物种企业。尤其近几年，青岛率先通过高科技创业带动高水平创新、大企业平台化、加快推进产业互联网、以数字化在传统产业寻找爆发点、加快场景业态创新等加快新旧动能转换，探索新经济发展新模式新机制新形式。

8.1.13 合肥：政府培育市场试错与创新源头共振

合肥作为一个科教型城市、省会城市，尽管产业基础薄弱和交通区位不便，但积极将政府前瞻培育市场、充分发挥市场试错机制、突出创新源头赋能作用，在新一代信息技术等新兴产业领域异军突起，发展成为全国知名的"声谷"和人工智能重要策源地。在合肥创新发展历程中，从以往一个不通铁路干线的省会和中国最大的县城，历经承接产业梯度转移、加快新兴产业前瞻培育、促进科教源头创新赋能，一举发展成为创新型城市，不仅出现了以中科大为代表的创业型研究型大学，还培育出科大讯飞等为代表的新经济头部企业，亦在若干新兴领域培育出一批新物种企业等。合肥的实践和探索，充分回答了如何通过"伪装成政府的投资银行"前瞻培育新兴产业、承担创新风险并取得产业培育成效，如何发挥知名高校源头作用建设"中国声谷"，如何锻炼一支金牌招商队伍加快承接产业梯度转移。

8.1.14 无锡：从县际竞争堆积到跨区域开放创新

无锡作为一个商业城市、制造基地，尽管科教智力资源薄弱，但从产业强市到创新强市、从县际竞争到城际竞合、从工业经济到创新经济、从生态倒逼到绿色发展，在一个陆域资源、自然资源、生态资源薄弱的地区发展成为我国人均 GDP 最高的城市，不仅成为新时代高质量发展的典范，还成为跨区域开放式协同创新的引领者。在无锡创新发展历程中，从 20 世纪七八十年代的"苏南模式"先行、到 20 世纪 90 年代产业转移抢滩、到 21 世纪第一个十年世贸制造腾飞、到第二个十年增长滞缓复原、再到高质量发展新时代，无锡不仅在集成电路、生物医药、物联网、新能源等领域产生全国性影响，还在超算、深海技术等大国重器尖端科技创新上占有一席之地，亦培育出新型企业梯队。尤其近几年，无锡积极以太湖湾科技创新带强化创新驱动，加快从县际竞争堆积到跨区域开放创新，以环太湖科创共同体支撑长三角一体化，为国家地区性科创中心建设做出积极探索。

8.1.15 长沙：从"产城人科"到"城人市创产"

长沙作为一个科教型城市、制造型城市、省会城市，尽管没有诸多东南沿海城市、其他省会城市的光环和财力，但率先打破"产—城—人"的传统经济地理发展逻辑，积极将城市功能、产业功能、创新功能、人才功能相结合，发展成为以"城—人—市—创—产"为代表的新经济地理发展典型，并在装备制造、新材料等产业领域形成国之重器和产业之本。在长沙创新发展历程中，在传统经济地理阶段，哪里有钢铁、煤矿、港口、铁路等资源、区位优势，生产力布局、产业布局、产能布局在哪里，而生产力布局、产业布局、产能布局在哪里，人才、资本、技术、要素、市场、服务等就流向哪里。长沙作为省会城市并非没有优势，但优势不明显。在新经济地理条件下，哪里的城市宜业宜居和生态环境质优，人才就会流向哪里，而人才流向哪里，资金、技术、资源、市场、产能、产业就流向哪里，这也是近年来长沙成为区域发展一股清流的基本逻辑。

8.2 不同城市类型基本创新走向

纵观万亿城市俱乐部中主要创新城市，要么是科教型城市、要么是文旅型城市，要么是制造型城市、要么是港口型城市，要么是商业型城市、要么是流量型城市，但都不是资源型城市。对于科教型城市而言，核心是依赖技术创新做好成果转化；对于文旅型城市而言，核心是依赖业态创新做好内容转化；对于制造型城市而言，核心是依赖产品创新做好产业升级；对于港口型城市而言，核心是依赖市场创新做好产业转移；对于商业型城市而言，核心是依赖模式创新做好产业跨界；对于流量型城市而言，核心是依赖场景创新做好流量转化。

8.2.1 科教型城市：依赖技术创新做好成果转化

科教型城市，也就是大量高校院所研发创新源头集聚、形成良好科教智力资源密集优势的城市。科教型城市发展成为创新型城市，主要依赖技术创新，重点是做好成果转化。在创新发展过程中，这种城市往往是立足科教智力资源优势加快创业式创新，跳出局限在中间件、半成品的技术锁定，破除知识分子的气息、体制机制的羁绊，以产业为导向、以市场为牵引、以企业为主体、以商业为手段，将硬科技与软创新相结合，建设科技创新中心与高技术产业基地。从创新方式形成的基本路径来看，往往是科教智力资源富集带动正向链式创新，如武汉、西安、南京等城市，从基础设施、基础研究、应用研究、转移转化到产业化。这其中，如果有单一创新源头，往往形成单一产业创新带动产业整体创新提升的创新路径，如武汉光电子产业依托华科大力发展，并带动了其他新兴产业集群的发展；如果是多源头的，往往形成各类产业创新齐头并进发展态势，进而没有足够的产业特色，中关村便是这种典型。从经验借鉴的角度出发，任何一个科教城市核心是如何以技术"硬科技"带动商业模式"软创新"，将科教智力优势转化为产业优势、创新优势。譬如向合肥重点学习的是如何从一个不通铁路干线的省会和中国最大的县城一举发展成为创新型城市，如何通过"伪装成政府的投资银行"前瞻培育新兴产业、承担创新风险并取得产业培育成效，如何发挥知名高校源头作用建设"中国声谷"，如何锻炼一支金牌招商队伍加快承接产业梯度转移。

8.2.2 文旅型城市：依赖业态创新做好内容转化

文旅型城市，也就是拥有大量文化旅游资源、带来诸多流量及内容的城市。文旅型城市发展成为创新型城市，主要依赖业态创新，重点是做好内容转化。在创新发展过程中，这种城市往往是将内容优势、流量优势转换为数字优势、产业优势、创新优势，打破"富文化 穷经济"或"富生态 穷经济"发展循环，大力发展数字内容产业，打造数字内容创新中心。从创新发展路径来看，往往是将文旅资源、文化创意、数字内容与场景创新相结合，如成都、青岛等城市，大力发展数字文娱、数字内容、数字消费等产业。这其中，要么是场景业态创新，要么是文旅科技融合发展。从经验借鉴的角度出发，任何一个文旅城市核心是以商业模式"软创新"带动技术"硬科技"，加快将流量内容转化为平台经济。譬如向杭州重点学习的是如何借助互联网"免费＋增值服务"模式将人流、物流、信息流、资金流、数据流转化为价值流、平台经济和流量流水，如何借助数字化改革进一步将第一方党委党建、第二方数字政府及其公共服务走向第三方数字城市及创新生态建设、第四方数字经济及其产业组织、第五方数字社会及其法治治理，如何借助高新区、科创走廊从商业模式创新走向前沿技术创新，城市创新中心如何从西湖时代、滨江时代、临江时代走向钱塘时代，如何形成基于平台文化及平台衍生能力的"互联网＋"创新文化与创业活力。

8.2.3 制造型城市：依赖产品创新做好产业升级

制造型城市，主要是工业化发育充足、工业门类齐全、产能产值较大的制造业基地。制造型城市发展成为创新型城市，一般具有较大难度，关键在于从产品工艺创新、产业技术创新走向科技创新，重点是做好产业升级。在创新发展过程中，这种城市往往是立足实体经济强化科技赋能，跳出生产决定消费的工业路径依赖，发挥企业家主导作用及创新精神，以产业跨界带动新旧动能转换，促进一维产业向二维产业、三维产业迈进，为实体经济插上科技创新的翅膀，打造产业创新中心及高端制造基地。从创新方式形成的基本路径来看，往往是具有如下特点：一是产业完整发育带动重点领域突破创新，如宁波在多门类制造业发展基础上培育出全国产值最高的新材料产业；二是产业转型升级由硬入软溢出高新产业，如上海工业化发育到一定阶段，在不同经济属性溢出了大量高端创业，带动上海从工业化向信息化、数字化方向发展。从经验借鉴的角度出发，任何一个制造型基地核心是如何在内循环带动外循环中实现产业技术创新，以产业数字化带动数字产业化促进中国制造走向中国智造、中国创造。譬如向宁波重点学习的是如何借助民营经济、市场经济、外向经济在一个生产力布局、科教智力资源、陆域资源薄弱之地发展成为商贸名城、制造基地、国际强港，如何借助人才引进、技术转移、跨国并购、工匠精神等发展成产业技术创新中心，如何以数字产业化带动产业数字化加快走向新经济，不是"选择宁波就是选择国家战略"而是"选择宁波就是选择未来"。

8.2.4 港口型城市：依赖市场创新做好产业转移

港口型城市主要是依托港口、内陆港，商业与贸易较为发达的城市。港口型城市发展成为创新型城市，需要在承接产业梯度转移的逻辑下加快市场创新——积极开拓国内外市场，并在外需的带动下实现产业转型升级。这种城市往往是沿海沿边城市、港口城市等，在创新发展过程中，往往是在内外贸以及大小商品流进流出的过程中，带动实体经济发展与科技兴贸，在国际科技合作中加速开放式创新，从大进大出到优进优出，打造开放创新中心。从创新方式形成的基本路径来看，一是外资外需外循环带动制造生产内循环，如苏州、广州、佛山等在外资、外贸、外经的带动下，带动中国制造与时俱进；二是产业跨界融合由软入硬衍生新兴产业，在商品贸易带动下，从生产制造再到生产性服务业，再通过产业跨界融合发展从工业化走向高科技和新经济。从经验借鉴的角度出发，任何一个港口型城市核心是如何在外循环带动内循环中实现开放式创新，将产业结构、城市形态与国际分工、产业分工系统迭代和与时俱进。譬如向深圳重点学习的是如何从"三来一补"向高技术产业进军、并经由"山寨产业集群"升格成为全球智能硬件之都，如何以"工程师文化＋商业文化"实现商业转化、应用研究到基础应用研究，如何以"不是做对了什么，而是没有做错什么"实现市场化、国际化、法制化的创新生态与营商环境打造，如何从人才战略到人口战略发展为国际化移民型创业之城。

8.2.5 商业型城市：依赖模式创新做好产业跨界

商业型城市主要是具有浓厚的商业文化、发达的市场体系、精密的经济分工、多品类的商品交易等特点的城市。商业型城市发展成为创新型城市，往往依赖模式创新，重点是做好产业跨界。在创新发展过程中，这种城市往往依托信息化、互联网、数字化开展商业模式创新，形成全景商业生态，开展产业跨界与产业组织。从创新方式形成的基本路径来看，一种是商业活力市场效率带动逆向垂直创新，从终端产品、消费场景、市场交易、后端服务等入手，反向配置资源和生产组织，如杭州等城市；一种是创业创新内循环带动资源市场外循环，如杭州尽管没有港口，但通过电子商务平台"买全球，卖全球""卖全球，买全球"。

8.2.6 流量型城市：依赖场景创新做好流量转化

流量型城市，要么是地区中心城市，要么是周边地区加持本地消费的消费型城市，要么是具有独特交通优势、区位优势、流动优势、门户优势的枢纽城市。流量型城市发展成为创新型城市，往往依赖场景创新，重点是做好流量转化。核心是依托中心城市的流量优势、枢纽优势，将人流、物流、商品流、信息流、资金流转化为数据流，进而转化为价值流，打造数字经济创新中心。从创新方式形成的基本路径来看，主要是基于消费驱动的场景业态创新。

8.3 多中心并发型创新发展途径

以上不同城市具有不同类型和特点，但走上创新之路的过程往往有如下途径——源头裂变型创新、平台衍生型创新、数字孪生型创新、创业试错型创新、族群迭代型创新、开放协同型创新、跨界融合型创新、投资发掘型创新、场景再造型创新、溢出再生型创新。尽管这些途径在不同创新高地都有分布，但往往是不同方面各有不同的侧重。

8.3.1 源头裂变型创新：创新源头裂变新兴产业

"源头裂变型创新"主要是指一个地区的发展有科教源头、研发源头或创新源头，并在创新源头的科技智力与技术创新支撑下，在某一领域形成了先进技术、创业创新人才、代表企业，并在某一产业领域或其细分领域形成了新兴产业，并在全国或全球范围内占有一席之地。这些源头一般为专业特色突出的理工科大学。如武汉依托华中科技大学培育出具有世界级竞争力的光电子产业以及"光谷"，合肥依托中国科技大学培育出以科大讯飞为代表的企业和"声谷"。

8.3.2 平台衍生型创新：平台企业衍生产业谱系

"平台衍生型创新"主要是指一个地区在产业创新发展过程中出现了具有较大产业组织能力、流量聚合能力、交易交割能力、战略投资能力、生态构建能力的平台型企业，并借助这些平台型企业衍生出一批新企业新技术新业态，最终形成新的产业族谱。如"BATJ"所在城市，培育出一批百度系、阿里系、腾讯系、京东系企业，并在不同的产业领域形成新的商业生态和产业谱系；同样，基于华为、海尔等一些大企业集团，同样能够在不同产业领域和地区出现新的产业创新。

8.3.3 数字孪生型创新：数字城市孪生创新经济

"数字孪生型创新"主要是指一个城市通过加强以数字基建、城市大脑、数字技术、数字化改革为代表的数字城市建设，构筑数字创业、数字平台、数字经济的基础设施与应用空间，将数据、算法、内容、终端、场景、应用、体验等紧密结合，进而带动城市走出一条数字化发展之路。如杭州率先建设"城市大脑"，并借助城市大脑的推广应用加快在城市管理、城市治理、社会民生、移动出行、公共服务、医疗卫生等领域，衍生一批新技术新业态，走出一条新型的城市经济发展之路。

8.3.4 创业试错型创新：人才创业激发活力经济

"创业试错型创新"是指一些城市通过营造质优营商环境、发展管道、成长通道与创新条件吸引集聚人才，并通过持续试错把创新变成永续经营的事业，推进有创业的创新、有创新的创业、以创业带动创新，在创业中实现科学、技术、商业与产业的结合，进而激发创业创新活力。如北京中关村突出民营前沿技术企业、硬科技企业、高新技术企业等活力作用与战略节点地位，开展以技术试错、产品试错、企业试错、产业试错为代表的创业式创新。

8.3.5 族群迭代型创新：生态赋能加速同频共振

"族群迭代型创新"是指从串联创新、并联创新到系统创新，促进产业链、价值链、创新链、供应链、服务链系统性迭代创新与螺旋式上升，打破各种"围墙"，从单点突破的"散打"到群体突围的"组合拳"，在有条件的地区同频共振、高举高打以产业族群带动企业协同发展，主要体现在产业集群、产业园区发达的城市。如深圳在"十一五"末出现了山寨型电子产业集群，历经"十二五""十三五"十年的发育，发展成为全国创新之都、全球智能硬件之都。

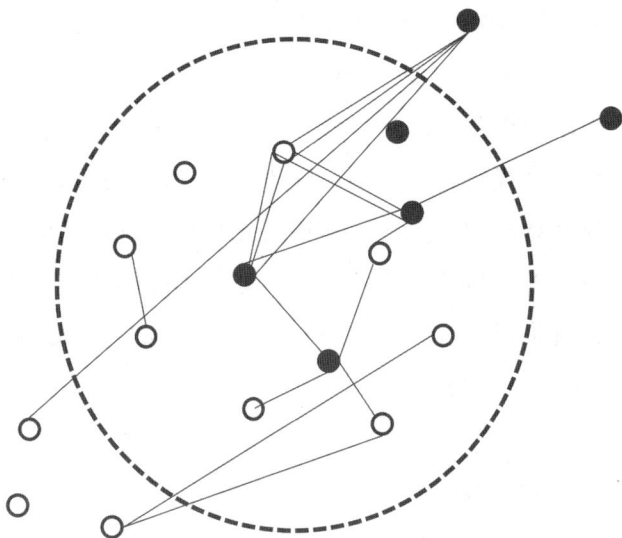

图：族群迭代创新"出圈"

8.3.6 开放协同型创新：拿来主义升维推陈出新

"开放协同型创新"不仅指在全球化条件下整合资源和配置资源，通过与高手过招、博采众长、补己之短，最终让自己更优秀；还体现为借助"政产学研金介用"多位一体无边界组织的开放式协同创新，实现产业生态与创新生态的协同。如宁波前期通过承接产业梯度转移建立现代产业体系，建立出口导向型的工贸经济体，一旦在外需的带动下完成资本原始积累，便通过跨国并购实现"走出去、走进去、走下去、走上来、拿回来"。

8.3.7 跨界融合型创新：产业跨界加快业态原创

"跨界融合型创新"主要是指面向单一产业的产业价值链分解融合到多个产业之间的跨界融合，通过高效产业组织（资源整合、要素配置）系统性降低创新成本与经营风险，在交叉领域跨界融合催生新学科新科技新业态的新型创新组织方式。如很多国家综合性科技创新中心建设城市，围绕科学技术以及各次产业的跨界融合，以大科学为代表的系统工程、交叉学科为代表的领域、新兴产业为代表的产业组织为突破口，在高投入、长周期之中探索高收益、低风险；如一些现代服务业发达城市，将人工智能作为产业跨界融合的突破口，发展新兴产业。

8.3.8 投资发掘型创新：金融杠杆撬动产业组织

"投资发掘型创新"主要是指通过风险投资识别机会、挖掘原创、育孵创新，借助风险投资的实际运作模式推动科技成果商品化、市场化、产业化，核心机制是在投行思维下的风险投资发现培育机制。很多地区需借助风险投资机制链接科技型企业，掌握研发创新、科技成果、产业应用等前沿动态，保持对产业科技的引领地位。如合肥被媒体誉为"伪装成政府的投资银行"，就是因为合肥近几届政府在前瞻培育新兴产业过程中承担创新风险亦取得产业培育成效。

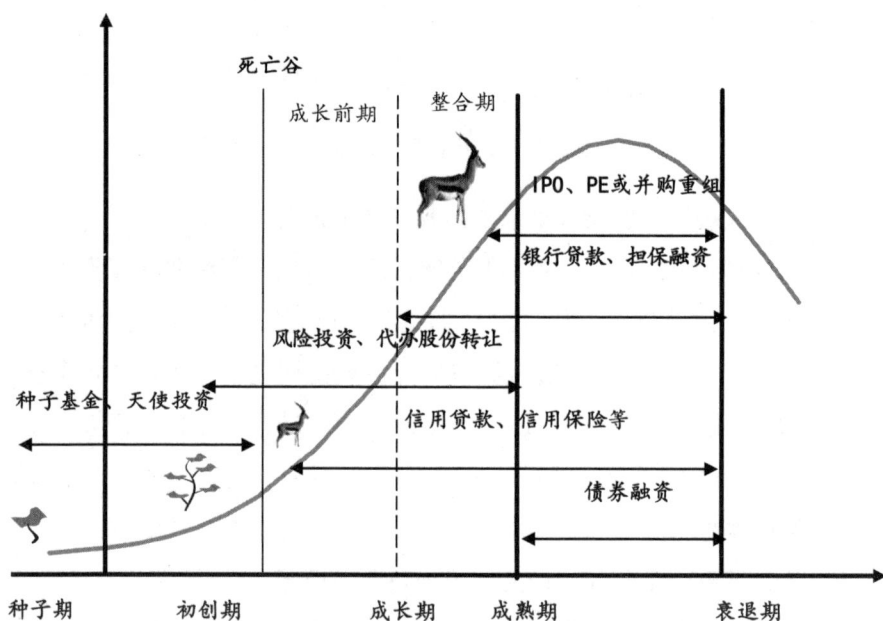

图：金融创新带动产业创新

8.3.9 场景再造型创新：穿越红海挖掘再造蓝海

"场景再造型创新"主要是借助数据驱动、智能硬件、平台运营等，将产品服务、消费体验与应用场景有机结合，创造新的市场需求，产生全新的新经济形态，是需求拉动的升级版。如西安民用航天基地大力发展泛太空经济，将过去"从地面到太空"的航天思维、依赖国家政府投入、主要用于国防军事等安全领域、基本由国有大企业主导、社会效益大于经济效益的航天产业，加快向"从太空到地面"太空思维转变，强调国家、地方、企业、市场等多元投入机制，突出高端装备、新一代通信、太空互联网、先进材料以及太空服务的有机结合，强化商业化、市场化、产业化运作。

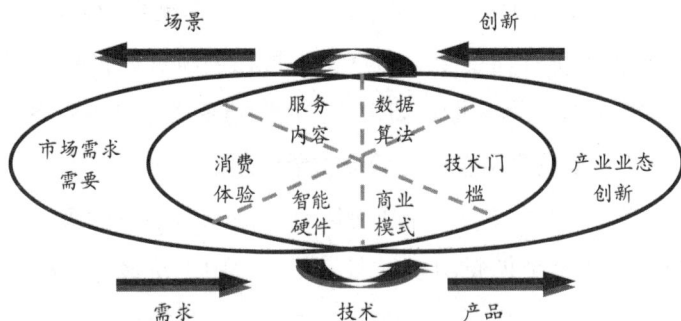

图：场景业态创新示意图

8.3.10 溢出再生型创新：有中生无带动动能转换

"溢出再生型创新"主要指一些地区在市场自发条件下形成一定产业基础，并借助高新技术改造传统产业、在传统产业寻找爆发点等途径用新经济将产业重新做一遍，并实现新旧动能转换的创新方式。如上海在长期工业化、国际化实践过程中，溢出了大量高端创业，并在高端创业的带动下，用新经济、数字经济把传统产业、优势产业重新做一遍，加快推动新旧动能转换。

8.4 城市创新范式基本生成方式

凡是能够形成具有地域特色、发展特色的城市创新范式，往往在创新发展的"池子、篮子、台子、种子、叶子、果子、柱子、笼子"上，都有着适宜自主创新及新兴产业发展的质优环境和体制机制。而"池子、篮子、台子、种子、叶子、果子、柱子、笼子"合在一起，恰恰体现了创新生态的内在逻辑，以及创新生态赋能的运行机制。

8.4.1 池子：布局高水平高密度高层次科教源头

纵观全球科技创新中心，大都以科教资源高度密集为基础，主要体现为依托研究型大学形成的高水平、高密度、高层次科教源头。从中国的实践来看，除了深圳等少数城市在一个初始科教智力资源薄弱之地，通过市场化、国际化整合全球科教智力及创新资源，发展成为创新型城市外，很多创新型城市都呈现出科教智力资源密集、高等院校院所林立的特点。如今，伴随东南沿海主要省份或城市成建制、成体系、成系统地布局建设高校院所，我国科教版图重构将带动创新版图重构，将在创新资源优化配置与产业要素供给中发挥基础性、源头性、衍生性作用，进而带动产业版图重构。

8.4.2 篮子：建设高科技高能级高质量创新园区

以高科技园区为代表的创新功能区是提高城市创新能级、城市创新能力的核心载体。在整个创新功能形态演变过程中，从最初纯粹的工业园区（1.0），发展为生产、生活、文化等功能逐步融合的科技园区（2.0），再到基于科技功能、产业功能、城市功能不断优化生态感更强的高科技社区（3.0），即"科产城融合"。在中国主要创新城市中，凡是高科技园区在城市发展具有较高位势、较高占比的，这个城市往往具有较强的创新能力，反之难以体现城市创新的辨识度。

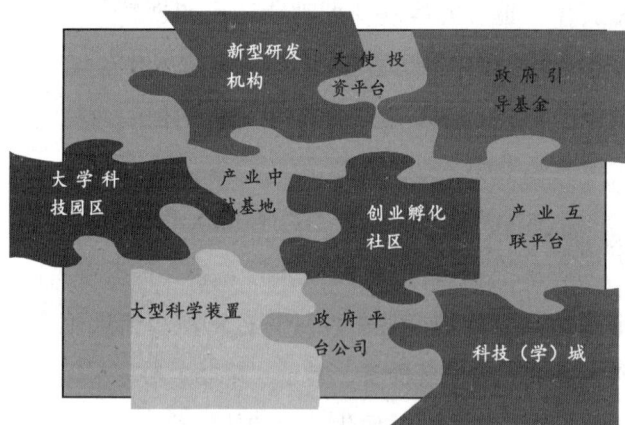

图：科技园区是创新发展最大的篮子

8.4.3 台子：搭建创新型枢纽型科技型服务平台

创新型枢纽型科技型服务平台建设主要依赖以研发设计、创业孵化、技术转移、科技金融、知识产权、检验检测、科技咨询、服务集成为代表的科技服务业。如今通过建立完善覆盖技术创新全链条、产业生命全周期的科技服务生态，不仅成为一个国家或地区率先加速各类创新资源要素吸引、集聚、流动、融合的核心载体，还成为区域创新中心城市提升高端创新资源及产业要素承载能力、链接能力的战略举措。这其中，需要充分发挥以上服务平台的资源属性、产业属性、平台属性、生态属性，发展成为创新资源聚合器、战略发展增长点、高端创新辐射源、政产学研黏合剂，成为地区创新生态发育的核心组件。

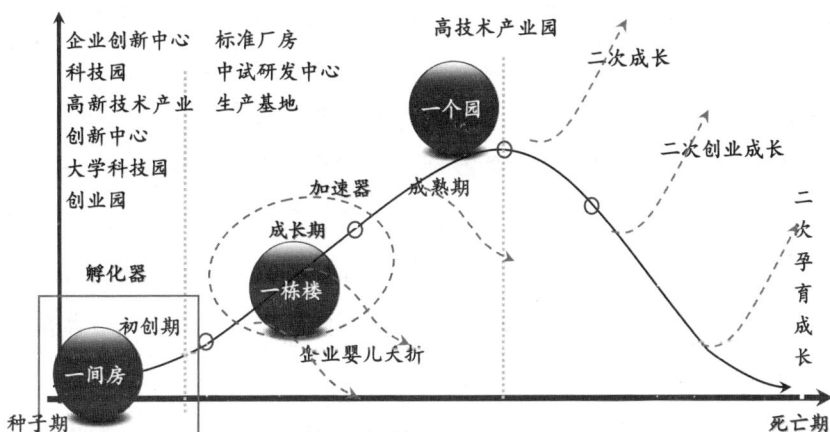

图：企业全生命周期创业创新服务支撑 [1]

8.4.4 种子：培育源头型原创型初创型科技创业

任何创新城市建设发展的逻辑起点，不是成为高净值人群前来购房的目的地，而是让更多青年才俊能够落地、生根、发芽、开花、结果的首选之地。尤其是通过创业带动创新，围绕产业发展制高点、主导权、主动权抢位、卡位、站位，从产业链、价值网的低端到高端持续迭代与不断攀升，将科教智力资源与产业要素转化为生产力和财富，推进技术构成、产业结构、城市形态协同演进。这其中，只有培育源头型原创型初创型科技创业，才能拥有更多"以不安分的心做不平凡的事"的种子，才能通过市场洗礼与产业试错，提升创新能力和培育新兴产业。

———————————

[1] 该图引用自《中国增长极：高新区产业组织创新》。

8.4.5 叶子：壮大高技术高价值高成长企业培育

企业是创新主体，"根深"才能"叶茂"。纵观国内主要创新城市，往往具有如下特点：一是拥有大量高新技术企业，高新技术企业数量越多、在企业主体的占比率越高，这个地方的创新能力越强，越容易形成新兴产业和新兴产业集群；二是越来越多的质优企业不再以收入规模作为衡量标准，而是按照企业的价值予以衡量，涌现出一批以哪吒企业、潜在独角兽企业、独角兽企业为代表的高价值企业；三是高科技高价值企业群体凭借专业领域新、创新能力强、市场潜力大而发展成为成长速度快的产业创新主力军。

8.4.6 果子：新思想新模式新技术新业态的涌现

从想法、概念到创业，从创业到跨越"死亡谷"，从企业到产业，自主创新及新兴产业发展的"果子"是新思想、新模式、新技术、新业态的不断涌现。这其中，需要以新思想驾驭新模式、以新模式架构新技术、以新技术衍生新业态，不断提高产业技术水平、自主创新能力和企业经营形态，让创新成为经济社会发展的根本动力。

8.4.7 柱子：构筑现代化数字化绿色化产业体系

在"发展是硬道理"的条件下，核心是发展什么产业和怎么发展，GDP之下是产业，产业之下是税收。以往的产业体系是由战略性新兴产业、高技术产业、现代服务业和传统特色优势产业构成的，如今的现代服务业也是未来产业、原创产业、战略产业、新兴产业，不仅要强调前瞻性、有特色和市场试错，更要强调现代化、数字化和绿色化发展。所有的创新型城市，都是凭借一定的创新范式和创新能力，在一个新兴产业领域或几个新兴产业领域实现了突破发展，在全球和全国产业分工与经济分工上占有一席之地。

8.4.8 笼子：建设市场化法制化国际化治理环境

治理环境在很大程度上依然是政府与市场、政府与企业、政府与社会之间的关系。"政府与市场的关系"核心是资源配置方式，也就是究竟谁在资源配置中发挥主导作用、形成什么样的有机结合机制；"政府与企业的关系"核心是产业组织方式，也就是以什么样的政商逻辑、发展结构、发展路径来如何回答"发展是硬道理"；"政府与社会的关系"核心是从发展环境到创新生态，也就是如何让真正创造社会财富的创新主体以更集中的精力、更低的交易成本获得优先、超额回报。只有在政府与市场、政府与企业、政府与社会关系的视角下，才能更好地看待治理环境建设发展。

8.5 区域创新文化的演进与适配

从手工业缘起的工匠文化、工业化缘起的车间文化、商业文明以来的商帮文化、开放模型下的代工文化到生产性服务业带动的写字楼文化，为新经济时代的创新文化的孕育打下了良好的发展基础。伴随车库型文化的创业起点、工程师文化的产品思维、互联网文化下的社交化思维、平台型文化下的平台思维以及科学家文化下的硬科技思维，引领未来的创新文化在不断迭代和丰富。某种意义上，在半工业半信息社会走向数智社会进程中，以上十种文化都不可偏废、环环相扣，但并非一个地方能够都全部实现，更多是结合自身的创新范式实现主要文化类型的适配。

8.5.1 工匠文化：以产品打磨工艺改进精益求精

某种意义，"工匠文化"源自手工业时代，意指工匠们喜欢不断雕琢自己的产品，不断改善自己的工艺，对细节有很高要求，追求完美和极致，对精品有着执着的坚持和追求，享受着产品在双手中升华的过程。在工业时代，"工匠精神"体现在追求卓越的创造精神、精益求精的品质精神、用户至上的服务精神，核心是基于产品工艺创新意义下的，成为社会文明进步的重要尺度、是中国制造前行的精神源泉、是企业竞争发展的品牌资本。在新经济时代，"工匠精神"和"工匠文化"是产品技术创新的重要底蕴和渊源，但不是产业技术创新、科技创新的全部精神内涵与文化含义。

8.5.2 车间文化：以机器生产线流水作业规模生产

一般而言，车间文化是指车间生产经营活动中物质文化和精神文化的总和，也就是长期的经营活动中形成的共同持有的理想、信念、价值观、行为准则和道德规范的总和。之所以把车间文化放在创新文化演进中来分析，更多的是车间文化是大规模制造、社会化大生产条件下的典型代表。在车间文化中，机器替代了手工、生产线替代了作坊、流水作业提到了业务全能，实现了规模生产。某种意义上，没有车间文化，就没有充分的工业化孕育，就没有大规模标准化的效率效益，就没有持续的工业技术创新和演进。

8.5.3 商帮文化：以经世致用工商皆本创富创造

一般意义上，商帮文化就是一定的地域文化条件下，这一地区企业经营者共同信奉的商业伦理和经营原则，并在经营特色、经营手段与策略上都有地域的烙印。之所以把商帮文化放在创新文化演进中来分析，是因为商帮文化是商业伦理、商业规则、商业理念的内核硬核。创新是技术经济学意义上的，只有赚到钱才是一个创新过程的实现，商业不仅能够点燃创新引擎，还将创新作为永续经营的事业。只有在商帮文化下，才能在经世致用和工商皆本的商业伦理下，产生一定的创新精神，并转化为生产力和财富。

8.5.4 代工文化：以订单贸易生产代工出口加工

代工即代为生产，也就是通过 OEM 来生产，而再贴上其他公司的品牌来销售。更进一步而言，可以理解为是国际产业大分工环境下，生产与销售分开的大潮流。之所以把代工纳入创新文化的演进中来，并非是这种代工有多高级，恰恰反映了新兴经济体在国际产业价值链从低端到高端、从嵌入到挑战、从跟随到引领不可逾越的过程。更为重要的是，代工对全球供应链的融入、国际产业价值链的融入、产业技术的引进消化吸收再创新、资本原始积累、经营管理人才的培养等等具有重要的孕育作用。如东南沿海诸多城市的发展，都是通过代工完成各方面积累，并开展连续创业以及进入接续行业，进入到新的创新循环。再譬如苏州集聚了大量世界 500 强企业的制造基地，以及大量本地代工企业，正是这些企业的集聚和人才的扩散、技术的扩散，使得苏州在新兴产业培育发展上有新的溢出效应。

8.5.5 写字楼文化：从生产制造到生产性服务业

写字楼是专业商业办公用楼的别称，原意是指用于办公的建筑物，或者说是由办公室组成的大楼——"写字楼的作用是集中进行信息的收集、决策的制定、文书工作的处理和其他形式的经济活动管理。"当一个地区的生产经营活动从以车间为主走向以写字楼为主，不仅体现了产业结构从处于产业价值链低端的生产制造形态走向高端、高效、高附加值的生产性服务业形态——研发、设计、品牌、营销、交易、物流、金融、财务等从制造业分离出来；还体现了人口结构从以蓝领产业工人为主体走向以白领专业人才为主流。

8.5.6 车库型文化：从工厂打工到金角银边创业

美国历史上许多知名的科技企业都在车库里诞生，类似"惠普车库""迪士尼车库""亨利·福特车库""苹果电脑车库""A Spec 车库"等诸多品牌，于是便有了"车库文化"一说。美国车库不仅空间大而且里面工具种类繁多，而这其中的很多创业公司既需要这样一个空间，又需要各种工具。虽然车库文化是自由而随性的，但是随着车库文化的升华，成为创新文化中的典型代表。如果说很多人在工厂、写字楼工作是求生存的打工，那么在"车库"的金角银边创业，是对传统产业价值链的挑战，代表了生生不息的创业精神。自"大众创业，万众创新"以来，我国很多创新型城市出现了大量众创空间，就是这种文化中国化的典型体现。

8.5.7 工程师文化：从技术产品化到硬件工程化

无论是以往的工业企业生产经营，还是对于创业企业做出产品，都需要工程师的技术产品化、硬件工程化。尤其对于创业而言，核心是从技术产品化到硬件工程化。工程师主要指具有从事工程系统操作、设计、管理、评估能力的人员，重点是在科学的基础上解决一些技术问题，或使用普遍法则以设计实际物品。深圳华为是硬件产品工程化的典型，为中国培养了大量的、不同专业领域的工程师，为全国很多行业输送了高水平创业者和工程师；北京很多工程师是高校院所、跨国公司研发总部、民营研发总部等培养的，构成了诸多高新技术企业的人才源头。

8.5.8 互联网文化：从物理时空到虚拟时空转化

互联网通过网络与网络之间所串联成的庞大网络，形成逻辑上的单一巨大国际网络，不仅通过把全世界变成"地球村"缩小了空间的距离，还通过物理空间走向虚拟空间缩短了时间的距离。正是借助互联网文化，从物理空间走向虚拟空间、从"区域小市场"走向"全球大市场"，很多依赖互联网的商业模式、先进技术、经营业态应运而生，并通过市场需求进行反向配置资源和创造财富。如北京中关村，从20世纪末率先把握互联网脉搏，到2000年以后加速呼应互联网高潮，再到进入移动互联网时代、物联网时代，如今在诸多领域培育出基于互联网、移动互联网、物联网的上市企业、独角兽企业。

8.5.9 平台型文化：从一个个做事到一盘棋做局

一个国家、地区乃至企业、个人的发展，其阶段或段位基本上都可以分为两个：一是做事，二是做局。平台型文化的核心就是从一个个做事，到一盘棋做局。平台经济[1]之所以有价值，是因为它可以用其链接一切的特性及其虚拟空间，打破时间限制与物理空间距离，使得企业超越区域小市场面向全国或全球大市场，从针对存量的"鳌头"到拓展增量的"长尾"，从人工操作处理为主到工具的技术替代，从封闭的以产定销到反向资源配置的敏捷供应，最终实现无边界、无距离、自成长的爆发成长。

8.5.10 科学家文化：从象牙塔到研发创新一体化

如果平台经济是新一代信息技术意义下的，代表的是以商业模式带动技术创新，那么进入大科学时代，更多的则是硬科技与商业模式创新的结合。在以往创业环境中，把一个科学家变成创业者，再培养成企业家有较大的难度。然而伴随科技革命与产业变革，研发创新、应用研究、创业创新及产业化不再是链式串联的关系，而是垂直的一体化关系。以硬科技独角兽企业为例，大量企业的创始人、联合创始、CTO是科学家。正是通过"企业家＋科学家＋经理人＋工程师＋投资人"的治理结构，打破科学家的有限理性，使得很多科学家能够将基础研究与产业应用、市场需求紧密地结合在一起，形成适应大科学时代创业创新的创新文化。

8.6 中国式创新终将殊途同归

当前经济社会发展加快从半工业半信息社会向数智社会转变，不论哪

---

[1] 平台是链接上下游、供需端或买卖方的第三方或第四方服务，也是从撮合交易、资源配置、开源创新等过程的交易费用降低、价值增值中分享收益的经营实体。

个地区的创新，还是中国全域的创新，都需要适应未来的发展趋势及方向。就生产方式、发展方式、组织方式、运行方式以及经济形态、技术构成、资产结构、创新能力、治理结构等方面，需要加速软硬结合、数智兼备、台端云化、器网融合、需供敏捷、轻重适配、薄厚相依、新旧交融、内外循环、绿色低碳，最终从多中心并发创新到率先形成具有全球影响力的中国式创新。

8.6.1 软硬结合：软的掌控硬的，硬的决定底盘

"软硬结合"的本质近似于信息化与工业化的关系。从以上城市发展实践来看，所有的创新能力突出、新经济色彩显著的城市，大都是信息产业发达，用信息化带动新型工业化发展，处于高端、高效、高价值链环节；反之，一些工业化城市将信息化作为工业化的补充，具有明显的投资驱动、要素驱动发展色彩。尤其是深圳，既有以华为为代表的智能硬件并向"上云用数赋智"方向发展，又有以腾讯为代表的社交化并向产业互联网方向发展，成为软硬结合的典型代表。之所以"软的掌控硬的"，在于信息技术能够打破时空局限、打破机械操作、打破线性增长，更有想象力；之所以"硬的决定底盘"，在于没有硬件的工程化，诸多软的难以实现功能。

8.6.2 数智兼备：数据驱动发展，智能感应需要

"软硬结合"的本质近似于数字化与智能化的关系。从以上城市发展实践来看，所有能够孕育出独特的创新范式、能够代表中国引领未来的"第一阵营"城市，在数据驱动和人工智能方面都有超前的布局、相对富集的人才和先行的探索；甚至"第二阵营"的城市也加快向"数智兼备"方向发展。以杭州为例，"城市大脑"是典型的数字城市与智能技术的有机结合，在一定程度上将城市经营管理与服务加快数智兼备。之所以"数据驱动发展"，在于数据成为生产要素，掌握了数据就掌握了诸多生产依据、生活刻画和决策依据；之所以"智能感应需要"，不是停留在基于新一代信息技术的智慧感知，而是基于智能技术的感知和应对。

8.6.3 台端云化：虚拟突破时空，物理终端轻快

从以往基于传统的产品服务形态，到信息技术的前台、后台乃至中台，

再到基于上云的"云台云端",彻底使得人类社会的生存空间、生产载体、生活疆域从物理空间走向虚拟空间。在全球整个产业分工与经济分工中,一个城市是不是创新尖峰、能否占有一席之地,依赖的不是基于物理空间的制造业产能,而是有多少基于云平台及其条件下的移动智能终端。之所以是"虚拟突破时空",在于只有置身虚拟空间,才能从区域"小市场"走向全国全球"大市场",才能从滚动发展走向快速成长;之所以是"物理终端轻快",核心是基于云平台的大后方、大后台,让生产生活所用的物理终端、智能硬件变得越来越轻、越来越快。

8.6.4 器网融合:高度互联互通,超级智联生态

伴随物联网、移动互联网、区块链、人工智能等技术创新和应用,"器网融合"从传统的硬件终端与互联网意义上的融合,走向高度互联互通的超级智联生态。从以上城市发展实践来看,都从注重智慧城市建设、到加快以数字基建为代表的新基建、再到基于器网融合的数字孪生,最后构筑适应数智社会建设发展的超级智联生态。"高度互联互通"指的是在数智科技条件下的万物互联、人人互联、移动互联、区块智联;"超级智联生态"则是基于人工智能、物联网的超级智联,形成了适应数字化的创新生态。

8.6.5 需供敏捷:场景再造需求,社交重塑供应

伴随敏捷生产、社交生活、敏捷供应的发展,尤其是生产生活方式的有机贯通,生产环节越来越短、消费渠道越来越短、交易成本越来越低、响应速度越来越快,需供的敏捷程度成为一个国家或地区资源配置效率、创业创新活力、产业发展水平的重要体现。一方面,以往的需求拉动,在数据、算法、内容、体验、服务等基础上形成了新的生产场景、生活场景、消费场景、治理场景等,为再造市场、创造需求提供了条件;另一方面,社交化的推广应用进一步推动了生活方式反向决定生产方式,最终倒逼供给侧更加敏捷地响应需求端。"场景再造需求"使得一批生产即消费、制造即服务、产品即服务、软件即服务的新业态新模式大量涌现;"社交重塑供应"更加从消费反向决定生产。

8.6.6 轻重适配：轻资产短平快，重资产扩产能

到底是轻资产运营，还是重资产生产经营，对于创新企业而言，决定其发展的效率效益；对于一个地区发展而言，决定其发展阶段与发展模式。纵观中国城市发展，凡是经济体量大但全社会固定资产投入占比低的城市，很多都走向了创新驱动发展阶段；凡是经济体量小但全社会固定投资占比高的城市，大都处于要素驱动、投资驱动发展阶段。对于基于服务业发展的新经济而言，更多地需要轻资产的短平快；对于基于制造业发展的高科技而言，难免依然需要重资产提高装备技术水平和扩大再生产。

8.6.7 薄厚相依：模式创新谋利，科技创新取势

如今很多人将基于商业模式创新地称之为"薄创新"，将基于大量科学积累、技术沉淀以及生产迭代地称之为"厚创新"；有的甚至将技术创新和商业模式创新对立起来。事实上，技术创新是商业模式创新的屏蔽竞争的门槛，而脱离商业模式创新的技术创新都难以可持续发展。一般而言，拥有大量科教智力资源的地方、产业技术发达的地方越容易走向硬科技、厚创新；商业氛围浓厚、市场经济活跃的地方越容易走向商业模式创新和薄创新。更进一步而言，科技创新取势，商业模式创新谋利，两者相辅相成，不可偏废。

8.6.8 新旧交融：新动能孕增量，旧动能提存量

一个真正的创新经济体，一定是既具有突出的新兴产业生成能力，还需要传统优势产业的基本盘，亦需要在新旧动能转换之中实现产业结构高级化。没有绝对的新兴产业，更没有绝对的传统产业。但只有在新兴产业领域，才能培育出地区产业个性和独树一帜的创新能力。深圳从"三来一补"向高技术产业进军、从山寨产业集群走向智能硬件、从鹏城实验室走向未来产业。杭州没有上海一样的工业化基础，但凭借信息经济、平台经济、数字经济异军突起。核心是借助新旧动能转换机制，加快从工业经济向创新经济方向转变。

8.6.9 内外循环：内循环强根基，外循环提位势

中国式创新的内外部关系，核心是如何将新发展阶段的经济运行模式

升级与新的外部世界有机结合在一起。不仅要充分利用"两个市场，两种资源"，在全球范围配置资源、创造财富和分配财富，还要走出"中间在内，两头在外"的困境，更要实现国际产业价值链的跃升与国际产业分工的高级化；不仅要在开放式创新中整合全球创新资源为我所用，还要形成创新驱动、内生增长、内涵发展的创新发展之路，更要从外向型工业经济走向开放型创新经济，还要平衡内需与外需、进口与出口、"引进来"与"走出去"的关系。

8.6.10 绿色低碳：绿色治理倒逼，低碳零碳发展

在创新发展过程中，同样要处理好经济建设、社会发展与自然生态之间的关系。当前，全球性气候问题已超越传统国际政治经济与安全问题，成为国际社会与人类命运共同体建设焦点。伴随经济社会从半工业半信息社会走向数智社会，低碳社会成为重要发展前提和约束条件。迫切需要以系统创新探寻"碳达峰碳中和"新视野新模式新路径新机制，处理好低碳经济、节能技术、清洁能源、环境管理、气候金融、绿色基建、数字治理内在的生态关系、运作机理、发展结构与运动规律。

在中国多中心并发创新格局中，有的是面向未来引领未来的、有的是适应当前满足当前的、有的是蓄势待发异军突起的，分别在不同城市属性、资源禀赋、地域文化、区域个性与时代条件下形成独特的创新范式，共同构筑了中国创新版图的基本框架和发展景况。由于不同城市具有不同的科教型、文旅型、制造型、港口型、商业型、流量型属性而言，核心是依赖技术创新、业态创新、产品创新、市场创新、模式创新、场景创新分别做好成果转化、内容转化、产业升级、产业转移、产业跨界、流量转化。这其中，所有创新高地往往都是在充分的"池子、篮子、台子、种子、叶子、果子、柱子、笼子"条件下形成创新生态赋能发展结构，并将工匠文化、车间文化、商帮文化、代工文化、写字楼文化、车库文化、工程师文化、互联网文化、平台型文化、科学家文化有机组合和适配，最终以源头裂变型创新、平台衍生型创新、数字孪生型创新、创业试错型创新、族群迭代型创新、开放协

同型创新、跨界融合型创新、投资发掘型创新、场景再造型创新、溢出再生型创新探索创新发展之路。伴随经济社会发展从半工业半信息社会向数智社会转变，中国的创新版图将呈现出新的空间结构与竞合新格局，并进一步顺应软硬结合、数智兼备、台端云化、器网融合、需供敏捷、轻重适配、薄厚相依、新旧交融、内外循环、绿色低碳发展趋势，最终从多中心并发创新到形成更具全球影响力、领导力、号召力的中国式创新。

09 产业创新政策：从规制管控到治理疏导

　　产业政策有广义和狭义之分。广义上的产业政策，是指政府为了特定目标而对产业发展进行干预的一系列政策总和，这种干预包括规划、引导、促进、调整、保护、扶持、限制等方面。狭义的产业政策，主要是指一个国家或地区，为了促进某一产业或者行业的发展，而出台的专门产业政策。多年来，社会各界关于产业政策的争议颇多。一些人认为产业政策注定会失败，把产业政策一棍子打死；一些人认为需要"有为的政府"，而不是"有所为有所不为"；还有些人甚至把有些区域政策当成了产业政策。实际上，产业政策是否需要，从根本上取决于政府作用的边界；而到底需要什么样的产业政策，就需要结合不同产业的发展规律而论。无论是发达经济体，还是新兴经济体，抑或转轨经济体，其政府不仅有解决市场失灵的职能，还有培育市场的职能，也就是说产业政策当然需要。但问题是政府如何在产业政策上"有所为有所不为"，如何针对不同的产业发展规律与时俱进地做好产业政策设计。很多产业政策的失败并非产业政策没有意义，而是没有真正意义上的产业政策，具有明显的计划经济路径依赖。

9.1 产业创新政策一般分析框架

　　产业政策研究涉及一个国家、地区或行业的政策背景及基础、政策演变及现状、政策体系及结构、政策特点及趋势、政策诊断与比对等，需要借助产业经济学、制度经济学、规制经济学等多重视角予以研究。如下我们通过梳理和分析制度变迁的一般理论、技术生命周期上的政策供需、政府与市场关系，提出产业创新政策的主要框架、着力点及边界。

9.1.1 制度变迁理论与产业创新政策变迁

制度变迁理论认为，制度是由个人或组织生产出来的一种公共产品，体现为制度的供给。由于人们的有限理性和资源的稀缺性，制度的供给也是有限的、稀缺的。随着外界环境的变化或自身理性程度的提高，人们会不断提出对新制度的需求，以实现预期增加的收益。当制度的供给和需求基本均衡时，制度是稳定的；当现存制度不能使人们的需求满足时，就会发生制度的变迁。这其中，制度变迁方式主要有如下几类：一是从制度变迁的层次来看，可分为基础性制度安排和次级制度安排。基础性制度安排是指一系列的政治、经济、社会和法律基础的社会规则，用来建立生产、交换与分配基础；次级制度安排是指在一定制度环境支配下的经济单位间，可能合作与竞争的一种制度安排。二是从制度变迁的规模来看，可分为整体制度变迁和局部制度变迁。整体制度变迁是一个国家或地区制度体系的改革，这种制度变迁涉及几乎所有的制度，又可称之为宏观制度变迁，各种制度变迁交叉推进；局部制度变迁是同一轨迹的单个制度变迁，也可以与整体制度变迁同时进行。三是从制度变迁的主体来看，可分为强制性变迁和诱致性变迁。由于政府始终是基础性制度创新的最大供给者，从现有的基础性制度安排转换为新的基础性制度安排往往需要由政府推动，形成强制性制度变迁。另一类是契约性质的制度创新，其改革主体来自基层，程序是自下而上，它是在当事人一致同意下实现的，具有自发性、经济性和分散决策的特点，称之为诱致性制度变迁。四是从制度变迁的速度看，分为激进式制度变迁和渐进式制度变迁。激进式的制度变迁是采取迅速而果断的行动，一步到位安排预期制度的方式，"破"与"立"同时进行，也就是在新制度安排的同时否认现存的组织结构和信息存量。渐进式制度变迁是假定每个人、每个组织的信息和知识存量都是极其有限的，只能采取需求累增与阶段性突破的方式，逐步推动制度升级并向终极制度靠拢。

制度变迁理论对研究产业创新政策变迁的主要视角及有关借鉴如下：一是从制度作为公共产品的属性来看，制度需求与制度供给的相互作用是产业创新政策变迁的主线，制度均衡是产业创新政策变迁的着力点。依照制度变迁动力理论，制度需求与制度供给的冲突和错位构成了产业创新政策变迁的主线，在这种上下回应的过程中形成了政策变迁的轨迹。二是从制度变迁的过程来看，产业创新政策是利益相关者合作及博弈的焦点。在实践中政策体系与政策对象间的互动所产生的结果往往与政策本身目标产生一定的差异。产业创新政策不仅仅是政策文本本身，还包括政策制定和执行部门、具有"能动性"的政策受体以及政策环境和政策资源等。三是从基础性制度安排及次级性制度安排的角度来看，产业创新政策体系可分为制度性政策及支撑性政策。目前我国大部分地区产业创新政策的制度性政策主要在中央政府层面；支撑性政策存在中央政府及地方政府双管齐下的格局。四是从整体性制度安排及局部性制度安排的角度来看，产业创新政策体系的覆盖范围可能是全方位的也可能是单方位的。

9.1.2 技术生命周期与产业创新政策体系

产业创新政策的产生及发展，归根结底源于产业界、企业界的实际需求，可从技术生命周期角度，考察在技术生命周期不同环节的政策层面制度需求。技术生命周期理论是一项技术变成产品并推向市场所经历的过程。一个完整的技术生命周期主要由基础研究、共性技术研究、商业应用研究、商品开发、工艺开发、规模生产等环节组成，涵盖了知识创新、技术创新与规模生产的整个过程。一般而言，包括四个阶段，即基础研究阶段、应用研究阶段、R&D 阶段和规模生产阶段；每个阶段相应的产出分别是新知识、实验室原型和商业原型、小批量产品和批量产品、大批量产品。在技术生命周期上，不同环节的创新主体需要不同的支持，而发达国家与发展中国家对各环节、各主体的支持上也有不同的内涵、侧重点、方式或手段。如在基础研究上，很多创新主体主要是具有事业性、非营利性特点的高校院所，主要需求是经费投入；在共性技术研究上，由于共性技术属于公共产品，创新主体不但需要在经费投入等方面的支持，还需要不断破解原有体制机制的障碍、优化组织模式；在商业应用研究上，作为加速从实验室技术到商业原型转化的高校院所，迫切需要建立适合专利成果应用的条件、投入机制及约束机制、保障政策及发展前景；在商品开发（小试）上，作为高校院所、企业两类创新主体产学研的接合部，在科技成果转化、中试孵化体系、商事制度改革以及财税等具有制度需求；在工艺开发（中试）上，企业等创新主体一方面侧重中试生产条件完善的需求，需要政府在建立知识产权保护、组织企业参与制定各类技术标准等方面发挥作用；在规模生产上，需要完善科技型企业的税制、资本市场的管理体制与运作机制等需求；在支撑性政策层面，有完善政府采购政策、企业品牌发展、国际化服务平台等需求。而在制度层面，主要是税收等方面的制度需求或政策需求。

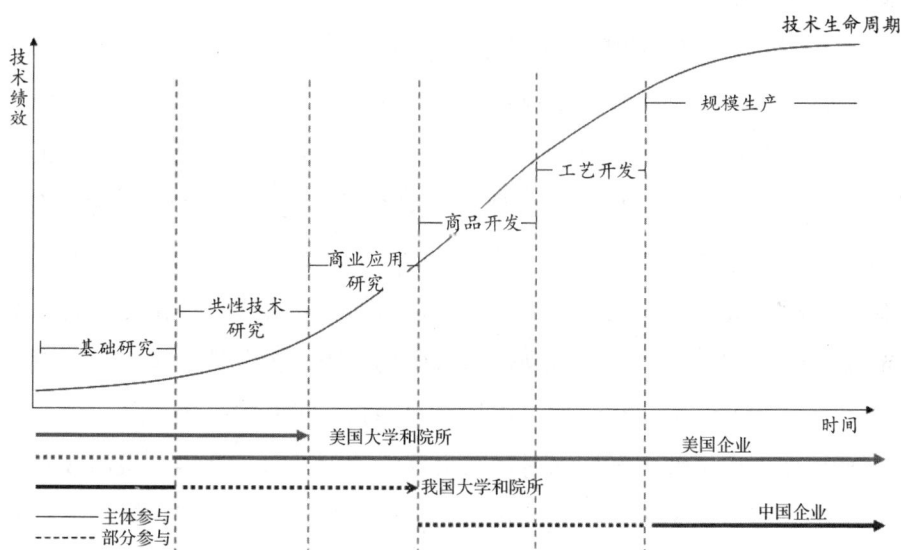

图：中美各创新主体在技术生命周期各阶段的作用比较

以技术产业化为主线，可以通过研发机制、市场创新机制、风险投资机制、官产学研用合作机制、法律制度机制、激励机制等技术产业化一般机制进一步分析产业创新政策体系。一方面是适用于技术生命周期各环节的专门政策，分为前端的研发创新政策、中端的转移转化政策、后端的市场培育政策；另一方面是贯穿于技术生命周期全链条的系统政策，分为产业人才政策、产业金融政策、产业促进政策、商事管理政策等。其中，研发创新政策涉及基础研究、共性技术研究等前端，如加大基础研究及共性技术的财政科技投入、搭建研发创新源头级平台、完善科研经费使用、改革科研院所管理体制及运作机制、完善技术创新组织模式等。转移转化政策涉及商业应用研究、商品开发（小试）、工艺开发（中试）中端，如建立完善促进产业技术转化的投入机制、约束机制及激励机制，建立完善公共技术服务、中试孵化条件平台，合理安排市场准入门槛及企业创建政策，保障企业知识产权及技术标准等。市场培育政策涉及规模生产、市场化后端，如建立完善促进企业做强做大的财税制度及资本市场、通过政府采购及公共财政支持等营造产业发展环境、为企业品牌建设及国际化提供支撑等。

9.1.3 政府与市场的关系与产业政策评价

产业创新政策是一种由政府提供的公共产品，其供给水平、科学性、公正性、时效性从根本上取决于政府作用的市场需求及其边界。能否正确处理政府与市场关系，既是区域创新政策评价的准绳，也是产业创新政策体系发展的内在逻辑。整体而言，政府与市场作为现代经济的两种基本制度安排需要互为补充、互相促进。从亚当·斯密的"守夜人"关系，到凯恩斯的国家与市场的干预关系，再到以布坎南为代表的公共选择理论，所追求的都是通过制度约束，在政府与市场之间寻找一种新的平衡关系。政府对社会资源做出权威性分配，同时可以根据法律对社会公共事务做出权威性决定。市场实际上是进行买卖的场所，其核心的内容在于竞争。市场机制是经济内在的本体机制，通过供求、价格、竞争、风险等要素之间互相联系，互相影响，对资源的配置和经济运行起着调节作用。在转轨经济体中，政府非常重要的一个职能就是要培育和促进市场发展，不仅要像发达国家政府一样承担起解决市场失灵的宏观经济调节职能，还要承担起经济转轨的发展中国家特有的培育市场职能，并遵循一定的边界：一方面，在市场经济环境不成熟的情况下，要充分发挥地方政府培育市场的作用。由于政府掌握着大量经济发展必需的资源和要素，在市场经济启动和发展阶段政府必须发挥应有的培育和引导作用。另一方面，政府在市场培育方面应该坚持"有所为有所不为"的原则。政府培育市场的方式、手段要符合市场经济体制的规律规则，不能过分干扰企业等市场主体的经济行为，还需要根据经济的发展阶段和地方经济的发育程度调整相关政策。

对于经济转轨的发展中国家而言，政府的创新政策评价依据除了解决市场失灵外，还包括能否有效培育市场。因此，评价产业政策的主要方面应包括如下几方面：一是在某一环节是否需要发挥政府作用、安排相应的政策措施。政府作用及其政策应主要侧重技术生命周期的前端（公共产品的属性强）和中端（政策的普惠性强），针对一定规模、成熟度的产业促进政策（企业政策）可以适度制定相应的扶持政策。二是在政府应当发挥作用的环节，政府有没有相应的政策手段。在解决市场失灵及培育市场面前，不仅在具体环节及瓶颈领域需要有关键"点"的布局，还需要有贯穿技术生命周期、产业生命周期、企业生命周期等全链条的服务体系，并在整个产业发展环境方面需要有整个"面"上的支持。三是存在政策手段的环节，其政策制定实施的过程是否合理、科学。产业政策的制定是对发展环境、发展规律、发展基础、发展诉求的综合考量及取舍的结果，包括要正确处理政府与市场关系、要顺应国际政治经济发展形势、立足区域资源禀赋及发展实际及发展战略等。四是相对于不同地区政策比较，可以评价不同地区的基础性政策、适应性政策、前瞻性政策、竞争性政策情况。

9.2 新一轮产业变革走向新阶段

在新科技革命与产业变革带动下，不仅产业生命周期、技术生命周期、企业生命周期越来越短，进而使得从工业经济走向创新经济发展速度越来越快，打破传统线性增长模式和静态产业管理；而且科技迭代越来越快，技术门槛在不断被提高，进而使得高科技越来越硬，拓展生产、生存、生活疆域，在技术进步的条件下优化产业管理或提高监管层级；亦使得生产方式从2.0的机械化、3.0的自动化走向4.0的智能化，制造业服务化、服务业制造化以及产品即服务、软件即服务、制造即服务使得传统行业管理逐步被打破；更使得产业界限、市场界限、企业界限越来越模糊，尤其在数字化带动下将线上线下、云台云端、物理空间与虚拟空间等等有机结合，既为产业管理带来巨大挑战，更为产业管理创新开辟了新的空间。

9.2.1 生命周期越来越短，新经济越来越快

在摩尔定律等条件下，整个技术生命周期、产业生命周期以及企业生命周期，几乎从以前的"三十年河东，三十年河西"到目前的"三年河东三年河西"。这其中，伴随新科技革命与产业变革过程中的变革式创业、颠覆式创新，不断打碎传统产业价值链、重建游戏规则、重塑市场格局、重构产业版图。在技术生命周期越来越短的条件下，依靠大规模、批量化、标准化、低成本的工业化，依然具有较大的市场空间，但附加值、利润率在边际下降；依靠高科技、硬科技、深科技、黑科技的高新技术产业加快改造传统产业，体现出较高的成长性与高端、高效、高价值链和高附加值特点；以数字化为代表的新经济，从消费反向带动生产，整合工业与服务业、工业与商业、供应与需求，实现快速增长。如果新经济、高科技增量培育尚未弥补传统工业化存量萎缩的空缺，造成基本面阶段性镇痛，就是"新常态"；如果新经济、高科技增量培育基本与传统工业化存量萎缩对冲且略有增长，就是"高质量"；但一旦新经济、高科技增量培育高于传统工业化存量萎缩，就是"高质量发展带动高速度增长"。未来很难有百年老店，只有持续不断的创业创新企业，才能独树一帜和可持续发展。

9.2.2 科技迭代越来越快，高科技越来越硬

在特定技术水平的工业经济条件下，发展逻辑是滚动式的，也就是从贸易销售介入生产制造、再介入研究开发、再实现产供销人财物一体化的滚动发展。在这种条件下，产能、营收及能耗、物耗等可以计算出来，相关资源要素指标配置亦是可量化可控，政府便成为主抓工业的高手。伴随科技的日新月异，创新迭代加快，并在新经济条件下使得企业不再满足滚动发展。很多产业企业往往从三个方面实现爆发成长：一是抓住产业运动规律及切入口；二是想法决定做法，让无奇不有的创意飞，随心所欲；三是高速迭代快者胜，认准了就做，心动即行。在此过程中，技术门槛在不断被提高，进而使得高科技越来越硬，进一步拓展生产、生存、生活疆域，并在技术进步的条件下优化产业管理或提高监管层级。

9.2.3 生产方式越来越智，工业化越来越泛

应该说，创新驱动的根本是对企业家利润驱动，而每一次生产方式转变意味着生产效率提高，为企业家形成新的利润空间，这才有企业家的扩大再生产。改革开放以来，从最早劳动力与机械化结合，到以两化融合为代表的工业化与传统信息技术结合，再到以互联网＋及制造业2025等为代表的新一代信息技术与制造业结合，进而开展"三来一补"、承接产业转移、抢占新一轮发展先机等等，就印证了这一点。伴随人工智能、虚拟现实、物联网、云计算、大数据、新一代通信、移动互联网等数智科技，以及生物工程、新材料、3D打印等新技术新模式与制造业结合引发新一轮产业技术革命，加速微观生产方式"智造"、中观产业业态上"再造"以及发展结构上"创造"，最终使得生产方式从2.0的机械化、3.0的自动化走向4.0的智能化。与之而来的制造业服务化、服务业制造化以及产品即服务、软件即服务、制造即服务，将逐步打破传统行业管理。

9.2.4 产业界限越来越淡，数字化越来越深

伴随制造业服务化、服务业制造化，产品即服务、制造即服务，没有传统的产业只有传统的业态。在整个产业价值链分解、融合以及新业态出现的过程中，产业价值链不仅是分解、分解、再分解，垂直领域的整合，以及新业态不断涌现，而是到前后、上下、左右的融合、融合、再融合。这其中，主要由于技术进步及放松管制导致产业界限模糊化，进而导致业务边界模糊化、产品服务模糊化，最终出现新业态新产业。在整个过程中，只有通过产业融合、跨界融合以及业态创新，全面发展以知识经济、信息经济、服务经济、创业经济、创意经济为元素的新经济，才能不断出现新技术、新模式、新业态、新产业，并在数字化带动下将线上线下、云台云端、物理空间与虚拟空间等有机结合。与此同时伴随产业界限、市场界限、企业界限越来越模糊，不仅为产业管理带来巨大挑战，还为产业管理创新开辟了新的空间。

9.3 把握产业政策创新发展趋势

面向新兴产业发展和产业转型升级，不仅需要进一步反思以往传统产

业政策的发展顽疾，还需要把握新一轮产业政策创新形势要求，并注重不同创新高地的产业政策比较，最终充分把握产业政策创新发展趋势。

9.3.1 反思以往传统产业政策的发展顽疾

从目前来看，大量成功的产业政策案例基本上都出现在工业经济领域，在高科技领域成功的产业政策案例并不多。主要是因为工业经济是在可预见的生命周期、成熟的技术路线、滚动的发展逻辑下而不断增长、逐步发展的。一个产业只要在这种成熟范式下，投入足够的要素、资本，就可以逐步成长壮大。这其中，企业的投入、产出、能耗、物耗、税收等等基本上都是可以计算出来的，而具有较大资源配置能力的经济建设型政府往往谋求或形成超市场的权势与作用。所以说，在工业经济条件下，制度产品，或者说政策需求与政策供给之互动，还停留在资源配置层面。

为什么现在很多人批评产业政策是穿着马甲的计划经济？症结在于当前的财税体制以及相应的产业促进机制、组织方式。很多时候，为发展哪个产业，政府能够发力的主要是设一个或大或小的专项/发展资金，让企业申报项目，利用中央或地方财力补贴企业，但其他税收等制度性产业政策手段有限。而一旦企业需要的不是资源配置，而是产业组织创新、产业生态环境时，却鲜有相应的政策工具。甚至有些地方，想去创新式作为，又被自上而下的体制机制束缚着。所以在当前条件下，难免出现一个"两难困境"：一方面企业与政府越来越有隔阂、有距离；另一方面政府越来越有局促、有困惑。其背后的根本原因是，产业规律变了、经济形态变了、企业需求变了，政府的产业政策却还没有变。

9.3.2 把握新一轮产业政策创新形势要求

当前，产业政策具有更加充分的创新空间、发展空间和政策空间。从国际层面来看，在国际政治经济格局重构过程中，以中国为首的新经济体走向国际竞争的前台；在新科技革命与产业变革带动下，发展中国家与发达国家在新兴产业领域处于同一起跑线上。我国产业政策需要适应产业原创发展趋势，尤其是在一些产业创新高地中，需要率先出台一些更具前瞻性、引领性的政策。从国家层面来看，伴随我国整体上从工业化后期迈向后工业时代，加快从高速度增长转向高质量发展，不仅需要在国家层面统筹产业政策和区域政策，亦要通过跨部门、跨层级、跨领域等政策协同破解战略问题、关键问题的制度障碍、发展瓶颈，还要在地方层面提高政策创新的范围与层级，建立完善适宜新兴产业发展和自主创新的产业政策体系。从地区层面来看，需要从依托地方政府与地方财力积极创新产业政策，走向将区域政策和产业政策有机结合，支持有条件的地区在特色产业领域、新兴产业领域探索围绕产业发展创新区域政策，逐步提升政策水平、作用边界及实施效果。与此同时，产业政策创新也面临一定问题挑战。从竞合格局来看，政策制定不但要立足本地及周边区域的需求，还要充分考虑区际竞合过程中，不同地区产业竞争战略、竞争策略改变带来的影响。从管理体制来看，如何适应很多产业政策多层级、跨地域、跨领域、跨界别的特点，建立统分结合、协同推进机制，打破事权、财权、行政权的分离，进而提升政策的执行力与作用力度。从政策环境来看，需要增强国家有关法律供给不足及相关政策的不确定性，充分考虑国外压力对有关政策手段的影响等。

在此背景下，产业政策创新需要坚持如下原则：一是坚持有所为有所不为的原则。着眼政府与市场、政府与企业关系的优化，一方面，在市场失灵领域加大公共产品及公共政策的供给，重点加大对共性技术、产业技术联盟、技术转移、创业孵化体系等方面的支持，避免出现政府直接投入研发、主导创新创业企业的设立与发展等"越位"问题。另一方面，在市场培育方面着力建设促进高技术产业发展的整体环境，核心是通过推进科技（技术）、实体经济（产业与市场）、金融（资本）、政府管理（政策及市场）的融合，促进各类产业要素、发展条件的聚合及循环发展，重点是引导技术与资本对接、扩大市场需求、优化企业发展的市场环境与政策环境等。二是坚持全面推进及重点突破的原则。着眼政策体系的完整及政策重心的倾斜，依据技术生命周期各阶段及全链条的专门需求及整体需求，加紧推进各类政策布局，进一步建立符合现代市场经济、新兴产业发展规律的产业政策体系。三是坚持普惠性与专门化相结合的原则。着眼经济效率与体制公平的并重与协调，一方面，强化创新政策作为公共产品的属性，核心是增强公共政策的普惠性，避免对重点产业、技术领域、企业、机构及有关阶层的过度支持。另一方面，结合国家战略、特色产业、重点企业以及产业组织者的发展，在园区发展的关键领域及环节探索完善具有地方特色、针对性强的专门政策。四是突出前瞻性与实操性相结合的原则。着眼引领示范及创新实效，一方面，加大体制机制创新力度，进一步将政策创新的层级和重心从支持性政策转向制度性政策。另一方面，结合地方发展实际、注重部门协调、从竞争及可操作实施的角度强化创新政策的实操性，从源头上提高创新政策的实施效果或支持力度。

9.3.3 从三地政策比较看产业政策的创新

从北京中关村、武汉东湖、上海张江三大创新高地政策比较来看，就发展阶段而言，相同点是三地创新政策都注重从适应性创新到示范性创新转型。着眼对新兴产业发展及自主创新的示范引领，三地政策创新在前期满足自身需要的基础上，不断在制度层面、支撑层面进行先行先试，为建立我国支持新兴产业发展及自主创新的政策体系做探索。不同点是中关村政策创新在整体上具有一定引领性，而东湖、张江的政策创新主体跟随、局部引领。中关村依托各部委的先行先试改革围绕整个技术生命周期链条加紧政策布局与先行探索，对全国其他高科技园区又有较强的引领性。而东湖、张江在发展基础上与中关村有一定差距，在更多的政策方面是跟随式创新，只是在部分领域做先行探索。

就改革层级而言，相同点是三地制度供给从以支撑性政策为主到支撑性政策、制度性政策并重的层级转变。三地近年来体制机制改革的空间及支持力度进一步加大，逐步改变了只能提供支撑性政策的困境，从制度层面、体制层面加强制度供给、落实有关政策。不同点是三地的改革在不同层级、层面的力度上存在一定的差异。在制度性政策层面，中关村创新的力度最大、范围最广，如从制度创新的组织模式、科研经费管理到高新技术企业认定、股权激励等都有涉及。在支撑性政策层面，东湖借助财权、行政权的体制便利，支撑力度较大；张江加强财政科技投入并享受多重税收优惠政策，出台了大量支撑性政策。

就政策重心而言，相同点是三地都注重从技术生命周期的全链条提供制度供给。如中关村围绕中小企业、高成长企业、做大做强企业以及环境建设等方面加大政策支持或财政科技投入；张江许多政策在设计时注重全链条的支持。不同点是三地在政策体系的侧重点上从目前来看各有侧重。中关村政策体系从注重技术生命周期前端的创新、中端的创业孵化向后端的产业发展侧重；张江政策体系从注重技术生命周期中端的创业孵化向前端的创新、后端的产业发展侧重；东湖的政策体系从注重技术生命周期前端的创新向中端的创业孵化、后端的产业发展侧重。

就支持层面而言，相同点是三地在支持层面上都从产业层、企业层向项目层纵向深化。从优化高技术产业发展环境及市场环境、促进重点企业发展壮大到支持符合国家战略及地区特色重大项目的研发及产业化，支持政策的触角从宏观环境、中观的市场主体到微观的项目延伸。不同点是三地在产业层、企业层、项目层的支持上各有侧重。中关村政策体系的支持模式是以重点企业为核心、以项目为抓手，如"十百千工程"占用大量财政科技资源，几乎所有的项目支持政策往往重点支持"十百千工程"企业；东湖政策体系的支持层面是产业层及企业层并重，如重点发展光电子信息产业、培育新兴产业，实施各类企业培育计划等；张江政策体系的支持层面以产业环境为重点。

9.4 优化传统产业政策供给方式

整体而言，以往的产业政策是适应传统工业经济条件下的。在以数字化为代表的新经济时代，需要适应新经济产业政策创新发展趋势，进一步理解和把握产业政策的边界。

9.4.1 传统产业发展逻辑及产业政策推进

在工业经济条件下，制度产品，或者说政策需求与政策供给的互动停留在资源配置层面，尽管也有其他层面的但基本上还不成熟。在此条件下，其政策需求基本都是投融资、土地指标、人才、税收返还、项目支持等等，而政府扶持企业的政策手段也主要局限在这些政策手段、停留在这些政策工具上。也正是由于工业经济条件下，企业的投入、产出、能耗、物耗、税收等等基本上都是可以计算出来的，具有较大资源配置能力的经济建设型政府往往通过各种主导、引导的方式超越市场配置资源的基础作用，从而不仅形成了特定的产业发展模式、园区发展模式，还形成了一定的产业管理范式，最终决定了要素驱动、投资驱动、外延增长的发展模式。但在当前，仅仅局限在资源配置层面的制度产品供求关系及结构已经过时，产业组织创新越来越重要，生态环境越来越重要。简而言之，产业组织创新就是各类创新主体在开放式创新过程中，所遵循、所形成的组织方式、合作机制、生态网络；其目标模式是企业为主体、政府为引导、产业为导向、高校院所为支撑、社会机构为枢纽的，"政产学研金介用"多位一体的开放式创新。这个层面的政策创新在之前并没有做好，因为没有以企业为主体、以企业为根本需求。而再往上一个层次，就是生态环境层面的政策创新。好的产业环境，也就是让真正创造财富的人以更低的交易成本、更集中的精力获得优先超额回报。

以产业企业政策为例，传统的支持方式主要是"三种机制、三个层面"。支持的"三种机制"包含一种直接支持、两种间接支持。具体而言：一是通过直接支持方式促进企业培育发展，比如对企业直接的无偿资助、贷款贴息、补贴奖励等，但由于目前公共资源错配，难以"雪中送炭"终归"锦上添花"，直接支持的力度、强度在逐步减弱；二是通过平台体系建设促进企业培育发展，如完善以科技孵化、市场拓展、人才培训、创业辅导、管理咨询、法律维权、活动赛事为代表的创业服务体系，以研发创新、技术转移、科技金融、知识产权、检测认证等为代表的创新服务体系，核心是依托专业服务机构促进小微企业创业创新；三是通过资源要素配置促进企业培育发展，核心是通过技术市场、资本市场、人力市场、要素市场的培育发展加大对企业创新创业的支持。支持的"三个层面"包括：一是政策创新层面，主要是以给钱、给指标为主的扶持性政策，侧重资源要素配置，难免存在资源错配；二是组织创新层面，以创业体系、创新网络、产业生态建设为主，侧重产业组织创新，目前"政产学研金介用"开放协同创新较为薄弱，主要是还没有完成"政府—

服务型政府—创新型服务政府"的转变；三是制度创新层面，如税率、法治等，侧重生存发展环境，主要是制度性政策主要由中央政府把持，对适宜各地的区域政策、各行业的产业政策而言创新空间有限。

9.4.2 适应新经济产业政策创新发展趋势

如今，伴随新科技革命与产业变革的纵深发展及历史交织，科技创新、商业模式创新、业态创新、产业组织创新等使得技术生命周期、产业生命周期、企业生命周期变得越来越短，变革式创业、颠覆式创新不断打碎传统产业价值链，重建游戏规则、重塑市场格局、重构产业版图。从企业生命周期来看，后端的大批量产品越来越没有市场，中端的小批量产品和前端的大批量产品越来越需要定制化，反而是前端的新知识、实验室原型和商业原型越来越重要。这反映在产业生命周期上，就是大企业自生能力越来越强，而高成长企业成为产业业态创新的核心及主力军，创业创新企业成为产业发展的生力军。而反映在技术生命周期上，就是后端规模生产越来越次要，中端的商业应用研究、商品开发、工艺开发更加重要，但最重要的是基础研究、共性技术研究。实际上，技术生命周期、产业生命周期、企业生命周期越来越短，意味着研发创新与产业化的高度结合，意味着创业创新的"内生发展"取代招商引资的"外生增长"成为产业发展的根本路径，但也意味着新经济增量培育尚未弥补传统经济存量萎缩的空缺，进而导致基本面阶段性镇痛及新常态。这不仅意味着产业政策、科技政策的前置，还意味着产业政策、科技政策都需要位移到创新政策的层面，未来需要用创新政策的思维优化产业政策、创新政策的顶层设计。核心是建立完善覆盖技术创新全链条及关键节点、产业发展全过程及关键环节的创新政策体系。具体而言，要实现如下几个转变或进展。

一是从支持重心来看，从技术生命周期后端向中前端方向发展。过去从 GDP 贡献及产业规模等角度评价产业政策方针及政策着力点，致使很多地方的政策重心从技术生命周期前端的创新、中端的创业孵化向后端的产业发展转移。而随着政策体系的支持重心发生偏移，需要对前端的中小企业、处于萌芽期的新兴产业领域以及具有普惠性的服务体系及环境建设加大支持力度。二是从治理结构来看,加快形成统分结合、协同推进机制。打破多头管理、财权与事权不匹配的管理体制机制,加大在决策方式、支持方向、资源配置、支持方式等方面上的统筹安排,建立跨行政系统配置资源的方式,集成政策资源加大产业支持力度和强度,让有限的财力发挥最大的作用。三是从政策制定来看,加大企业、公众及产业组织的参与度、介入度。当前政府在政策制定方面处于主导地位,产业技术联盟、行业协会初步参与,但企业、行业等生产管理一线人员的介入度依然较低。需要进一步提升政产学研用各方在共同发展过程中在合作目标、侧重点、资源配置等方面的一致性、匹配性及互动性。四是从政策实施来看,提高政策的操作性、延续性、普惠性及绩效感。目前,很多地区或产业的相关产业政策操作性不强、难以实施,或运行良好的政策无疾而终,部分政策环节空白。五是从支持方式来看,从单一支持走向政策集成和精准支持。尽管股权投资、股权激励、贷款贴息、后补贴、政府采购、科技担保、质押融资、保险补助、税收减免、税收优惠等方式取得了初步探索,但大额直接财政投入、无偿资助依然占有相当比重,弱化了产业发展环境及服务体系建设,需要结合不同企业发展阶段,综合采用不同的支持方式。六是从政策构成来看,加大竞争性政策、前瞻性政策制定出台。很多产业政策以基础性、适应性、同质化政策为主,一些前瞻性政策的制定成本越来越高,需要加强政策储备、加大体制创新力度。

9.4.3 进一步理解和把握产业政策的边界

纵观世界各国发展经验,无论是产业企业的制度 / 政策需求,抑或政府的制度 / 政策供给,都拖离不了三个层面,而这三个层面也基本上框定了产业政策的主要边界。

一是如何促进资源配置优化的产业政策。理论上,在市场机制条件下,哪个产业的行业利润率高,相应的创新资源和产业要素就会流向哪里。但并不是所有的资源要素都能够自由流动和优化配置,并不是所有的资源要素都掌握在生产部门,也并不是所有的资源配置都能够由市场机制来完成。比如在创新驱动面前,完全相信市场的决定性作用是一厢情愿的,企业家的意识形态很大程度上取决于明确的利润空间。因而政府对于资源配置仍有足够的政策空间。从目前来看，核心的创新资源及产业要素主要包括人才、资本、技术、土地以及有关指标或配额等。这其中，产业政策主要靠直接的支持政策、间接的引导政策发挥作用，这种直接支持主要反映在微观上、个体上，这种间接引导主要反映在要素市场上。

二是如何创新产业组织方式的产业政策。在中国等转轨经济体中"产业组织"逐步成为一种实现方式或行动逻辑。但不论如何，国内外在产业组织创新方面的产业政策，主要包括产业集群、产业组织、产业准入、市场培育等方面。这其中，产业集群是生态环境的除法，产业组织是枢纽桥梁的乘法，产业准入是产业规制的减法（含产业退出等），政府采购等是培育市场的加法。譬如，即使在美欧等国家，政府采购仍是培育新兴产业发展的重要政策工具。

三是如何优化环境生态建设的产业政策。最好的产业政策，不是给钱、输血或者给助攻，而是给生态环境、建立造血机制。核心是让真正创造财富的群体以更低的交易成本、更集中的精力获得优先超额回报。具体而言，此类产业政策涉及宏观的环境生态，中观的环境生态，以及外部的环境生态，都会对微观的生态环境产生影响及作用。如宏观法治环境、宏观管理体制，公平竞争环境、信用环境，以及国际化系列环境生态等等。

9.5 提升产业政策创新治理水平

在遵循产业政策创新基本取向的基础上，我们需要回答究竟需要怎么的产业政策创新。不仅要创新产业政策及其政策支持方式，关键是加大新兴产业创新发展的底层法治基础。

9.5.1 产业政策需求侧发生了较大的变化

伴随政府职能转变、市场化改革以及产业发展阶段变化，企业对产业政策的需求层级发生了较大的变化。多年前，全国各地，各类企业调研的需求近似千篇一律的是土地指标、税收优惠、财政扶持、投融资便利以及其他指标、公共服务等等，而作为以经济建设为主要任务的政府，在产业促进方面, 也处于产业要素配置与保障的层面。如前所述, 在传统工业条件下, 产能、营收及能耗、物耗等可以计算出来, 相关资源要素指标配置亦是可量化可控的, 政府是抓工业的高手, 但在新兴产业培育、产业融合发展面前, 用管工业的方式管服务业、管新兴产业往往事倍功半。尤其在新经济条件下, 很多企业的产业政策需求, 已经不再满足于产业要素配置及保障的层面, 而更多地上升到产业组织层面、生态环境层面。

具体而言, 企业对产业组织层面、生态环境层面的政策需求包括如何在政府引导、企业主体、产业导向下实现开放式协同创新, 如何在强大的后台支撑下强化技术屏蔽以及国际市场开拓, 如何建立良好的人才环境, 如何建立完善市场化资源配置机制, 如何打破产业规制及市场准入, 如何建立统一公平公正开放的市场竞争环境等等。这其中, 产业组织创新的核心是如何处理政府与市场、企业、社会之间的关系。如前所述, 包括哪些产业由市场自然选择哪些产业由政府前瞻培育、哪些环节由市场机制发挥主导作用、哪些环节需要政府解决市场失灵、如何对不同产业进行分类引导扶持、如何实现产业融合再造发展、如何跨行政系统配置资源、如何实现社会激励结构重建、如何处理创业创新与招商引资的关系等等。核心就是如何让真正创造社会财富的群体以更低的交易成本、更集中的精力获得优先超额回报, 主要是政府税率、银行利率、要素市场的租金普惠式、法定性或市场化下行, 最终让企业利润率变高。

9.5.2 我们究竟需要怎样的产业政策创新

伴随着中国产业发展从产业跟随阶段, 到了产业原创与产业跟随并重的发展阶段, 企业的需求发生了重大变化。不简单是过去税收返还、财政奖励、项目支持、土地指标等要素资源配置层面, 不仅上升到产业组织创新的层面, 还上升到生态环境层面。资源要素配置的核心是政府作用与市场机制的有机结合; 产业组织创新的核心是走出工业、制造业发展工业、制造业; 生态环境优化的核心是让企业家以更集中的精力、更低的交易成本获得优先超额回报。在此基本判断下, 以下政策取向可能是最基本的, 尽管无论对于任何一个国家或地区都是难以完全做到的, 但成功的产业政策一定离不开这几个方面。

一是安分守己的，符合政府职能定位的产业政策。产业政策重点解决市场失灵的领域与培育市场的领域，"有所为有所不为"。一般而言，解决市场失灵比较容易理解，但为什么还要培育市场呢？这种培育市场主要针对新兴产业和科技创新而言，这种职能不光是在新兴经济体的政府职能中有所体现，还在发达经济体的政府职能中有所体现。而在产业政策上，政府作用不仅仅是做服务，还可以做引导、建体系、搭平台、营环境、造氛围，可以通过创新服务集成，借助第三方力量扮演新兴产业组织者的角色。

二是需求导向的，符合企业政策需求的产业政策。如上所述，当前企业需求不再简单停留在过去的税收返还、财政奖励、项目支持、土地指标等要素资源配置层面，而是上升到产业组织创新层面，甚至是生态环境层面，而如何实现政府作用与市场机制有机结合、以开放式协同创新加快产业跨界融合、让企业家以更集中的精力更低的交易成本获得优先超额回报就变得越来越重要。所以，更加需要产业政策创新，不再单纯是政策创新意义上的，主要通过直接支持方式促进企业/产业发展、通过平台体系建设促进企业/产业发展、通过资源要素配置促进企业/产业发展，这些产业政策主要是以给钱、给指标为主的扶持性政策，侧重资源要素配置，难免存在资源错配。未来，还需要组织创新层面的，以创业体系、创新网络、产业生态建设为主，从"政府—服务型政府—创新型服务政府"的转变；还需要制度创新层面的，如结构性减税、法治环境等，侧重生存发展环境等。

三是分类引导的，符合产业自身规律的产业政策。应该说，工业有工业的发展规律，服务业有服务业的发展规律，传统产业有传统产业的发展规律，新兴产业有新兴产业的发展规律。尤其在产业跨界融合条件下，不同产业打破工业与服务业发展界限，具有更加鲜明的特有发展规律。譬如，电商或平台经济需不需要支持，该怎么支持？电商的发展规律是分布式的，就不一定非要搞专门的园区；平台经济是要"烧钱"的，很多个平台型创业才能成就少量平台，一旦出现便是爆发式的"赢者通吃"，就不能以输血为主、框定增长指标等等。所以，在产业政策上，核心是结合不同产业发展规律、企业发展规律与创业发展规律，按行业领域、企业类型、创业模式做好政策设计。

四是风险共担的，符合创新发展规律的产业政策。针对创新驱动和新兴产业，过去的创新是产品级的、企业级的，但现在的创新往往是产业级的、区域级的，这越来越需要多类创新主体的开放式协同创新。创新就是有风险的，但这种风险谁来承担？是否全部是企业家？实际上，在创新驱动发展面前，按照目前的科教智力资源、企业创新意识及能力、产业组织方式等，市场的决定作用是想当然的，而过于依赖政府作用又是计划经济的。所以，政府在产业政策的设计上，需要有一种风险共担的心态，就是要承担有限但必要的创新成本。

五是财税联动的，符合财税支持能力的产业政策。应该说，当前很多国家或地区的产业政策，最大的败笔还不在于计划经济条件下的效率低下，更在于很多产业政策完全违背创新驱动与新兴产业发展规律。这其中，需要处理好几个方面的关系：第一，哪些该支持哪些不该支持，这取决于公共产品、准公共产品、纯公共产品及非公共产品的属性；第二，哪些该直接支持与哪些该间接支持，第二方的直接支持给创业企业、给科技创新是无可厚非的，但有些更适合通过支持第三方、第四方力量予以支持；第三，哪些事前支持与哪些事后支持，不是"锦上添花"而是"雪中送炭"；第四，哪些软性支持与哪些硬性支持，更多地需要"四两拨千斤"，把有限的财政资源无限地放大，是"活钱"而不是"死钱"；第五，哪些是支持需求与哪些是支持供给，促进市场培育比"输血"更重要；第六，哪些是政策支持与哪些是制度支持，比如当前的结构性减税比任何一篮子扶持政策都更有价值、更有力度和更加长效。

9.5.3 创新产业政策并创新政策支持方式

整体而言，产业政策创新的核心是"加减乘除"。"加"主要是产业主管部门的职能，目前由于在国家层面产业主管部门在工业投资、产业园区、产业准入等方面体制机制不畅，导致地方工业管理体制机制不畅；"减"主要是减少产业规制、准入门槛，管得越少越好，甚至包括减少项目（增加专项）；"乘"主要是跨行政系统配置资源，避免条块分割、多头支持；"除"就是通过金融资本与产业资本融合开展产业垂直整合、跨界融合。在"加减乘除"条件下，进一步以"六个结合"创新政策支持方式：一是直接支持与间接支持相结合，针对不同产业发展阶段、企业发展阶段采用不同的支持方式，如对于科技型中小企业可以采用直接支持的方式，对于大企业可以采用间接支持、竞争性支持的方式，对于其他企业给予普适性支持；二是事前支持与事后支持相结合，对于积极引导和鼓励的产业创新，需要打破"投入—产出"传统财政关系思维予以事前支持，对于一般性引导方向的予以后补助，支持地方产业政策在事前支持上做更多探索；三是软性支持与硬性支持相结合，在"工业四基"、技术改造、数字基建等若干提升产业基础能力的领域加强硬投入和支持强度，在智力支持、"四两拨千斤"的环境建设上加大软性支持力度；四是支持需求与支持供给相结合，在生产方式转变上重点加强对供给端的产业政策支持，但对于以市场为导向、加快新技术新产品推广应用的应加大对需求端的支持；五是形态服务与生态服务相结合，加快从传统空间载体、物业载体的形态服务建设，向以功能服务为基础、以生态环境为核心的生态服务体系打造转变；六是政策支持与制度支持相结合，不仅仅是依靠财力予以财税、项目支持等扶持性政策，更需要打破制约产业发展的体制机制障碍，提供更多的制度性政策。

9.5.4 加大新兴产业创新发展的法治基础

如前所说，宏观经济调控和基础性制度变革（如产权、金融、财税、市场监管法规等等）的权限集中在中央政府，地方政府在经济领域中的主要职责主要是在国家宏观调控和法律法规的约束条件下，运用手中的财政、规划和执法检查等手段，引导推动和保障地方经济的有序发展，核心是解决市场失灵与培育市场或市场主体。与此同时，地方政府引导、推动地区经济发展的手段主要包括规划和地方财政，很多产业政策主要是地方财政手段，通过地方立法能够保证规划、地方财政等政府手段的合法使用和有效监督。在此背景下，坚持先行先试的创新精神以及"法无明文禁止不为过"的理念，坚持"法制统一与创新突破相结合、问题导向与发展导向相结合、普适规律与区域特色相结合、经验总结与超前探索相结合"的原则，着力推进资源配置方式优化、产业组织方式创新、加快环境体系建设，重点支持产业技术创新、商业模式创新、产业业态创新、产业组织创新、体制机制创新、思想文化创新。

一是促进资源配置方式优化。这主要包括人才、资本、技术、土地四个方面，没有这些创新资源和产业要素，就没有"产"和"业"，再先进也没有用。在人才方面，核心是解决高水平创业创新人才吸引力的问题、各类实用人才成本上扬的问题。目前人才政策的泡沫很大、各类商务成本生活成本偏高，而又没有形成稀缺人才"选、引、留、用"的机制以及社会成本的降低，无论在高等教育、职业教育以及城市环境、商务环境、创新创业环境营造上都需要得到加强。在投融资方面，主要问题是金融资本与产业资本融合不够，这往往是商帮衰落的原因，除了间接融资类的机构黑心以及财政资本引导缺失，就是"出资人的不成熟、投资人的不成熟、企业家的不成熟"交织在一起，而实际上基于通过金融与产业资本融合探索混合所有制将是重要的方向。在技术方面，主要涉及积极性、能力水平、组织方式、知识产权的问题，不仅仅是创新能力弱、转化能力弱的问题，还包括政产学研合作机制、重大项目联合攻关等组织层面的问题，也包括创新投入不足、技术改造乏力等问题，比如说搞创新的不如搞房地产的、搞金融的，还有知识产权保护、利用的问题。在土地方面，核心问题是供需错配，如何在产业用地越来越稀缺的条件下，一方面加强土地开发、挖潜、监管及指标配置，另一方面与产业准入等联动强化亩产效率效益是重要的政策目标。

二是创新产业组织方式。这主要包括产业集群、产业组织、产业准入、政府采购四个方面。产业集群是生态环境的除法，产业组织是枢纽桥梁的乘法，产业准入是产业规制减法，政府采购是培育市场的加法。在产业集群方面，很多时候是有产业无集群，很多行业企业还处于单打独斗的阶段，而且有块状感的产业集聚区总体是产业雷同、层级不高、配套有限，离"产业高度集聚、价值链条完善、企业协同发展、服务配套完善、产城高度融合、综合效益显著"有较大差距，需要从创业源头、创新源头、土地源头、项目源头抓起，促进产业的集群集聚集约。在产业组织方面，核心是培育协会、联盟、商会、基金会等等一批创新型枢纽组织，目前这些组织要么没有，要么自生能力、组织能力差，现在社会组织的主要问题是基因不好，从政府或事业单位衍生的只能靠输血，从高校院所衍生的本身就是错位，半路出家的主要在招摇撞骗，而社会组织应重在根植产业企业的枢纽组织，需要成为行业的桥梁、政府的手脚，发挥更大的作用。在产业准入方面，主要是针对传统产业或者存量结构优化的，重点需要解决哪些禁止发展、哪些限制发展、哪些维持发展、哪些鼓励发展，主要政策手段过去是产业导向目录，现在类似于负面清单管理，对于产业发展而言这是从源头上解决问题的事。在政府采购方面，发达国家在以往的阶段也用过这些政策工具，尽管现在仍不允许中国搞，但对于新产品新技术推广应用这种政策工具是必需的，主要是政策实现的方式需要有一定的变通。

三是优化环境体系建设。主要包括国际化、信用体系、政策体系、管理体制四个方面，国际化是开放环境意义下的，信用体系是市场环境条件下的，政策体系是政策环境意义下的，管理体制是体制机制条件下的。在国际化方面，需要从商品输出向资本输出方向转变，核心是如何在"走出去、走进去、走下去、走上来"的过程中，实现全球资源配置及国际产业价值链跃升，如何打破出口导向型的外向型工业经济，加快发展开放型创新经济是重要的目标模式。在信用体系方面，主要问题不是没有这方面的工作、没有这方面的基础，而是没有统一监管下的、互联互通的、环环相扣的信用体系，在下一步地方立法中还需要做更深的探索。在政策体系方面，过去都是围绕不同产业环节的扶持性政策为主，而且是政出多门尤其是偏向产业化的后端，未来需要在重点节点的制度突破上先行先试、在顶层设计上强调统分结合、顺应创新政策前置化发展趋势，全面优化产业政策体系。在管理体制方面，涉及先进制造业发展最大的管理体制主要是工业投资管理体制、产业园区管理体制，与之相关的还包括生产性服务业管理体制等，主要是由于自上而下的管理体制不顺畅，导致地方产业部门难以发力。如果在地方立法上做好相应的制度安排，将对先进制造业发展产生最深远的影响。

整体而言，没有新的发展逻辑，就没有新的组织逻辑，而没有新的组织逻辑，就没有新的政策逻辑。在以往产业技术革命条件下，产业发展遵循线性增长、滚动发展的逻辑。当前新科技革命与产业变革与中国产业转型升级与新旧动能转换历史性交汇，产业发展呈现出大破大立的发展态势。在此过程中，尤其是新兴产业发展呈现出非线性增长、爆发成长发展态势。在新的发展逻辑下，无论是"政产学研金介用"之间的产业组织，还是政府的产业管理都在发生新的变化。与之相适应的，产业政策也需要创新迭代和迭代创新，为建立完善适宜数字经济时代的产业变革和组织创新提供质优发展环境与根本制度安排。

10 产业管理范式：从线性增长到爆发成长

无论是自由经济体，还是计划经济体，抑或是转轨经济体，产业管理都是政府管理经济职能的核心，而政企关系则是核心中的核心。伴随全球工业经济向创新经济转变，很多产业管理依然带有明显的工业经济路径依赖。伴随新科技革命与产业变革，产业生命周期越来越短、生产方式越来越软、产业界限越来越模糊、增长速度越来越快、企业需求越来越高，成为加速和倒逼产业管理范式转换的重要力量。与此同时，伴随中国产业发展进入新阶段，不仅中国制造走向中国智造、中国再造和中国创造，还要求各地区只有产生新的生产方式、新的生活方式、新的创新范式、新的增长方式、新的组织方式才能占有一席之地，更使得各地区在数字化带动下加快生产方式与生活方式、内循环和外循环、数字产业化与产业数字化的有机结合。在此背景下，我们不仅需要反思传统工业经济发展过程中的路径依赖，更要反思产业管理背后的发展顽疾，亦要探寻适应数字化新经济发展的产业管理范式。在系统切换和全面转换产业管理范式过程中，不仅要着眼未来新兴产业发展，还要着眼产业跨界融合，不仅要着眼产业转型升级，还要着眼双循环新格局，亦要着眼创新发展规律，最终将现代产业体系构筑、产业经济形态升维、新旧动能接续转换、全球资源配置优化、创新生态赋能生成有机结合。最终在充分把握产业管理范式转变趋势以及企业产业政策需求的前提下，处理好产业管理的若干重大关系，探索建立适宜新兴产业，尤其是数字化新经济发展的产业管理范式。

10.1 工业传统主导产业管理范式

整体而言，无论是自由经济体，还是计划经济体，抑或是转轨经济体，产业管理都是政府管理经济职能的核心，成为决定一个国家或地区经济增长、产业发展的重要力量。这其中，政企关系则是"核心中的核心"，从宏观、中观、微观决定着经济运行、产业组织以及经济循环的效率效益。伴随全球工业经济向创新经济转变，很多产业管理依然带有明显的工业经济路径依赖，迫切需要建立完善适宜新经济发展的产业管理范式。

10.1.1 产业管理是政府管理经济职能的核心

一般而言，产业管理是在中央政府及地方政府的主导下，着眼实现产业发展、经济增长以及宏观调控等战略目标或政策目标，建立完善适宜产业发展的生态环境，对产业进行规划、组织、协调、沟通和控制的一种管理过程。整体而言，产业管理有三种不同的模式，即政府主导的产业管理、产业内部的产业管理以及产业共治的产业管理。这三种模式，也决定了产业管理的三个层次：第一个层次是中央政府为主的产业管理，通过制定各种财政、税收、金融等政策以及行政、经济、法律等手段来确定相关产业制度安排与调节机制，尤其是重点产业的发展方向和目标，对各产业进行规划、协调、监管和指导。第二个层次是以地方政府为主的产业管理，重点以地方财力在招商引资、企业成长、科技创新、产业发展等方面提供支持性政策，依托土地、资源以及各种指标优化资源配置，并综合运用行政、经济、法律等手段加强行业监管与经济运行。第三个层次就是行业协会组织在政府引导下的产业管理，通过行业协会来统一规划、协调、指导、沟通各同行业企业的生产经营活动，促进产业的发展。

更进一步而言，在市场经济条件下的产业管理重点覆盖政府、企业与中介三类主体，也形成了政府与企业、企业与中介、中介与政府的三种基本经济关系。居于核心和基础地位的是政企关系，不仅通过财政政策、货币政策、经济立法、经济计划、产业政策和行政手段等多种方式，引导资源流向，以实现特定的一个或者多个宏观经济目标；还借助国有资产运营管理、部分社会公益事业和部分城市公用事业的投资实现直接或间接参与经济活动；亦借助行政性规制、经济性规制（市场准入和特定产品定价）、社会性规制（产品质量、污染排放及劳动安全等标准的设定）以及反垄断和反不正当竞争规制等对微观经济主体实施外部限制和监督。再就是中介与企业的关系，不仅通过制定行业发展准则、规范内部企业间的竞争、维护行业整体利益，进而实现行业自律；还通过规范市场行为、反对欺诈、调解市场纠纷，促进公平、公正、公开竞争；亦通过提供专业化服务降低市场交易费用；还通过市场监督等，保证市场公正交易、公平竞争，稳定经济运行秩序。最后就是中介与政府的关系，成为政府与企业的桥梁和纽带。在彼此独立又相互依存的条件下，不仅形成了各产业管理机构和组织的设置，还逐步形成了各机构组织之间的权限划分和经济利益的调节方法，亦建立完善了规范和调节各产业经济活动中各经济主体之间利益关系的制度体系，形成一定的产业管理体制，并决定着产业管理范式的生成。

10.1.2 狭义的产业管理核心是处理政企关系

这里我们所说的产业管理，更多的是狭义上的，尤其是侧重地方政府及其产业主管部门所从事的产业管理。其所从事的产业管理目标，不仅仅是着眼社会主义市场经济健康发展，按产业规划、按产业组织加以管理，发挥中介组织的桥梁作用，促进和加强企业在产业经济活动中的横向联系和联合，加强宏观经济和微观经济的协调；更多地在探索地方政府，尤其是产业主管部门，如何在有限的权责、财力、手段、资源基础上，实现产业发展目标多元化、经济利益最大化。在此背景下，对于产业管理范式的探讨，并非局限在如何加强完善政府管理经济的职能、如何解决好市场失灵与培育市场等等，更多地锁定在政府如何作用产业企业及其互动关系。譬如，在计划经济、工业经济路径依赖下，我国在自上而下的产业管理范式上，重点在产业战略方向上强调"现代产业体系""现代产业新体系"，在产业主体培育上强调"小微企业—规上/骨干企业—龙头企业—跨国公司"的企业梯队，在产业环节上注重加强培育"高端、高效、高附加值"的产业链环节，甚至下沉到产品技术层面的"高精尖"。当然，产业管理范式的内涵及边界也不局限于此。

如前所述，无论是"现代产业体系"还是"现代产业新体系"，尽管强调的是现代的资源禀赋、现代的发展结构、现代的发展形态、现代的组织方式，但只要越是全球化或越是有统一的国内市场，那么除了大国能够有相对独立的经济体系之外，就唯有一个完整的世界经济体系，很多城市难以自成体系，即使有的话也是封闭的体系。"小微企业—规上/骨干企业—龙头企业—跨国公司"的企业梯队，代表传统工业管理逻辑与静态思维，反映的则是企业从销售商贸介入生产制造、再介入研发创新、最后形成"产供销人财物一体化"的滚动发展逻辑。"高端、高效、高附加值"是一种愿景，但很难孤立地去抓；而"高精尖"强调的是高级、精密、尖端的技术或产品，更多地侧重于高技术制造业。在新科技革命与产业变革条件下，伴随新一代信息技术与先进制造结合，呈现出制造业服务化、服务业制造化以及产品即服务、制造即服务的产业跨界融合趋势。

10.1.3 传统工业主导的产业管理依然是常态

如前所述，工业有工业的发展规律，服务业有服务业的发展规律，高科技有高科技的发展规律，新经济有新经济的发展规律，传统产业有传统产业的发展规律，新兴产业有新兴产业的发展规律，不同的产业有不同的发展规律、不同发展阶段的产业有不同的需求。但很多时候的很多政府，往往自觉不自觉地愿意用工业化产业管理范式予以"一刀切"。如今在产业跨界融合发展趋势与发展规律下，产业界限越来越模糊，未来没有传统的产业只有传统的业态，也没有过于明显的工业、服务业之分。如果全部以政府所擅长管工业的方式去培育发展新兴产业、发展数字经济或者加快产业跨界融合，就勉为其难抑或事倍功半。其背后的问题，是产业发展规律变了，但产业管理范式没有变。

从目前来看，很多地方依然处于传统工业主导的产业管理段位，主要表现在如下方面：一是工业经济发展理念。很多地区在新兴产业培育、服务业发展、新经济发展乃至整个产业体系构建上，存在浓厚的工业经济发展线性思维，不仅未能将工业与服务业融合，还未能将实体经济与虚拟经济融合，更难以实现以创新经济的增量培育带动工业经济存量提升的发展方针，最终造成传统工业经济发展路径依赖。二是新兴产业战略模糊。很多地区的产业战略主要立足现状，并未着眼中长期战略转型，实现对重化工为主导、传统产业为主体、新兴产业为增长点、服务业位势不强的传统产业体系的战略替代，且产业领域较为宽泛、细分领域缺乏引领、链式规划布局较弱、产业融合程度不够等，需要立足深度产业研究的前瞻规划布局。三是产业发展方式过时。遵循"大产业、大平台、大企业、大项目"要素驱动、投资驱动、外延增长的工业经济发展方式，以及招商引资的拿来主义发展路径，不仅背离了战略新兴产业、创新经济需从创新创业的源头、科技型中小企业、服务体系及环境建设抓起的发展规律，也难以形成新经济高级化内生发展路径。四是产业管理路径依赖。按照"小微企业、规上企业、骨干企业、龙头企业"静态、线性的工业管理范式培育科技型市场主体、创新主体，而对种子期的初创企业、成长期的创业企业、发展期的高成长企业、成熟期的高技术大公司缺乏足够的重视及全链条的政策布局，难以培育出科技型企业梯队。五是空间布局结构杂乱。不仅在块状经济条件下形成粗放发展、层级不高、零散布局、配套残缺等问题，还在传统县域经济条件下形成条块分割、产业雷同、单打独斗、重复建设等问题，最终导致很多地区在产业空间上没有整体结构布局、分工合作不够、集群发育不够、产业融合不够、产城融合不够等问题。六是条块分割体制顽疾。各部门各地区并未形成统分结合的地方财力体制以及跨行政系统配置资源的模式，难以真正建立跨部门跨层级的协调，不仅造成多头管理、职能交叉、分散支持、重复列项、力度不足等问题，还往往造成内部恶性竞争、拼资源拼政策等现状。七是产业政策体系凌乱。政策体系以产业资金、财政科技的扶持性政策为主，制度性创新不足；在技术生命周期后端的工艺开发、规模生产环节的政策扶持力度大，对中端的商业应用研究、商品开发环节的政策扶持力度小，对基础研究、共性技术研究环节的政策扶持较薄弱；后补贴的"锦上添花"财政支持机制，不适宜"雪中送炭"的新兴产业发展需求；考核评价体系完全以工业经济导向为主。

10.2 正视传统产业管理范式顽疾

10.2.1 对产业管理领域改革创新的总体判断

如今自上而下的产业主管部门系统（工信系统）是由发改系统（经委系统）工业管理有关职能、国防科工系统相关职能以及信息产业部门、信息化部门等整合而成的，后来一些信息化推进、网信事业等转入网信办系统。当前，发改等系统依然在产业发展上有较大的权限、职能和财力，多部门交叉行使产业管理职能。从深层上制约产业发展各种问题、因素和体制机制依然存在，以至于产业主管部门权限、职能和财力仍有局限。这也使得有种观点认为，当前很多产业管理改革很难说是真正意义上的改革，而很多工作更多的是跨部门、多场景完成一件事的工作创新，相对容易的是开展机构改革。就连目前以工信部门牵头的数字化改革仍然在路上，很多时候把具体工作任务，当作改革事项来做。

尽管如此，对以工业和信息化为主体的产业管理改革创新，依然具有较大的空间。譬如，我们有种观点，在国家层面的产业创新发展上，中国应该多学习美国；但在地方的产业组织创新上，美国应该多学习中国。其背后的假设在于，中央政府需要在普适性的解决市场失灵上发挥更大的作用，而地方政府需要在重点突破的培育市场上发挥更大的作用。从这些意义上，我们需要更加深层次地思考产业管理改革创新的出发点、着力点、着重点、突破口和落脚点。主要是因为伴随新一轮科技革命与产业变革与新时代经济形态与社会形态深度变化，只有前瞻性、系统性和引领性地面向未来、面向国家、面向发展、面向机遇、面向问题，才能更好地服务于高质量发展。

10.2.2 很多地区产业战略更多的是工业战略

历经多年发育，我国近年来整体上从工业化中后期向后工业时代转变。在国家"工业强国"和产业转型升级带动下，不少地区着眼强化实体经济、提高产业竞争力以及地区产业发展水平，提出"工业强省""工业强市""工业强县""工业强区""工业强镇"等产业发展战略。整体而言，以工业为主导的产业战略往往有如下发展红利：一是能够提高工业化发展水平，将制造业作为工业化核心，加大工业投资、社会资源投入力度，提高工业化组织实施能力；二是能够增强产业基础能力，通过基础设施、技术改造、技术创新等提高产业基础能力；三是能够强化实体经济的产业根植，将工业作为实体经济核心，通过引导社会资本、社会资源进一步流向产业界、实业界，坚守主业、根深叶茂；四是能够提高产业技术创新水平，从工业应用出发强化产业技术创新。但与此同时，也存在一定的局限：一是产业融合发展不够，需要从工业思维走向实业思维和产业振兴。这其中，工信系统以工业信息化产业为主，发改系统以战略性新兴产业、现代服务业为主，最终导致工业与服务业、虚拟经济与实体经济、增量培育与存量提升融合不够。二是产业结构难以调整，尤其是缺少能够抢占产业制高点、产业主导权、发展主动权的未来产业。单纯立足工业发展工业、立足制造业发展制造业难以走出工业和制造业，战略增长点、爆发点不够；只有立足制造、跳出制造，让更多制造业服务化、服务业制造化、产品即服务、制造即服务，出现更多的新技术、新模式、新业态、新产业，才能实现产业升级转型。三是产业发展路径依赖，往往在"大产业、大平台、大企业、大项目"思维下，依赖"摊大饼"的要素驱动、"大项目"的投资驱动大于创新驱动。四是产业竞争力难以提升，在既定的国际经济体系与产业分工下，只有依赖新兴产业和高新企业才能异军突起。五是产业管理条块分割，产业投资管理体制、产业园区管理体制、市场准入与产业规制、产业管理体制、生产力布局等方面难以融合发展。六是资源环境压力依然较大，传统工业化长期累积的结构性矛盾和问题依然突出。

10.2.3 传统工业经济发展路径依赖根深蒂固

伴随中国产业发展阶段整体上从工业化中后期到后工业时代转变，各地区在产业层面开展新一轮产业布局与产业创新。譬如，北京中关村布局2050战略研究，探索以创业为核心引领全球产业变革，强调硬科技创业与数字经济培育；上海在建设科技创新中心，布局综合性大科学装置，抢占未来产业制高点；深圳打造世界级的电子信息产业生态圈，打造移民型创业之城；杭州建设"互联网＋创新创业中心"，深化信息经济发展层级，强化平台企业衍生能力；武汉实施互联网与智能制造双轮驱动，大力推进科技创业带动科技创新，还设置了科技成果转化局；成都率先在全国成立新经济委，全面发展新经济，积极布局新经济生态圈；天津重点发展智能科技产业，宁波则强调智能经济发展。与此同时，各地区新一轮创新资源配置加速重构，"人、财、物"都有的建设科学城，有财力有产业但没创新没人才的就建设科技城，缺人才的成建制引进高校院所，科教智力密集地区都在抢占国家实验室，科教智力资源不足的都在布局新型研发机构等，新型创业孵化平台也加速抢滩布局。尽管如此，难免存在用旧办法做新事、创新资源产业要素错配等问题。比如"高精尖"的产业取向，完全是高技术制造业发展段位及发展思维，难以顺应产业跨界融合发展趋势，尤其是京津冀最大的问题是市场活力不足、产业腹地有限；上海作为老牌的工业城市，存在严重的工业路径依赖；杭州的顽疾是信息服务、高技术服务与高技术制造业难以紧密结合；武汉的自主创新依靠科学家和政府是没有任何前途和希望的，只有相信市场的力量和企业家精神，才能走出有科教无产业的困境。

10.2.4 新发展格局下深化改革的趋势及特点

整体而言，在高质量发展新时代，全面深化改革的核心，是处理好改革与创新、协调、绿色、开放、共享的关系。具体而言，全面深化改革呈现怎样的趋势及特点，取决于伴随新兴产业和信息化发展趋势、新型工业化和信息化发展道路以及新一轮深化改革特点对传统工业和信息化管理体制机制的创新和探索。整体而言，我国自改革开放以来的产业（尤其是工业和信息化）管理体制机制，最早建立在工业经济形态、产品工艺创新、县域园区经济、城乡二元经济以及国有计划经济体制基础上，尤其是经历"入世"后二十年的发育和发展，在新兴信息经济、产业技术创新、城市集群经济、外向出口经济、民营市场经济的带动下，形成了适应"工业化、信息化、城镇化、市场化、国际化"发展体制机制，以及外向型工业经济运行方式。但如今伴随数字经济发展、科学技术创新、都市经济发展、开放经济发展、混合活力经济发展，迫切需要着眼加快适应泛工业化、硬科技化、再城市化、再全球化、新治理化发展趋势，建立完善以开放型创新经济为主的体制机制及运行模式。

表：经济发展演变及其发展趋势与要求

	1978—2000 年	"入世"二十年	当前及未来	主要趋势	发展要求
经济形态	工业经济形态	信息经济形态	数字经济形态	泛工业化	五低四高
技术水平	产品工艺创新	产业技术创新	科学技术创新	硬科技化	技术赢市场
区域发展	县域园区经济	城市集群经济	都市生态经济	再城市化	城际竞合
开放条件	城乡二元经济	外向出口经济	双向开放经济	再全球化	四零规则
运行体制	国有计划经济	民营市场经济	混合活力经济	新治理化	激励相容

在此背景下，产业管理部门全面深化改革需要更加符合新兴产业趋势、更加符合创新发展规律、更加符合地方发展实际、更加符合国际贸易规则、更加符合现代产业治理。一是适应泛工业化，处理好改革与绿色发展的关系，从传统工业化的"五低四高"[1]向新经济的"五低四高"[2]方向转变。将数智科技、材料科技、生命科技、空天科技等与先进制造业相结合，加快促进制造业服务化、服务业制造化、制造即服务、产品即服务、软件即服务，加快泛工业化，进一步从"低小散弱黑"的产业结构低端化走向"高新软优绿"的产业结构高级化方向发展，实现经济增长、产业发展、资源能源、生态环境、人口增长和社会发展的有机结合。二是适应硬科技化，处理好改革与创新驱动的关系，从跟跑、并跑的"市场换技术"向抢跑、领跑的"技术赢市场"转变。产业支持重心加快从后端转化向中端共性技术与应用研究、前端应用基础研究与基础研究转移，加快从支持高校院所向重点支持企业研发创新方向发展，从支持供给到支持供给和支持需求并重转变，引导地方政府加大地方财力及创新资源投入力度和支持强度。三是适应再城市化，处理好改革与区域协调的关系，从县际竞争的园区经济模式向城际竞合的都市创新经济生态圈模式转变。加快国际与地方产业规划布局、生产力布局、产业梯度转移、产业基础设施、产业创新平台等空间优化，促进东中西部、南北地区、城市群与都市圈等范围的产业分工与经济合作，支持产业政策

---

[1] 低成本、低技术、低价格、低利润、低端市场，高能耗、高物耗、高污染、高排放。
[2] 低成本、低物耗、低能耗、低污染、低排放，高端、高效、高附加值、高价值链环节。

等与涉及区域发展、城市发展、园区发展的区域政策相结合。四是适应再全球化，处理好改革与扩大开放的关系，从外向工业经济"四高规则"[1]向开放创新经济"四零规则"[2]转变。从注重单向的出口导向到双向的自由贸易，从商品输出、产能输出到商品输出、产能输出与技术输出、资本输出、模式输出并重，从以土地优惠、招商引资、出口退税等为代表的扶持型政策到以贸易便利化、投资自由化为代表的制度型开放先行先试，从大进大出以出为主到优进优出进出并重。五是适应新治理化，处理好改革与共建共享的关系，加快从以往推拉并举型发展结构向创新生态赋能型发展结构转变。不再是政府是推手、市场是拉手、企业是选手的发展结构，也不再是市长是最大的总经理、书记是最大的董事长的建设型、服务型政府，而是政府搭建赛场、市场开放赛道、产生赛手的发展结构，政府转型为创新赋能型政府。

10.2.5 当前产业管理深化改革的难点及障碍

在产业管理领域深化改革，首先是破解战略层面的体制问题。一是信息引领工业与工业主导信息的矛盾。前两次产业技术革命都是工业化带动的，也就是生产决定消费；第三次产业技术革命则是信息化带动工业化，如今第四次产业技术革命进一步强化了这一趋势，还将促进生活方式与生产方式的贯通。全国自上而下组建的工信系统是我国工业化进入中后期阶段、信息化处于蓬勃发展期的产物，是在发改系统工业管理的基础上，与信息产业部门的结合。产业管理范式难免遵循传统工业路径依赖，总体上是在工业化基础上推进信息化，在终点领域强化信息化。如今伴随传统信息技术经由新一代信息技术进入数智科技，需要进一步由软入硬、由软控硬。二是产业跨界融合与条块分割管理的矛盾。全国工信系统建立的背景是不同领域的工业行业管理职能和工业运行调节职能分散在不同部门，初衷是打破这种比较分散的工业管理体制及其弊端。但多年来，工业领域和信息领域依然存在自成体系、管理分割，地区和行业之间的差距明显，难以形成"一盘棋"

---

[1] 高关税、高非关税壁垒、高补贴、高出口限制。
[2] 零关税、零壁垒、零补贴、零出口限制。

和"组合拳"。三是新兴产业试错与传统行业监管的矛盾。伴随数智科技、材料科技、能源科技、生物科技、空天科技等与先进制造业结合，以及在数字化的带动下加快现代服务业、生产性服务业与制造业结合，很多产业、行业和企业的发展需要打破传统监管模式，在技术试错、市场试错、产业试错、区域试错过程中得以发展。当前及未来需要打破注重供给侧的行业管理，需要注重需求侧的市场引导、市场准入和市场监管，不是按行业管理，而是按业态来管理。

其次是要解决重点问题的组织问题。一是产业生态聚合与链式产业组织的矛盾。当前产业发展打破地域地理限制、产业技术限制、单一产业限制，加快从注重规模效应的块状经济、注重范围经济的集群经济走向注重生态经济的产业生态，形成具有"你中有我、我中有你"、共生共荣、自组织自成长特点的产业创新生态。但很多地区、很多行业、很多园区在产业模块化思维下，依然按照产业链招商引资、产业组织和产业促进，难以构筑产业创新生态圈。二是绿色低碳倒逼与经济技术薄弱的矛盾。伴随全球性气候问题，经济全球化发展不能以气候、环境、生态、能源等为成本，需要从高碳到低碳、零碳甚至负碳，不仅需要形成以低碳经济为主体的现代化经济体系，还需要形成数字治理为核心的现代治理体系，更需要通过节能技术、清洁能源、环境管理、气候金融、绿色基建形成"五位一体"的技术创新、能源创新、管理创新、金融创新和组织创新。但整体上，我国经济技术发展水平具有较大的技术缺口、资金缺口。三是主动扩大开放与重点领域缓慢的矛盾。在新一轮全球化过程中，只有转变产业结构、经济形态、经济运行模式，才能转变贸易方式、贸易结构、国际活动方式，而伴随贸易摩擦和科技脱钩等，我国需要加速从被动开放走向主动开放。多年来我国在金融外汇管理、若干领域市场准入、国有企业、技术转移与知识产权等方面的开放进展缓慢，导致产业发展的外部环境更为严峻。

最后是要解决产业政策的操作问题。一是多元政策需求与传统支持模式的矛盾。近年来，企业的产业政策需求从以往投融资、土地指标、人才、税收返还、项目支持、能耗指标等资源要素配置，上升为开放式创新、产业技术联盟、国际国家标准等产业组织方面，再上升为法治营商环境、创新制度安排、质优创新生态。但产业主管部门在有效的政策工具、政策手段、支持方式等方面，有待与这些需求适配。二是各行各地不一与产业政策普适的矛盾。我国各地区经济发展不平衡、各行业产业技术水平发展不均衡，有些产业政策要么在某些地区无法覆盖，要么普适性政策落后于发达区域，要么同一种政策"一刀切"。比如，在"碳达峰碳中和"问题上，需要结合不同地区、产业发展阶段分类管理，不同地方有不同的能耗指标，在全国的大盘中实现"双碳发展"。三是市场试错迭代与传统统计体系的矛盾。当前很多产业的统计分类更多的是按照工业大类、中类、小类来划分，对数字经济的统计只做了一定的创新。而且很多统计只能局限在规上企业、限上企业等。很多新技术新业态新模式新产业由于跨界，无法按照传统行业予以统计；很多创业企业、中小企业由于不在规模企业、重资产投入统计中，难以更加凸显企业的价值。

10.3 谁将成为新产业地理的新宠

当前，中国整体上从工业化后期向后工业时代转变，在数字化新经济以及高科技产业带动下，中国制造加速走向中国智造、中国再造和中国创造。谁将成为新经济时代产业创新高地，不仅需要产生新的生产方式、新的生活方式、新的创新范式、新的增长方式、新的组织方式，还需要在数字化带动下加快生产方式与生活方式、内循环和外循环、数字产业化与产业数字化的有机结合。

10.3.1 中国制造加速走向中国智造、中国再造和中国创造

中国自改革开放以来加快承接产业梯度转移，不仅从农业国向工业国转变，还从内向型经济向外向型经济转变，亦从计划经济体制向市场经济体制转变。从借助城乡二元经济体制机制，建立了独立、完整的工业体系；到"入世"第一个十年，发展成为工业产值超越美国的全球第一制造业大国；再到"入世"第二个十年，从跟跑、并跑到领跑，初步形成一定的产业技术能力和产业主导权。在科技革命与产业变革相结合的条件下，企业微观

的生产方式、产业中观的经济形态、宏观经济的发展方式发生了重大变化，从一般意义上的"制造"到微观生产方式的"智造"、中观产业形态的"再造"和产业界面上的"创造"。在微观层面上，主要强化新一代信息技术等与制造业结合，借助智能制造、5G+产业、互联网等方式强化生产方式"智造"，将生产方式转变提高的生产率作为企业家的利润空间，优化生产的技术构成；在中观层面上，通过"互联网+"及"+互联网"强化产业形态上"再造"，实现由硬变软、由重变轻、从封闭到开放，转变生产的发展形态；在宏观基本面上，以创业创新集成新思想、新模式、新技术等并将其转化为先进生产力及全新产业，通过"大众创业，万众创新"强化产业结构上"创造"，将创业作为内生增长的根本机制与发展源头，实现产业结构性调整。最终在"一带一路"的开放式创新中，在全球范围配置资源，以资本输出带动商品输出，将制造业产能充分释放。

10.3.2 新经济时代产业创新高地的主要标志

从 2018 年中美贸易摩擦和科技脱钩来看，只有经济形态和产业结构转变，贸易方式和贸易结构才能转变，核心是从外向型工业经济走向开放型创新经济。在新的发展阶段，需要初步走出并深化践行新时代产业转型升级与业态创新发展之路，其内涵主要包括如下方面。

一是产生新的生产方式。只有在微观基础上实现了全新的生产方式，大大提高了生产效率，企业家才能有新的盈利空间，而产业业态也自然容易发生变化，才能有真正意义上的创新驱动。未来只有能够将新一代信息技术与先进制造以及其他前沿技术相结合，逐步将"数据驱动＋平台赋能＋智能终端＋场景服务＋敏捷供应"融为一体，打破基于物理空间、物理设备条件下的产业创新，通过往虚拟空间上走与往物理设备下落相结合产生新的产业形态。二是产生新的生活方式。就是用新一代信息技术与智慧城市、城市管理、数字消费等相结合，在"互联网×"应用场景的模式下，在若干领域出现若干基于新场景的全新商业模式。这个"互联网×"主要是对大数据、云计算、人工智能的应用；这个场景主要与新的生活方式相结合。三是产生新的创新范式。从过去"基础研究—应用研究—商业研究—

转移转化—产业化", 到从市场交易、商业应用、终端产品、服务场景等反向入手, 实现应用、产业化、研发一体的垂直化逆向创新, 产生新的商业模式。核心是将硬科技与软创新相结合, 以软创新带动硬科技。四是产生新的增长方式。就是从过去贸易代理、出口加工、规模制造条件下的滚动增长, 逐步进入到"战略投资 + 高端创业 + 先进技术 + 产业生态"的爆发增长, 让很多高技术创业、平台型创业短时间取得商业成功, 从产业跟随逐步到产业原创, 不断出现和产生新的企业。五是产生新的组织方式。立足产业生态优化创新生态建设, 借助大企业平台化战略、平台经济战略、科技服务业发展以及创业升级发展等, 不断提升大企业的溢出能力、平台企业的衍生能力、源头企业的生成能力以及创业试错的逆袭能力, 营造全新的产业创新生态。

专栏: 新经济究竟给我们带来怎样的变化?

新经济不单纯是一种新的经济形态、新的经济范式与新的发展模式, 还是一种经济发展的段位与思维。在新经济条件下, 主要有如下变化。

一是资源配置方式发生了变化。以往的资源配置方式是产业布局在哪里、资本流向了哪里, 人才、技术、知识就流向了哪里, 很多时候是"人跟着资本走""资本跟着产业走"。如今的资源配置方式则是哪里的创新生态好, 人才就流向哪里; 人才流向了哪里, 技术、资本、知识以及产业等就流向哪里。

二是产业生成方式发生了变化。以往的产业生成方式要么是市场自然选择、要么是招商引资、要么是国家生产力布局, 如今的产业生成方式则是政府的前瞻布局和高能级的产业组织。政府主导的前瞻培育建立在深度的产业研究、产业规划与顶层设计之上; 高能级的产业组织往往需要创投机构、孵化平台、产业集群等产业组织者。

三是产业运动规律发生了变化。以往是在工业经济条件下的产业链的分解与价值链的融合, 在此背景下出现了很多的产业集群。如今在新经济条件下, 则是各次产业、几个产业之间的跨界融合, 更加强调平台企业的作用。

四是创新组织方式发生了变化。以往更多的是从高校院所到企业的"基础设施—基础研究—应用研究—商业研究—转移转化—产业化"正向链式创新模式，如今不仅是"市场需求＋高新产业＋转移转化＋应用研究＋基础研究＋基础设施"反向资源配置的逆向创新，还是将创业创新、应用研究、基础研究有机结合的垂直创新。

10.3.3 数字化条件下中国经济运行的三结合

一般而言，地方经济的"内循环"以及产业发展，路径上先是推进工业化，然后通过生产性服务业抢占产业主导权、通过导入科技服务业抢占科技制高点、通过数智科技抢占发展先机，最后以创新驱动全面转向新经济——从高技术制造走向高技术服务、再走向数字经济引领的新经济；地方经济的"外循环"以及扩大开发，路径上是从港口贸易带动临港产业，走向在强人货物贸易流量上，通过大力发展信息技术服务贸易、数字内容服务贸易、新兴业态服务贸易，加快形成数字贸易带动服务贸易、进而带动货物贸易的发展机制。在此背景下，产业发展的核心是在新经济变革与数字化改革的条件下实现三个方面的结合。

一是生产方式与生活方式的有机结合。如前所述，前两次产业技术革命是生产方式决定生活方式，第三次产业技术革命是生活方式反向决定生产方式，第四次产业技术革命是将生产生活方式贯通，也就是形成"数据驱动＋平台赋能＋智能终端＋场景服务＋社交生活＋敏捷供应"生产生活方式的贯通。二是内循环和外循环的有机结合。在数智科技带动下，以数字经济带动数字贸易、以数字贸易带动服务贸易、以服务贸易带动货物贸易，从外向型工业经济走向开放型创新经济。三是数字产业化与产业数字化的有机结合。借助"创新大脑＋交易平台＋行业数字化＋供应链金融"，将人流、物流、商流、知识流、信息流、资金流等转化为数据流，再转化为价值流，最终形成线上与线下、软件与硬件、制造与服务、产品与服务、流量与数据、场景与内容相结合的经济模式与经济形态。

10.4 产业管理范式系统转换什么

整体而言，在系统切换和全面转换产业管理范式过程中，我们不仅要着眼未来新兴产业发展，还要着眼产业跨界融合，不仅要着眼产业转型升级，还要着眼双循环新格局，亦要着眼创新发展规律，最终将现代产业体系构筑、产业经济形态升维、新旧动能转换加快、全球资源配置优化、创新生态赋能生成有机结合。具体而言，在产业战略、经济形态、动力结构、资源配置以及创新生态上需要形成如下共识。

10.4.1 着眼未来新兴产业构筑现代产业体系

很多地区产业振兴、实体经济发展的核心，是从一维产业到二维产业再到三维产业。当前，很多地区大量的产业发展依然还停留在一维产业层面，以传统工业制造为代表。未来应该朝着两个段位的两大方向升级，一个方向是作为二维的硬科技创业所形成的实体经济，另一个方向是作为三维的数据驱动所形成的数字经济。以后对产业发展的审视，不要再按照一产、二产、三产去看待，更多地按照一维世界、二维世界、三维世界去看待。只有从一维到二维再到三维，才能加快产业转型升级与业态创新。

10.4.2 着眼产业跨界融合升维产业经济形态

之所以说现代产业体系要让位于未来经济形态，意味着各种产业伴随着大量新业态出现而改变了形态，全新的形态比旧体系更重要。新经济形态培育的重点应该是智能经济、平台经济、分享经济以及内容经济等。智能经济代表工业经济从自动化走向智能化、从产业分离到各次产业融合；平台经济背后的逻辑是从做事到做局，打破传统游戏规则，资源集聚实现共享共生共赢；分享经济的核心是实现所有权和使用权的分离与融合。

10.4.3 着眼产业转型升级加快新旧动能转换

不仅要回答究竟谁是新动能，只有从新的创业到新的企业再到新的产业乃至新的园区经济、区域经济，才能产生支撑自主创新与新兴产业发展的新动能；还要回答如何培育新动能，核心是处理好政府与市场、政府与企业的关系，坚持"有所为有所不为"原则以及"用新办法做新事"理念，重点通过强化规划引导、加速资源配置、完善服务体系、优化生态环境等解决市场失灵与培育市场；更要回答新旧动能之间的关系，重在"增量培育盘活带动存量提升"，核心是依托创业创新做好活力经济，将以往的"草根创业，跟随创新"向"新业态创业，开放式创新"以及"变革式创业，颠覆式创新"方向转变，实现生产方式的"智造"、产业形态的"再造"和产业结构的"创造"。

10.4.4 着眼双循环新格局优化全球资源配置

进一步强化实体企业对国际市场与发展空间的拓展，将企业家的创新创业与金融产业资本融合相结合，在全球范围配置资源和创造、分配财富，尤其是推动实体企业"走出去、走进去、走下去、走上来、走回来"，促进中国新兴市场与国外先进技术、中国科技创业与国外科技创新、中国创业者与国外科学家的有机结合，充分利用"两种资源、两个市场"。对内加强东中西合作，掌握创新资源及产业要素在东南沿海实现高附加值、扩大经济发展腹地；对外强化高端链接与高端辐射，不仅强调以平台招商、新业态招商、科技招商为代表的新经济招商，还要强调国际产能合作。

10.4.5 着眼创新发展规律形成创新生态赋能

在自主创新与新兴产业发展中到底应该相信什么和坚持什么？比起相信科学家（科研）更应该相信企业家（创新创业），所谓"创新驱动"就是对企业家的利润驱动，而不是对科学家的兴趣驱动；比起相信政府更应该相信市场，让市场的价格信号与商业利益驱动资源配置，政府"有所为有所不为"，只要逐步放宽市场准入、打破传统产业规制、优化资源配置、完善公共服务体系、营造质优营商环境就够了，而政府"培育产业"这个词是非常危险的，更多的是"促进"和"引导"；比起相信创新带动创业更应该相信创业带动创新，以创新服务带动高端创业、以高端创业带动自主创新、以自主创新带动新兴产业。

10.5 拥抱新经济的产业管理范式

在新的历史条件下，企业的产业政策需求已然发生较大变化，需要处理好产业管理的若干重大关系，探索建立适宜新兴产业尤其是数字化新经济发展的产业管理范式。

10.5.1 重新认识新时代条件下全面深化改革

一般意义上的"改革"，就是打破当前特定的形态状态、发展模式和激励结构，进入新的形态状态、发展模式和激励结构。改革的出发点，也可以说是政策目标，就是让真正创造生产力和财富的行业、地区、组织、个人或群体等，以最低的交易成本、最便利的条件、最集中的精力获得优先、超额回报，进一步激励激活生产性寻利行为，进一步遏制非生产性寻租行为。改革的着力点，也可以说是目标模式，就是在企业、市场、行业、技术、城市、区域、社会、国家等层面形成新的生产组织方式、资源配置方式、产业组织方式、开发建设模式、创新发展模式、社会发展模式、经济增长模式，形成新模式新路径。改革的着重点，也可以说是制度安排，就是在政府税率、银行利率、要素市场租金、行业利润率、企业盈利率及员工劳动报酬率等之间，形成符合发展阶段、发展实际的配比关系，让各类新动能带动经济与社会发展，让各类旧动能实现市场出清。

那么，相对于产业管理深化改革而言，需要处理好和回答好三个层面的三个关系：一是在资源配置层面，如何优化政府和市场的关系。让政府作用和市场机制在全社会资源配置上共同发挥作用，进而让企业家和企业成为带动生产力跃升和财富创造的引领者。要么是处理好人才、资本、技术、土地的资源配置，要么是处理好各种指标、配额、名额的资源配置。二是在组织方式层面，如何优化政府和企业的关系。在政府引导、企业主体、产业导向、市场牵引下，重新形成一定发展阶段的企业发展模式、产业发展模式、园区发展模式、行业监管模式等，加快新兴产业培育和创新能力提升。涉及市场准入、产业准入、产业政策、产业集群、产业组织、产业促进、市场培育、政府采购等方方面面。三是在生态环境层面，如何优化政府和社会的关系。让"政产学研金介用"等不同市场主体、创新主体、社会枢纽组织等，形成激励相容协同、法制营商环境、创新生态赋能的发展结构。涉及开放合作、信用体系、法治环境、制度安排、体制机制等方面。

10.5.2 处理好产业管理若干重大问题的关系

主要包括如何处理好工业经济与创新经济、市场机制与政府作用、要素驱动与创新驱动、大型企业和中小企业、城际竞合与县际竞争、产业政策与创新政策、平台载体与服务体系、实用主义与理想主义等关系。

一是处理好工业经济与创新经济的关系。工业经济与创新经济的关系，不仅是传统产业与新兴产业的关系，也是存量提升与增量培育的关系。在未来，不是以存量提升带动增量培育，而是以增量培育带动存量提升，先立后破，切实将增量培育放在战略上的首要位置。这其中，无论是增量培育还是存量提升、无论是工业转型升级还是战略性新兴产业培育发展，需要进一步注重工业与服务业的融合、实体经济与虚拟经济的融合、物理空间的创新与虚拟空间的创新。

二是处理好市场机制与政府作用的关系。就政府作用而言，不仅是做服务[1]解决市场失灵，更是要做引导[2]、建体系[3]、搭平台[4]、营环境[5]、造氛围[6]，以培育市场。这其中，增量培育要立足科技创业、积极发挥政府的作用，而存量提升要着眼业态创新、突出市场机制。

三是处理好要素驱动与创新驱动的关系。在培育发展战略性新兴产业过程中，要打破要素驱动、投资驱动发展阶段"人跟着要素走""人跟着投资走"的机制，加快形成"技术跟着人走""资本跟着人走"的机制，确立以人为本的创新驱动发展机制，形成以创新创业人才为核心的资源配置机制、激励机制、体制机制创新及文化氛围环境。

四是处理好大型企业和中小企业的关系。打破以往"小微企业、规上企业、骨干企业、龙头企业"工业经济管理范式下，强化工业企业梯队培育、支持大企业做强做大的发展逻辑。重点通过挖掘育孵初创企业、普适支持

---

[1] 主要是指公共服务。
[2] 主要涉及发展理念的、发展战略的、发展模式的。
[3] 主要涉及从散点到点线面结合，从条块分割到跨系统、跨层级、跨地域。
[4] 主要涉及创新的、政策的、服务的、物理的。
[5] 主要涉及政策体系及发展环境。
[6] 主要涉及创新创业的精神、文化、脉搏及集体行动。

创业企业、重点支持高成长企业、引导高技术大公司做大做强，着力打造科技企业梯队，将产业发展及自主创新的重心转移到科技型企业、前移到产业发展的前端。

五是处理好城际竞合与县际竞争的关系。强化市级层面的规划力度，切实强化对县（市）区的引导；市级层面战略着力推进新兴产业战略、兼顾传统产业引导，区县战略结合市级层面战略落实战略性新兴产业部署、强化传统产业的升级转型；建立统分结合的财政体制以及跨行政系统配置资源的协同创新机制，打破传统块状经济、县域经济的发展格局，培育发展集群经济、城市经济。

六是处理好产业政策与创新政策的关系。基于技术生命周期展开政策布局及制度突破，建立覆盖技术创新全链条及关键节点的政策体系，实现从产业政策到创新政策转变。对于产业发展及创新的前端环节，强化公共投入、法定支持、定向支持或无偿资助；对产业发展及创新中端环节建立政府引导、市场化导向的政策体系；强化对产业发展及创新后端的后补助及引导扶持等。

七是处理好平台载体与服务体系的关系。引导各类服务平台、服务机构、枢纽桥梁等打破科技地产思维、物业思维、眼球思维、投机思维，把握科技服务业轻资产、全链条、平台化、闭环式、分布式、网络化、金融化、国际化等发展趋势，加快将科技创新、科技创业的平台载体从形态开发向功能开发、生态开发升级，着力提升服务体系及环境建设发展水平，为新兴产业培育发展提供良好生态。

八是处理好实用主义与理想主义的关系。无论是企业家还是政府，打破以往的万事讲求"落地"、过于"务实"的实用主义倾向，将仰望星空与脚踏实地相结合，以"现实的理想主义"更有想象力、激情和梦想。

10.5.3 进一步加强重点领域的产业管理创新

整体而言，新型产业管理体制、引导调控方式、产业监管模式、产业政策体系、产业财税机制等，是新一轮产业管理深化改革的重要着重点。一是建立完善创新型、服务型的产业管理体制。打破工业路径依赖，突出产业跨界融合发展、突出信息化带动工业化，建立适宜新兴产业、数字经济和产业创新、绿色发展的新型产业管理范式；借助"直通车""绿色通道"以及区域试点等，建立完善跨层级、跨地域、跨领域、跨界别的协同推进机制；深化行政审批制度改革，进一步"放、管、服"，减少审批事项、环节、前置条件和层级，提升行政服务效能，公共服务审批制度；加快产业共治，发挥行业协会、商会、产业（技术）联盟在行业自律、政策制定、产业研究、标准制定以及技术创新等方面的桥梁作用。二是建立完善分类化、动态化的引导调控方式。从注重重资产到轻资产、重资产并重；引导各地产业准入标准，对新落地的项目从投入产出、资源能源消耗、吸纳就业等方面综合考察；制定并及时调整国家产业发展目录，提出允许、限制、淘汰的产业类别；按照土地、产业、空间、人口、生态多规融合要求，高标准编制国家、地区、行业等建设规划及配套基础设施专项规划。三是建立完善跨界别、包容性的产业监管模式。打破传统从单一行业、生产、供给端予以行业管理的监管模式，积极探索跨行业、跨产业管理模式，鼓励行业试错和产业创新，鼓励新兴产业发展；同时，借助负面清单、指令性指标、约束性指标等管理，引导和倒逼传统产业"提、转、并、关"。四是建立完善引领性、约束性的产业政策体系。按照"有所为有所不为"以及需求导向、分类引导、风险共担、财税联动等，研究制定、储备和发布符合政府职能定位、企业政策需求、产业自身规律、创新发展规律、财税支持能力的产业政策，尤其是在区域范围试点分类指导的产业政策等。五是建立完善制度性、扶持性的产业财税机制。进一步加强消费税、资源税、环境费改税等税费改革，规范清减涉企收费，落实国家结构性减税及产业创新鼓励政策；将直接支持与间接支持、硬性支持与软性支持、专项支持与项目支持、服务体系与环境建设、政策扶持与制度创新有机结合；优化支出结构，整合调整专项资金的支出细项，注重财政资金助力产业转型升级的业绩提升。

此外，新型的产业经济统计体系、产业园区管理体制、资源能源供应模式、产业金融创新服务、产业用地管理模式、产业技术创新能力等也是重要的工作创新。一是优化完善产业经济统计体系。在数字经济带动下，加快统计体系创新，进一步打破按行业分类，将行业生产供应与市场消费流通融合，按照产业业态进行分类，加大对轻资产、新经济企业的统计。二是优化省市产业园区管理创新。支持省级、市级产业主管部门统筹全省、全市产业园区发展工作，促进省级及以上的经开区与高新区融合发展，加快将产业园区作为发展方式转变的主平台、产业转型升级的主阵地、新旧动能转换的主战场。三是协同推进资源能源集约利用。强化能耗强度控制为主、能耗总量控制为辅的"双控"，加强资源要素保障，实施水、电、气等差别化价格；全面加强对"高能耗、高物耗、高污染"产业及相关企业的监管和整治；健全能耗统计、监测和考核体系；综合运用经济、法律法规、政策和必要行政手段，全面推进资源能源集约节约利用。四是巩固加强产业金融创新服务。建立完善产业（创业）投资引导体系，引导各地发挥投资平台的招引作用、投行模式的产业培育作用；完善股权投融资发展扶持政策，鼓励各类股权投资机构落户并投资产业企业；积极探索产业金融带动工业投资、产业投资机制与形式。五是鼓励支持各地产业用地探索。引导支持各地产业用地政策创新；加强对各地区产业用地分类指导及管理，建立土地集约利用综合评价指标体系；鼓励土地二次开发和深入挖潜，严格依法处置闲置土地，提高亩产效益；支持地方保障产业用地，尤其是中小微企业产业用地。六是集成政策加强产业创新引导。从产业项目计划项目立项源头确立企业创新主体地位，优化科研项目经费管理方式，引导产学研合作；以无偿资助、贷款贴息、后补贴等方式加大对科技企业、成果产业化项目、科技条件平台、科技服务业等方面支持；激发科技人员开展科技成果转化的活力与动力，加大知识产权保护力度，促进知识产权推广和交易。

10.5.4 建立适宜新经济发展的产业管理范式

在产业跨界融合条件下，产业管理范式将从传统工业经济层级向新经济段位方向发展，并呈现如下发展趋势。

一是"现代产业体系"或者"现代产业新体系"将让位于未来产业新形态，各种产业伴随着大量新业态出现而改变了形态。以往的现代产业体系是由战略性新兴产业、高技术产业、现代服务业和传统特色优势产业构成的，如今的现代服务业也是未来产业、原创产业、战略产业、新兴产业，也要强调前瞻性、有特色的、带动性和市场试错。

二是打破"小微企业—规上/骨干—龙头企业—跨国公司"静态的、线性增长的产业管理范式，加快向"高科技创业—高技术企业—高成长企业—高价值企业—高市值企业"爆发成长的、动态的产业管理范式转变。这些企业以新思想驾驭新模式、新模式架构新技术、新技术衍生新业态，只要有原创的思想、好的团队，加上一定的专利技术与创业资本，在短时间内就可以发展成为"改变世界"的大公司，最终从滚动发展到裂变发展、从线性增长到爆发成长、从生命周期到超周期，形成爆发成长发展态势。

三是无论是抓"高端、高效、高附加值"产业环节还是抓"高精尖"产品技术都是非市场化的表现，核心是在未来产业到线下抓新的经济形态以及更加细分的新兴业态，从孤立的"点"到"点线面相结合"，从产业生态中来到创新生态中去。尤其是在数字化条件下拥抱泛工业化与超智能化来袭。伴随社会化生产方式转变为社交化生产方式、体系化工业门类转变为生态化产业族群、工程化技术构成转化为硬科技技术构成、企业化经营方式转变为平台化经营方式，迫切需要"立足工业，跳出工业"或者"立足工业，走出工业"，以数字产业化带动产业数字化。

四是强化政府在区域创新上的积极作用。不再是以土地指标、税收返还、财政支持等为主的产业要素资源配置，还包括打破产业规制、市场准入、市场分割、条块分割等为主要内容的产业组织创新，还要建立适宜服务业创业创新的产业生态，加快形成以创新发展为动力、以主体培育为根本、以产业融合为特征、以品牌塑造为优势、以人才队伍为基石、以产业资本为支撑的发展模式。

10.5.5 加快在不同代表性区域开展改革试点

整体而言，将中国产业管理发展具有代表性的地区锁定在城市层面，并主要围绕六种城市开展深化改革试点和示范。第一类的是数字新经济发达城市，如从杭州、深圳、北京等城市选取，这类城市有大量数字化、信息化、互联网元素，在民营经济、智能硬件、数字装备等方面亦有优势，主要体现数字经济引领新经济发展；第二类的是科教型高新技术基地，如从武汉、成都、西安、合肥等城市选取，这类城市有大量高校院所或顶尖研究型大学，高技术产业初具规模，但产业配套能力有待完善，主要体现高新技术产业带动新型工业化；第三类的是先进制造业基地城市，如从上海、苏州、广州、宁波等城市选取，这类城市有着大规模工业和港口（含内陆港），现代产业体系较为完整，且市场经济、外向经济、民营经济发达，主要体现产业迈向中高端；第四类的是传统老工业基地城市，如从北方的沈阳、长春、淄博等城市选取，这类城市历史上有较为雄厚的重工业基础，但在"入世"后错过了外循环带动的产业技术升级与国际市场放大，主要体现新旧动能转换、产业转型升级；第五类的是都市型地区中心城市，可以从长沙、郑州、青岛等城市选取，这类城市不仅具有一定的工业和信息化产业基础，还在新一轮再城市化、新一轮都市圈与城市群建设乃至国家中心城市建设中具有独特的作用，主要体现为泛工业化与再城市化协同发展；第六类的是欠发达地区中心城市，可以从云南、广西、内蒙古、江西等省区的城市选取，这些城市错过了东南沿海近三四十年的发展发育，需要探索在双循环格局下，如何在后发地区走出一条产业创新发展之路。

更进一步说，第一类的城市，重在以数字产业化加快流量变现及内容转换，从"软硬结合"到"数智兼备"，可以围绕变革、重点探索数字化改革；第二类的城市，重在以硬科技创业将科教优势转为创新优势，从"厚薄相依"到"新旧转换"，可以围绕升级、面向"高端、高效、高附加值"以高技术带动泛工业化；第三类的城市，重在以产业数字化将中国制造走向中国智造、中国创造，从"器网结合"到"绿色低碳"，可以围绕开放、面向"四零规则"重点探索开放型创新经济；第四类的城市，重在以产业跨界融合在传统产业寻找爆发点，从"轻重适配"到"内外循环"，可以转型、面向新旧动能转换重点加快产业振兴；第五类的城市往往是中心城市，需要博采众长，可以围绕协调、面向"科产城融合"重点探索产业发展模式、城市发展模式、创新发展模式协同；第六类的城市需要抓住一定的窗口期，并在特定的发展约束下，可以围绕共享、在泛工业化带动下以高质量发展带动高质量增长。

　　尽管短期内的外部需求、经济风险、产业升级、社会投资、安全问题、国际形势等等的确有很大的不确定性；但中长期内消费升级、技术升级、结构改革、扩大开放的红利远远没有释放，发展空间、发展潜力依然巨大。产业管理本身就是解决如何在不确定性之中找到确定的东西、在千变万化之中找到万变不离其宗的东西；不确定性越大，能动性的空间、创造性的空间就越大，发展空间就越大。如何将不确定性转化为确定性与爆发性是核心。对于全国的、地区的、城市的发展而言，只有微观创业创新活力根基深厚，才有中观产业创新生态的基本盘，才有宏观经济社会发展基本面的向好发展，才能在开放环境下参与全球的经济分工与产业分工；同样，只有质优的产业管理以及宏观的治理结构优化，才能增进微观创业创新活力，最终实现企业微观、产业中观、区域宏观与开放环境的有机结合。

参考文献

一、外文著作

（英）威廉·配第 . 政治算术 . 1672.

（法）魁奈 . 经济表 . 1758.

（法）魁奈 . 经济表分析 . 1766.

（德）弗瑞德李希·李斯特 . 政治经济学的国民体系 . 1841.

（法）瓦尔拉斯 . 纯粹政治经济学纲要 . 1874.

（英）阿尔弗雷德·马歇尔 . 经济学原理 . 1890.

（德）霍夫曼 . 工业化阶段和类型 . 1931.

（美）张伯伦 . 垄断竞争理论 . 1933.

（英）费希尔 . 安全与进步的冲突 . 1935.

（美）克拉克 . 经济进步的条件 . 1940.

（俄）列昂惕夫 . 美国经济制度中的投入产出数量关系 . 1940.

（俄）列昂惕夫 . 投入产出经济学 . 1966.

（美）库兹涅茨 . 国民收入及其构成 . 1941.

（美）库兹涅茨 . 现代经济增长 . 1966.

（美）库兹涅茨 . 各国经济增长 . 1971.

（美）赫尔希曼 . 经济发展战略 . 1958.

（美）贝恩 . 产业组织 . 1959.

（美）罗斯托 . 经济成长的阶段 . 1960.

（日）筱原三代平 . 产业结构与投资分配 . 1957.

（美）艾迪斯·潘罗斯 . 企业成长论 . 1959.

（美）雷蒙德·弗农 . 产品生命周期理论 . 1966.

（美）施蒂格勒 . 产业组织 . 1968.

（美）钱纳里．工业化和经济增长的比较研究．1986.

（美）迈克尔·波特．竞争战略．1980.

（美）迈克尔·波特．竞争优势．1985.

（美）迈克尔·波特．国家竞争优势．1990.

（美）托斯丹·邦德·凡勃伦．营利企业论．1929.

（德）柯武刚、史漫飞．制度经济学：社会秩序与公共政策．2000.

（日）青木昌彦、安藤晴彦．模块时代：新产业结构的本质．2003.

（美）维克托·迈尔·舍恩伯格．大数据时代：生活、工作与思维的大变革．2012.

（美）佩德罗·多明戈斯．终极算法．2016.

（美）尼古拉·尼葛洛庞帝．数字化生存．2017.

二、中文著作

刘世锦主编．读懂十四五：新发展格局下的改革议程．中信出版集团．2021.

徐苏涛：中国新经济变革．金城出版社．2020.

徐苏涛．大破局：中国新经济地理重构．新华出版社．2021.

王国平．城市论．中国建筑工业出版社．2009.

张新红．数变：数字时代的企业生存法则．经济日报出版社．2021.

安筱鹏．重构：数字化转型的逻辑．中国工信出版集团，电子工业出版社．2019.

赵刚．数据要素：全球经济社会发展新动力．中国工信出版集团，电子工业出版社．2021.

王慧炯主编．产业组织及有效竞争：中国产业组织的初步研究．中国经济出版社．1991.

马建堂．结构与行为：中国产业组织研究．中国人民大学出版社．1995.

杨蕙馨．开放经济与中国产业组织研究．商务印书馆．2004.

科技部火炬高技术产业开发中心等编著．中国增长极：高新区产业组织创新．清华大学出版社．2007.

汪浩．产业组织理论．北京大学出版社．2021.

阿里研究院．互联网＋：从 IT 到 DT．机械工业出版社．2019.

后　记

　　自改革开放以来，国际上诸多影响十年及以上的事件往往发生在带"8"的那一年。如 1978 年两伊战争爆发导致第二次石油危机，进而引发经济危机和西方经济衰退；1988 年出现通胀危机；1998 年泰铢贬值引发亚洲金融危机；2008 年美国次贷问题引发国际金融危机；2018 年中美出现贸易摩擦，进而影响全球经济。从国内来看，1978 年中国做出改革开放的战略抉择；1988 年开始大力发展高新技术产业；1998 年领导亚洲突围金融危机；2008 年在后危机时代大力培育战略性新兴产业；2018 年之后突出科技自立自强。

　　国内影响十年及以上的事件往往发生在带"2"的那一年。如 1982 年的中共十二大正式提出了"建设有中国特色的社会主义"，吹响了从农村改革到城市改革的号角；1992 年的中共十四大确定经济体制改革的目标是建立社会主义市场经济体制，此后在市场化改革带动下加入世界贸易组织；2002 年的中共十六大提出加快推进社会主义现代化，此后中国以"工业化、信息化、城镇化、市场化、国际化"一举成为全球制造业总产值最大的国家；2012 年的中共十八大以来中国进入新时代高质量发展阶段，历经十年发展后中国 GDP 从约占美国 GDP 的四成提高到了 2021 年的七至八成。

　　"改革"就是打破既定格局让创造财富的新动能快速成长放大，以新的驱动力产生新的能量，进而带动增长与发展；"开放"就是敞开心扉与高手过招，兼收并蓄他人最优秀的东西，让自己更强大。站在改革开放的大局上，我们可以将 1978 年做出改革开放战略决策和重大抉择，到 1991 年全球冷战结束的这段历史视为一个起步发展期，那么中国自此以后最大的改革，便是经济体制的市场化改革；最大的开放，便是加入世界贸易组织。可以说，伴随国际政治经济形势的变化，中国每隔十年都会踩着时代的脉搏和生产力发展的方向，与时俱进地实现改革、开放、创新、发展、稳定的统一。

　　更进一步而言，从1992年中国加快建立社会主义市场经济体制到中国"入世"前的这个十年，核心是从计划经济到市场经济的效率经济，哪些地区的市场化改革彻底，哪些地方就会在民营机制、市场活力带动下加快经济增长与产业发展；从2001年底中国"入世"到2011年中国工业总产值超越美国居全球第一这个十年，核心是从封闭型经济到外向型经济的工业经济，哪些地区能够率先通过外循环带动内循环，哪些地方就能在外部市场需求、产业转移、技术进步带动下嵌入国际分工与价值链贸易之中；从2012年蓄势待发的科技革命与产业变革到2021年中国GDP占美国GDP七至八成的十年，核心是从工业经济到创业创新的活力经济，哪些地区能够率先从要素驱动、投资驱动走向创新驱动，哪些地方就能在新经济地理上异军突起。那么，从2022年中国市场化改革30年到21世纪30年代的这个十年，不仅是改革、开放、创新、发展的大繁荣时期，还将是数字化条件下大破大立的新文明"轴心时代"。

　　2021年是中国"入世"20周年。正是中国人的敞开心扉、放眼世界、求同存异与博采众长，逐步实现从小到大、从穷到富、从弱到强，才发展成为全球第二大经济体。也正是这种心理上的开放、心态上的开放、姿态上的开放、合作上的开放，才让中国在短短的几十年内完成了很多发达国家几百年走过的发展道路。2022年我们迎来中国市场化改革30周年。如今很多人都在谈"中国经济的下半场"。而我们所理解的"中国经济上半场"并非始于1978年，而是始于1992年邓小平南方谈话和中共十四大确立社会主义市场经济体制。改革开放以来，我国最大的改革目前仍是市场化改革，而最大的开放来自"入世"之后。如果从1992年到2022年是市场化改革以来的第一个30年，加上2022年到2051年第二个30年，刚好是60年的一个周期。届时不仅在新中国成立100年左右，还刚好自新中国成立以来搞了20个左右五年计划。

　　进入中国经济升级版新阶段，很多在特殊时代发展起来的"大企业""老企业"，因为新时代的来袭而无法与时俱进，终将被时代抛弃。站在时间的尺度上，对于很多崛起于市场化改革前后，成名于中国"入世"前，但此后未有核心技术引领的企业而言，都需要以不同的形式退场、出清和谢幕。

正所谓"没有成功的企业，只有时代的企业""没有某某的时代，只有时代的某某"。尽管伴随全球气候危机、欧洲能源危机、美帝财金危机、疫情经济危机等外袭的蔓延、传导和叠加，近年来增长隐忧不断，内卷化更加突出。但所幸的是，中国人的灵敏、博大、深沉特质与社会大变革、科技大变革、产业大变革紧密交织，让一代代创业"后浪"不断重新定义和开拓中国企业家的内涵和境界。站在新的二十年或三十年的节点、起点和拐点上，依赖胆略、机会、资源、资本、要素的"中国经济上半场"一去不复返，唯有硬核、底盘、底座加上智慧、灵感、创意和时代呼唤才能赢得"中国经济下半场"。

在此过程中，我们需要重新思考中国与外部世界的关系，如何从商品输出、产能输出走向资本输出、技术输出以及模式输出、文化输出，如何与发达国家"包容增长"、与发展中国家"普度众生"，如何在国际政治经济新秩序上承担更多的大国责任和强国责任；需要重新审视中国内部的发展结构，如何通过体制机制改革解决长期累积的结构性矛盾，如何以经济形态转变、产业结构升级带动贸易方式转变、贸易结构升级，如何通过优化治理结构提高现代化治理能力，最终以开放式创新实现携手共进、风雨兼程。这其中，只有充分把握产业发展规律，才能在国内外双循环发展大局上抢占战略制高点、产业主导权、发展主动权，才能在数字时代换道超车和战略赶超。

本书中的很多思考和沉淀来源于那些从而立之年走向不惑之年的时代弄潮儿，这些反思也使得我们对自己、对社会和对未来的重新思考逐步清晰和明晰。走过改革开放40余年，如今的我们带着不一样的心情、心思和体验，最终编撰形成了这本书。希望将这种知行合一的经世致用与不可磨灭的志趣所向与大家分享，也在此对大家表示最衷心的感谢！

徐苏涛

2024 年 3 月 11 日于北京